Mit Gunst und Verlaub!

Wandernde Handwerker: Tradition und Alternative

Dargestellt
und herausgegeben von
Anne Bohnenkamp und Frank Möbus
Mit Fotos von Ulla Lüthje

CIP-Titelaufnahme der Deutschen Bibliothek

Bohnenkamp, Anne:

Mit Gunst und Verlaub! : Wandernde Handwerker: Tradition und Alternative / dargest. u. hrsg. von Anne Bohnenkamp u. Frank Möbus. Mit Fotos von Ulla Lüthje. - Göttingen : Wallstein-Verl., 1989
ISBN 3-89244-006-9
NE: Möbus, Frank:

Zweite, durchgesehene Auflage 1992

Vom Verlag gesetzt aus der ITC Garamond
Druck: Hubert & Co., Göttingen
Printed in Germany

ISBN 3-89244-006-9

Inhalt

Das kann doch nicht alles gewesen sein!

„Wanderschaft – das hat mich irre interessiert: Also, diese Gestalten, die da in Schwarz durch die Lande tippeln und sich Land und Leute anschauen. Und ich habe dann doch erstmal, wie jeder andere Jugendliche, der das Glück hat, eine Ausbildungsstelle zu haben, ganz normal meine Lehre gemacht. Das wär's denn auch eigentlich gewesen. Ich wär' dabei geblieben und wäre in dem Trott geblieben – wenn ich nicht dieses Bild im Hinterkopf gehabt hätte, das ich mal in 'ner Illustrierten gesehen hatte: Das war so ein doppelseitiges Bild eines reisenden Zimmerer-Gesellen, der in Genf schafft und oben auf dem Dachstuhl 'nen Dachsparrennagel einhaut. Im Hintergrund, da waren diese blauen Berge, die Weite, und das hat mich wirklich irre fasziniert!"

Wie dem Zimmerer-Gesellen, der hier berichtet, ergeht es vielen jungen Handwerkern – am Ende ihrer Lehrzeit steht als Fazit: „Das kann doch nicht alles gewesen sein!" Und manche von diesen Unzufriedenen wählen eine uralte Tradition als Alternative zum Alltagstrott – für die Zeit von drei Jahren und einem Tag. Sie werden selbst zu solchen „Gestalten, die da in Schwarz durch die Lande tippeln", zu Gesellen, die nach des alten Handwerks Recht und Gewohnheit zünftig auf die Walz gehen.

Dabei machen sie in einer Hinsicht alle ähnliche Erfahrungen: Ob es der nette Herr in Nadelstreifen ist, der sie mit ernster Stimme fragt: „Sind Sie ein Hamburger Zimmermann?", oder der Punk mit schriller Frisur, der sich erkundigt: „Eh, Alter – auf was für 'nem Trip bist du denn?" – die meisten Menschen begegnen den zünftig Reisenden mit neugierigem Staunen, wissen aber denkbar wenig von ihnen oder halten sie gar für die letzten Vertreter einer eigentlich längst schon ausgestorbenen Spezies. In Wirklichkeit wächst in den letzten Jahren wieder die Zahl der Gesellen, die sich auf die zünftige Wanderschaft begeben: langsam zwar, aber stetig.

Im Mittelteil dieses Buches werden Gesellen, die sich in den Jahren 1987 – 1989 auf der Walz befunden haben, selbst ausführlich erzählen, warum sie sich für diese Lebensform entschieden haben und was sie auf ihrer Wanderschaft erlebten.

Will man die Gegenwart dieser Reisenden aber wirklich verstehen, so muß man manches von der Vergangenheit des Gesellenwanderns wissen. Deshalb berichten wir in einem historischen Teil mit Hilfe zahlreicher Dokumente und autobiographischer Zeugnisse zunächst von der wechselvollen und gelegentlich aufregenden Geschichte der Walz von den Anfängen im Mittelalter bis hin zu den achtziger Jahren unseres Jahrhunderts.

Bei der Arbeit an diesem Buch halfen zahlreiche zur Zeit wandernde und ehmals gewanderte Gesellen aller Schächte – unser besonderer Dank gilt dabei den Gesellinnen und Gesellen von *Axt&Kelle* und dem *einheimischen Freiheitsbruder* Ernst-Martin Reimers, der uns sein reichhaltiges Privatarchiv öffnete und uns auch sonst nach Kräften unterstützte.

Vom Alten Handwerk

Zu der Zeit, als die ersten Handwerksburschen ihre Bündel schnürten und sich aufmachten, in der Fremde ihr Glück zu versuchen, gab es nicht einmal Postkutschen und kaum gepflasterte Straßen. Man war zu Fuß unterwegs und wer es sich leisten konnte, auch zu Pferd oder zu Wasser. Es war im ausgehenden Mittelalter, als das Wandern der Handwerksgesellen üblich wurde; wohl im Laufe des 14. Jahrhunderts entwickelte es sich zum festen Bestandteil eines Handwerkerlebens.

Die Zeit war geprägt vom Niedergang der alten Machtzentren des Mittelalters: Papst und Kaiser verloren Einfluß und Stärke. In Europa entstanden die Nationalstaaten, das deutschsprachige Gebiet allerdings zerfiel in eine große Zahl kleiner und sehr kleiner Einzelstaaten, die mehrere Jahrhunderte hindurch prägend blieben. „Wir sind schon durch ein Dutzend Fürstentümer, durch ein halbes Dutzend Großherzogtümer und durch ein paar Königreiche gelaufen und das in der größten Übereilung in einem halben Tag“ läßt Georg Büchner in seinem Lustspiel ‚Leonce und Lena‘ den Valerio noch zu Beginn des 19. Jahrhunderts spotten. Und ganz Ähnliches haben die reisenden Handwerker jahrhundertelang tatsächlich erlebt.

Im späten Mittelalter entwickelten sich die Städte, begünstigt durch die Fortschritte des Fernhandels und den Ausbau der wichtigsten Verkehrswege, zu wirtschaftlichen und kulturellen Zentren. Im deutschen Sprachraum gab es bald über 3000 Städte. Diese hatten freilich noch wenig gemeinsam mit den Städten des 20. Jahrhunderts, viele von ihnen waren wenig mehr als ummauerte Dörfer. Nur etwa 150 von ihnen besaßen mehr als 1000 Bewohner und nur 15 zählten über 15.000 Einwohner und galten damit als Großstädte. Zu den größten und wichtigsten Städten gehörten damals Nürnberg und Ulm (mit etwa 20.000 Bewohnern), Lübeck (24.000) und Köln, das mit 35.000 Bewohnern innerhalb der Stadtmauern die Spitze hielt.

Aber nicht nur die Größe der mittelalterlichen Städte läßt sich mit heutigen nicht vergleichen, auch ihr Charakter war nach unseren Maßstäben in vielen Bereichen eher ländlich geprägt. Ein Großteil der Stadtbewohner betrieb gleichzeitig Landwirtschaft mit Ackerbau und Viehhaltung außerhalb und innerhalb der Stadtmauern: die unteren Stockwerke der Stadthäuser dienten noch lange als Ställe. In den

Gassen der Städte tummelten sich Kühe, Schafe und Schweine. Aus Ulm ist uns aus dem Jahre 1410 ein Gesetz überliefert, das den ‚Ausgang' der Schweine auf die Mittagszeit zwischen 11 und 12 Uhr beschränkt...

Mit Steinen gepflastert war in diesen Städten oft nur der Platz vor dem Rathaus, hie und da auch die Hauptstraße. In den Gassen aber versank man bei schlechtem Wetter in Morast und Kot. So wurden in Frankfurt zum Beispiel bis 1399 auch die Hauptstraßen nur mit Holzbohlen, Sand und kleinen Steinen befestigt, und der Dreck in den Straßen galt als allgemein akzeptierter Entschuldigungsgrund für das Ausbleiben oder die Verspätung eines Domherren beim Konvent. Wer ausgehen mußte, zog dicke Holzschuhe über.

Auf den Straßen der mittelalterlichen Städte standen zahlreiche Brunnen, die für das Gedeihen einer Stadt von großer Wichtigkeit waren. Denn Wasser war notwendig für das Vieh und gegen die häufigen Brände, vor allem aber auch für die immer zahlreicher werdenden städtischen Gewerbe. Gemeinsam war allen mittelalterlichen Städten auch die Stadtbefestigung, die für die Einwohner Schutz bedeutete. Mit zahlreichen Türmen und Stadttoren bot die Stadtmauer dem Ankommenden einen imposanten Anblick: München zum Beispiel besaß im Mittelalter über 100 Mauertürme.

Die Reisenden mußten sich vor Betreten der Stadt bei den Torwächtern ausweisen; nachts wurden die Tore geschlossen. Innerhalb der Stadtmauern dominierten noch lange die strohgedeckten Fachwerkhäuser, die teureren Steinhäuser blieben zunächst selten. Fenster aus Glas kamen erst langsam auf, bisher herrschten einfache Holzläden vor. Bald wurde innerhalb der Stadtmauern aus Platzmangel zunehmend vielstöckig gebaut, und es wurden Verordnungen nötig, die die zulässigen Bauhöhen beschränkten. Ein Wohnhaus sollte schließlich dem Rathaus oder gar der Kirche nicht über den Kopf wachsen! Zum Bild der mittelalterlichen Stadt gehörten zahlreiche Kirchen; die christliche Religion spielte eine zentrale Rolle im Leben des Einzelnen und in der Gemeinschaft. In vielen Städten wurde zu dieser Zeit mit dem Bau einer großen gotischen Kathedrale begonnen; noch heute zeugen Kirchen wie der Kölner Dom, das Straßburger und das Ulmer Münster vom Einsatz, Können und Fleiß vieler aufeinanderfolgender Generationen. Auf diesen großen Baustellen, den Domhütten, arbeiteten zahlreiche Handwerker zusammen am geplanten Bauwerk, und die Meister ihres Faches – Steinmetze, Maler, Bildhauer – schufen hier ihre großen Kunstwerke.

Die Städte wuchsen mit dem Handel und gewannen an Macht und Einfluß. In früheren Zeiten wurden sie von einem Stadtherren – einem weltlichen oder geistlichen Fürsten – beschützt und beherrscht. Mit dem wirtschaftlichen Aufstieg begann der Kampf um die Unabhängigkeit; das Marktrecht ging schließlich vielerorts von den Stadtherren an die Städte selbst über.

Aber nicht nur Wachstum und Aufschwung prägten das 14. Jahrhundert: Über das Meer kamen nicht nur Gewürze, Seiden und andere Kostbarkeiten aus fernen Ländern nach Europa, sondern auch die Seuche, der „schwarze Tod“. Es war im Jahr 1347, als ein Schiff vom Schwarzen Meer kommend in Messina einlief und die Pest nach Europa brachte. Sie wütete mehrere Jahre und tötete fast ein Drittel der europäischen Bevölkerung. Der Seuche folgte der Hunger: die Kornfelder waren verdorrt und das Vieh auf den Weiden verkommen, der Boden war nicht bestellt und die Vorräte aufgebraucht. Die Krankheit, der Hunger, das Elend trieben die Preise in die Höhe, und in der Folge kam es vielerorts zu sozialen Unruhen und Aufständen.

Von den Anfängen der Zünfte im Mittelalter

In engem Zusammenhang mit dem Aufstieg der Städte steht die Entwicklung des mittelalterlichen Handwerks. Das rasche Aufblühen der Städte zu Zentren von Gewerbe und Handel bot dem Handwerker neue Existenzmöglichkeiten. Er war nicht länger auf den Dienst hinter Klostermauern oder an Fürstenhöfen angewiesen, wo er als Leibeigener für weltliche oder geistliche Herren gearbeitet hatte, sondern zog nun als freier Bürger in freie Städte. Der mittelalterliche Rechtsgrundsatz ‚Stadtluft macht frei‘ erhöhte die Attraktivität der Städte: Ein Leibeigener, der länger als ein Jahr in einer Stadt gelebt hatte, ohne daß ihn sein Herr zurückverlangt hatte, konnte nicht mehr zurückgefordert werden, sondern galt als freier Mann.

In den Städten also gewann das Handwerk schnell an Bedeutung und Ansehen. Der städtische Markt bot dem Handwerk größere Absatzmöglichkeiten, zunehmende Spezialisierung der handwerklichen Berufe war die natürliche Folge. Für die Ernährung sorgten Bäcker, Metzger, Fischer, Gärtner, Küfer, Brauer, Bier- und Weinschröter, für die Bekleidung die Tuchmacher, Loh- und Weißgerber, Kürschner, Handschuhmacher, Schuster, Schneider und Färber ... Auch im Bauhandwerk nahm die Arbeitsteilung zu und führte zu wachsender Kunstfertigkeit innerhalb der einzelnen Berufe. Da gab es Zimmerleute, Schreiner, Gipser, Maurer, Stukkateure, Maler – besonders die Steinmetze des späten Mittelalters sind noch heute für ihre Werke berühmt.

Schließlich gab es zahlreiche weitere Handwerke, von denen wir heute zum Teil nicht einmal mehr die Namen noch kennen: die Bender, Nestler, Reepschläger, Reußenschlosser, die Wagner, Nadler, Kartenmaler, Bürstenbinder, die Vogler, Fingerhutmacher, Bernsteindreher, die Messerer, Schwertfeger, Zinngießer, die Feilenhauer, Scherer und viele mehr. Zeitweise hat es allein mehr als 20 verschiedene Schmiedegewerbe gegeben (Kupferschmiede, Gold- und Silberschmiede, Klingenschmiede, Nagelschmiede, Waffenschmiede...) und für jeden Teil der Ausrüstung des mittelalterlichen Ritters ein eigenes Handwerk (Plattner stellten die Brustplatte der Rüstung her, die Bisser und Sporer Kandaren und Sporen, Schwertfeger das Schwert usw.)

Das handwerkliche Können wuchs und mit ihm das Selbstbewußtsein der Handwerker. Zur Regelung das Gewerbe betreffender Fragen und zum gegenseitigen Schutz begannen sich die Handwerker zusammenzuschließen. Gemeinsam konnten sie auch ihre eigenen Interessen innerhalb der Stadtgemeinschaft besser vertreten. Diese Entwicklung vollzog sich allmählich. Die Zusammenschlüsse der Handwerker, die Zünfte, sind in der Zeit vom 12. bis zum 14. Jahrhundert entstanden und haben sich schließlich überall durchgesetzt. Bald entschieden die Zünfte alle Fragen des Handwerks selbst. Die Zunftordnungen regelten die Ausbildung und das Verhältnis zwischen Meistern, Gesellen und Lehrlingen. Die Zünfte setzten Qualitätsmaßstäbe und führten Kontrollen durch, sie bestimmten die Preise und Arbeitszeiten und entschieden die Streitfälle. Zu ihren wesentlichen Privilegien gehörte bald ihre eigene Gerichtsbarkeit – das heißt, sie erhielten die Befugnis, über Vorfälle in ihrem Kreis Recht zu sprechen und das gefällte Urteil selbst zu vollziehen.

In der frühen Zeit der Zünfte gab es noch kein Verbot, ein Gewerbe auszuüben, wenn man nicht der entsprechenden Zunft angehörte; der sogenannte *Zunftzwang* entstand erst im Laufe der Zeit. Praktisch aber waren für jeden Handwerker mit dem Eintritt in die Zunftgemeinschaft große Vorteile, mit dem Nichteintritt erhebliche Nachteile verbunden, so daß die allermeisten der Zunft beitraten. In der Zunftordnung der Baseler Kürschner von 1226 heißt es: „Wer aus ihrem Handwerk nicht ihrer Gesellschaft angehören will, der soll von der Arbeit für eigenes Gebieten und von dem Marktverkehr in Kauf und Verkauf und von aller Gemeinschaft mit ihnen gänzlich ausgeschlossen sein." Und 1258 lautet die Bestimmung bei den Metzgern: „Wer der Zunft nicht beitreten will, der soll in den gemeinen Bänken [gemeint sind die ‚Fleischbänke', die Verkaufsstände auf dem Markt], soviel den Fleischverkauf angeht, nichts zu schaffen haben, und von der Gemeinschaft ausgeschlossen sein." (Wissell Ib, S. 47) Der der Zunft nicht angehörende Handwerker war von ihren Einrichtungen ausgeschlossen, er konnte zwar im Dienst eines Anderen arbeiten, durfte aber selbst keine Gesellen einstellen.

Die Zünfte waren jedoch nicht nur gewerbliche Vereinigungen, sie stellten auch soziale und religiöse Gemeinschaften dar: ihr Einfluß auf das Leben des einzelnen Mitglieds erstreckte sich auf alle Lebensbereiche. Unterwarfen sie den Einzelnen einerseits strengen Regeln, waren sie andererseits eine starke Solidargemeinschaft, die dem in Not geratenen Mitglied beistand. Sie halfen den Witwen und Waisen, ersetzten sozusagen die Krankenkasse und garantierten einem in Armut verstorbenen Mitglied ein standesgemäßes Begräbnis.

Eine unabdingbare Voraussetzung für die Aufnahme in die Zunft war die „freie und ehrliche Geburt" – die Zunft duldete niemanden unter ihren Mitgliedern, der den ‚sittlichen' Anforderungen der Zeit nicht entsprach. Kein *unehrlicher* Mensch durfte ins Handwerk aufgenommen werden, – und *unehrlich* im mittelalterlichen Verständnis waren solche, denen bestimmte bürgerliche Rechte fehlten: In erster Linie die Unfreien, die Leibeigenen, dann die unehelich Geborenen, auch Juden, Heiden, Türken, Zigeuner und schließlich die Angehörigen bestimmter als verwerflich oder verächtlich anzusehender Gewerbe, die früher meist von Unfreien ausgeübt worden waren, wie zum Beispiel die Scharfrichter, Abdecker, Totengräber, Zahnzieher, Schäfer und Bader. Außerdem wurden alle diejenigen für *unehrlich* gehalten, die der Obrigkeit gegen den freien Bürger dienten, also Zöllner zum Beispiel, Nachtwächter und Gerichtsdiener. Schließlich natürlich Mörder, Diebe, Gesetzesbrecher. Aber auch schon das Berühren eines toten Hundes konnte zum Verlust der *Ehrlichkeit* führen! Die *Handwerksehre* hat in den Zünften immer eine große Rolle gespielt. Die Zünfte besaßen ein ausgeprägtes ‚Standesbewußtsein' und schirmten sich so auch gegen zu großen Zulauf ab. Zur Zeit der Gründungen der Zünfte waren die Frauen ohne Einschränkung ‚handwerksfähig', besonders mit der Verarbeitung von Textilien waren viele von ihnen beschäftigt. Später dann gab es zunehmend Bestrebungen, die Frauen aus dem Handwerk herauszudrängen. Es kam soweit, daß ein Geselle für *unehrlich* erklärt werden konnte, weil er neben der Magd des Hauses gearbeitet hatte...

Das Wandern als Handwerksbrauch

Wann genau die ersten Handwerksburschen auf die Wanderschaft gingen, wissen wir nicht; im 19. Jahrhundert galt das Wandern der Handwerker als ‚uralter Brauch'. Die ersten urkundlichen Erwähnungen stammen aus dem 14. Jahrhundert: „welck knecht, de dre jahr gedenet heft in dem ampte, lüstet et em tho wanderende, dat schall he kündigen den Werkmeistern" heißt es in der Satzung der Hamburger Gerber aus dem Jahre 1375. Das Wandern war damals offenbar ein schon eingebürgerter Brauch. Noch aber war es freiwillig. Zum unerläßlichen Bestandteil der Ausbildung eines jeden Gesellen und zur Voraussetzung für die Zulassung zur Meisterschaft nach den Regeln der Zunft wurde es wohl erst im Laufe des nächsten Jahrhunderts. Jeder, der in ‚das Amt' aufgenommen werden will, heißt es dann in einer Zunfturkunde der Lübecker Wollenweber aus dem Jahre 1477, „schal ersten wandern jar unde dach, unde wanner he denne wedderumme kumpt, so mach he kamen in de morgensprake unde esschen dat ampt“ [soll erst wandern Jahr und Tag, und wenn er dann wiederkommt, so kann er zur Morgensprache kommen und das Amt fordern] (Wissell Ia, S. 151). Die vorgeschriebenen Wanderzeiten variieren. Während sich zum Beispiel die Kistenmacher Lübecks mit einem halben Jahr begnügten, forderten andere Gewerbe auch schon Wanderzeiten von zwei oder drei Jahren und einem Tag.

Schon aus dem 14. Jahrhundert sind andererseits auch Wanderverbote überliefert. Den Mitgliedern bestimmter, sogenannter ‚gesperrter Handwerke‘, wurde das Wandern aus einem einfachen Grund untersagt: Es galt ein Monopol zu schützen – die Kenntnis und Fähigkeit bestimmter Arbeitsmethoden und Fertigungsweisen sollte nicht aus den Stadtmauern herausgetragen werden. So gab es ein Wanderverbot zum Beispiel bei den Bernsteindrehern in Lübeck schon 1385, etwas später dann in Nürnberg bei den Brillenmachern, den Trompetenmachern und den Drahtziehern. Später, im 18. Jahrhundert, hat es dann zeitweise Verbote gegeben, ins Ausland zu wandern, denn die Behörden fürchteten, daß die Gesellen außerhalb der Landesgrenzen mit gefährlichen freiheitlichen Ideen in Kontakt geraten könnten!

Warum aber verließen die Gesellen für viele Jahre Eltern, Freunde und die vertraute Werkstatt, um in der Fremde umher zu ziehen? Und warum wurde das Wandern schließlich sogar von den Zünften vorgeschrieben?

Es kamen wohl mehrere Gründe zusammen: In der Fremde hofften die jungen Handwerker Erfahrungen zu sammeln, Kenntnisse zu erwerben und Fertigkeiten zu erlangen, die ihre Ausbildung erst vervollständigen sollten. In ihrem Heimatort dagegen gab es oft nicht einmal die Möglichkeit zu arbeiten, da die ortsansässigen Meister meist nur eine kleine Zahl von Gesellen beschäftigten, und nicht jeder ausgelernte Lehrling fand eine Werkstatt, die ihn brauchte. So blieb dem jungen Gesellen dann oft gar keine andere Wahl, als sein Glück in der Fremde zu suchen.

Zu drohender Arbeitslosigkeit und dem Wunsch, die eigene Ausbildung zu vervollständigen, kamen dann sicher auch ein gehöriger Schuß Abenteuerlust und Freiheitsdrang der jungen Handwerker – in einer Kombination dieser Motive werden die Gründe für das Wandern der Gesellen zu suchen sein.

In der Folge entwickelte sich die Wanderzeit zur Hohen Schule des Handwerks. Bevor einer als Meister seines Fachs gelten konnte, sollte er etwas zu „sehen und lernen“ kriegen – so heißt es in der Ordnung der Wand- und Tuchmacher Hamburgs von 1595, die eine zweijährige Wanderzeit vorschreibt (Wissell Ia, S. 152). Bevor ein junger Handwerker seßhaft wurde, als Meister eine eigene Werkstatt eröffnete und eine Familie gründete, sollte er sich in der Welt umgesehen haben.

In fremden Städten und Ländern sollte er fremde Sitten und Gewohnheiten kennen und respektieren lernen, in den Werkstätten fremder Meister anderer Gegenden wurde er mit ihm unbekannten Werkzeugen und Techniken vertraut und vervollkommnete so seine eigenen Fertigkeiten. Als ein ‚er-fahrener' und ‚be-wanderter' Mann sollte er zurückkehren, um in der Heimat dann um so nützlicher zu sein. In manchem alten Handwerkslied kommt diese Wertschätzung des ‚Gewanderten' gegenüber dem Daheimgebliebenen deutlich zum Ausdruck:

Ein wol erfahrner Handwerksbursch,
Den hält man lieb und wert:
Ein ungewanderter Strohsack
Der ist kein Teufel wert.

Wie heißt man einen Ofensitzer?
Er heißt Guck in die Welt.
Er bläst sich auf als wie ein Pfau
Und pocht mit seinem Geld.

Kaum aus der Lehr gekrochen heraus,
So trägt er einen Stock.
Er wird ein Bürger und Meister genannt
Mit seinem Bubenrock.

Er hat kein Gritz in seinem Bart,
Versteht gar kein Manier.
Ein Bursch der brav gewandert,
ist zum Vivatpossen dir.
(Schade 1865, S. 118)

Ganz in diesem Sinne haben die verschiedenen Zünfte dann auch ihr Wandergebot begründet. So heißt es in der Satzung der Schneider von Halle im Jahr 1637: „Dieweil es auch die tägliche Erfahrung bezeuget, daß oftmals junge Gesellen, die allererst ausgelernt und niemals gewandert, die Haushaltung anfangen und Meister zu werden sich unterstehen, darüber sie dann sich selber nicht allein in Schaden setzen und in Ungedeihen gerathen, sondern auch wohl Burgern und Fremden die Arbeit und Kleider verderben, welches denn danne zu großem Nachtheil und dem Handwerke zu sonderlichem Hohn und Schimpf gereicht, so soll hinführo keinem mehr gestattet noch zugelassen, Meister zu werden, er habe denn zuvor nach seinen Lehrjahren zwei Jahr gewandert." (Wissell Ia, S. 152)

Anno 1714 heißt es in der Tuchmacherordnung von Wien: „Und weilen durch Besuechung fremder land und stätt sonderlich die Handwerksleut ein mehrers in Erfahrung bringen und in ihrer Profession sich verbessern können, als wolle zwar einem jeden altem Gebrauch nach freistehen, wann er will, seine Wanderschaft anzufangen, doch verbunden sein, zwei Jahr lang solche zu verrichten.“ Im Jahre 1685 begründen auch die Messerschmiede Halles ihr Wandergebot: „Weil auch in Vielen Handtwercken wohl Versehen, dass die Gesellen zu wandern pflegen, damit sie nicht alleine etwas mehrers auf ihrem Handtwerck lernen, sondern auch etwas von anderen sehen, und mit der Zeit desto nützlicher zu gebrauchen seyn mögen, So soll eines Meisters Sohn zum wenigsten Ein Jahr unter erwehnten Zweyen, Ein Ander aber Zwey Jahre gewandert haben, ehe Er zu muthunge des MeisterRechts gelassen wirdt.“ (Wissell Ib, S. 304) In dieser letzten Begründung klingt auch der andere Grund für die Wandergebote an – das Bestreben der Zünfte, die Zahl der an einem Ort ansässigen Meister zu kontrollieren. Daß eines Meisters Sohn nur ein Jahr wandern mußte, jeder andere länger, findet hier seine Erklärung: auf den Meistersohn wartete zu Hause die Werkstatt des Vaters, die er übernehmen und weiterführen würde. Der Meistersohn vergrößerte die Zahl der an einem Ort ansässigen Meister nicht, er hielt sie konstant. So wie die Zünfte die Qualität der Waren und die Preise kontrollierten, so regelten sie auch die Zahl der ansässigen Meister, um ein Überangebot zu verhindern. Nur so viele Meister durfte es geben, daß ein jeder davon sich und seinen Haushalt – dazu gehörten auch die bei ihm beschäftigten Gesellen und Lehrlinge – ernähren konnte.

Gesellenbruderschaften

Seit der Zeit der ‚Zunftkämpfe‘ – den Auseinandersetzungen der Zünfte mit dem Stadtpatriziat im 14. und 15. Jahrhundert um eine Beteiligung an der Stadtregierung –, in denen sich das Handwerk eine machtvolle Position in der mittelalterlichen Gesellschaft erstritten hatte, gehörten die Zünfte zu den einflußreichsten gesellschaftlichen Gruppen. Es war eine Zeit allgemeiner Blüte: Die Fertigkeiten und das Selbstbewußtsein der Handwerker erreichten einen Höhepunkt, die Meister waren angesehene und einflußreiche Bürger jeder Stadt. Dann aber folgten auch wieder schwierigere Zeiten. Als Resultat wirtschaftlicher Krisen in den folgenden Jahrzehnten wurden die Aufträge geringer und die Auftraggeber sparsamer, die Zunftregeln strenger. Es wurde immer schwieriger für die Gesellen eines Handwerks, den Meisterstand zu erreichen. Immer neue Hindernisse stellten die von den Meistern regierten Zünfte einem Gesellen in den Weg, der selber eine Werkstatt leiten und Meister werden wollte. Die vorgeschriebenen Wanderzeiten wurden immer länger; außerdem wurde in vielen Gewerben eine sogenannte *Mutzeit* eingeführt: eine zusätzliche Wartezeit, während der ein von der Wanderschaft heimgekehrter Geselle in der Stadt, in der er Meister zu werden beabsichtigte, als Geselle arbeiten mußte. Nicht selten betrugen diese Wartezeiten noch einmal zwei oder mehr Jahre. Wurde diese Mutzeit zunächst eingeführt, um unfähige oder unredliche Personen vom Handwerk fernzuhalten und um den Meistern einer Stadt Gelegenheit zu geben, den neuen Aspiranten kennenzulernen, bevor er als Meister in die Zunft aufgenommen werden sollte, entwickelte sie sich bald vor allem zu einem Mittel der ansässigen Meister, sich vor übermäßiger Konkurrenz zu schützen.

„Die Muthjahre sind nicht nur im Herzogthume Magdeburg, sondern im ganzen römischen Reiche und andern Kur- und fürstlichen Landen, da nur gewisse Zünfte und Ordnungen sind, in usu und Observantia welches darum geschiehet, daß nicht ein jeder lüderliche Bursche sofort einläuft, von dem man hernach Schimpf und Schande hat, sondern man sich in währender Muthzeit seines Verhaltens und Qualitäten halber desto besser erkundigen könne; es ist auch vornehmlich zur Conservation der Zünfte angesehen, damit dieselbigen nicht sogar übermannet und durch die so sehr zerteilte Nahrung die alten Meister mit den neuen ruiniert werden..." heißt es in einem Schreiben der Hallenser Schuhmacher aus dem Jahre 1691, die sich beim Kurfürsten Friedrich Wilhelm von Brandenburg über die Aufführung der Gesellen beschweren: „wenn nun ein Schuhknecht weiß, daß er flugs einlaufen und Meister werden kann, so thut er vollends alles dem Meister zum Trutze; saget er ihm was, so setzet er ihm den Stuhl vor die Thür, läuft zu einer Magd, die etwa 10 Thaler hat und suhlet sich in Unehren mit ihr rum, hernach kömmt er und will Meister werden..." Und dann würden „in einem Vierteljahr 10 und mehr Schuhknechte sich finden die alle zugleich Meister werden wollen"! (Wissell Ib, S. 360) Hier werden neue Konflikte deutlich – jetzt geht es nicht mehr um Auseinandersetzungen zwischen den Handwerkern und anderen gesellschaftlichen Gruppen, sondern um Interessengegensätze innerhalb der Handwerkerschaft selbst. Der etablierte Meister und der Geselle, der nach der vorschriftsmäßig absolvierten Wanderzeit seinerseits Ansprüche auf einen Platz als zünftiger Meister stellt, geraten in einer Zeit wirtschaftlicher Stagnation in Konkurrenz.

Neben der Mutzeit wurde vom Bewerber um den Meisterstand verschiedentlich auch der Nachweis eines eigenen kleinen Vermögens erwartet, gelegentlich auch hohe Gebühren für das Aufnahmeverfahren verlangt. Schließlich wurden als Meisterstücke immer aufwendigere Arbeiten gefordert, die ebenfalls nur von einigermaßen begüterten Gesellen geleistet werden konnten, da die Materialien für das Meisterstück vom Prüfling selbst bezahlt werden mußten. Ausnahmen wurden nur mit den Meistersöhnen gemacht. Die Schuster Eisenbergs verlangten von einem

Fremden eine Wanderzeit von 6 Jahren, Meistersöhne dagegen brauchten nur ein Jahr gewandert zu sein. Auch wurde diesen und denjenigen, die eines Meisters Witwe oder Tochter heirateten, zuweilen die Anfertigung des Meisterstücks erlassen.

Die immer härter werdenden Bedingungen der Zunftordnungen und der Mißbrauch, den viele Meister mit ihnen trieben, verursachten eine ständig zunehmende Spannung zwischen Meistern und Gesellen. Versuchte der einzelne Geselle, sich zur Wehr zu setzen, wurde er schnell Opfer meisterlicher Schikanen. Bei den Schuhmachern und Gerbern Magdeburgs galt in der Mitte des 17. Jahrhunderts eine Bestimmung, die dem Meister freistellte, den Gesellen während der Mutzeit hinauszuwerfen „wegen seines Unverstandes in der Arbeit, Untreu, Unfleiß und Spazierengehens oder aus dergleichen andern erheblichen Ursachen, wie denn dasselbe in des Meisters Belieben und Willen stehet". Der Geselle mußte dann mit den Mutjahren von vorne beginnen und „von Neuem bei einem andern Meister die zwei Jahre [der bei dieser Zunft vorgeschriebenen Mutzeit] auf vorerwähnte Weise anfangen und ausstehen." (Wissell Ib, S. 365) So wurde es möglich, die Aufnahme von Mitgliedern viele Jahre lang hinauszuzögern und den betroffenen Gesellen damit die Gründung eines eigenen Hausstandes und einer eigenen Werkstatt unmöglich zu machen.

Daß die Gesellen diese Praktiken nicht lange schweigend hinzunehmen bereit waren, ist nicht verwunderlich. Bald merkten sie, daß sie alleine zwar ohnmächtig der Zunft gegenüberstanden, gemeinsam aber durchaus eine Chance hatten.

Im Zusammenhang mit der Einbürgerung des Gesellenwanderns waren die ersten Gesellenverbindungen entstanden: überregional organisierte Zusammenschlüsse, die einem in Not geratenen Gesellen in der Fremde beistehen konnten. Diese Gesellenbruderschaften lösten sich im Laufe der Zeit von den Zünften und übernahmen vielerorts die soziale Sicherung der Gesellen, die früher von den Zünften geleistet worden war, in eigener Verantwortung. So enthält zum Beispiel die „Ordnung der Zimmergesellen zu Berlin, Cölln usw" aus dem Jahre 1683 folgende Bestimmung: „Wann ein Geselle krank wird, und hat nicht Mittel, muß ihm etwas aus der Gesellen Lade gereichet werden; hülfe ihm aber Gott zu guter Gesundheit wieder auf, und wäre ein großer Vorschuß getan, ist er schuldig, solches wieder zu restituieren. Sollte ein Geselle mit großer Krankheit beladen sein, also daß man des Nachtes müßte bei ihm wachen, so sollen von der ganzen Gesellschaft wie die Namen nach einander verzeichnet sind, alle Nacht ihrer Zwene bei ihm wachen, bei Verlust eines Tagelohns, der sich solches weigert. Würde einer gar sterben, so muß er aus der Gesellen Lade beerdiget, seine hinterlassene Sachen aber in gute Verwahrung genommen werden, davon sich die Gesellen wieder erholen können; hätte aber der Verstorbene vermögende Eltern, sind sie schuldig die Unkosten wieder zu erstatten.“ (Wissell Ia, S. 405) Der „Gesellen Lade“ ist hier ein Behälter, der die Urkunden und auch das Vermögen der Gesellenschaft enthielt: die gemeinsame Kasse, in die alle ihre Beiträge zahlten. Bei den Zusammenkünften der Handwerker (auch die Zünfte hatten ihre *Lade*; das Wort geht auf die biblische ‚Bundeslade‘ zurück, in welcher die Juden ihre Gesetzestafeln aufbewahrten) spielte die Lade eine wichtige Rolle: In regelmäßigen Abständen versammelten sich die Gesellen „in wolanständiger Kleidung und Haltung sich um den Tisch setzend, auf dem die geöffnete Lade stand, das Archiv und die Kasse der Bruderschaft, gewissermaßen ihr Allerheiligstes.“ (Schade 1856, S. 72)

Die Gesellenschaften übernahmen die Organisation aller für die Gesellen zentralen Angelegenheiten; sie sorgten für die Bewirtung und Unterstützung der zureisenden Fremden, übernahmen das *Umschauen* nach Arbeit für den Zugereisten und veranstalteten Zusammenkünfte der Gesellen in eigenen Räumen.

Im Konflikt mit den Meistern entwickelten sich diese Bruderschaften bald zu ernstzunehmenden politischen Gegnern der Zünfte. Als Mittel der Auseinandersetzung entdeckten die Gesellen den Boykott und den Streik: Indem sie gemeinsam die Arbeit verweigerten, konnten sie die Meister unter Druck setzen. Meistens richteten sich die Aktionen der Gesellen zunächst gegen einen bestimmten Meister, der seine Gesellen schlecht behandelt hatte: ein solcher Meister wurde *verrufen* – das hieß, kein Geselle durfte künftig mehr für ihn arbeiten. Die Mobilität der Gesellen ermöglichte eine schnelle Benachrichtigung aller Mitglieder der Bruderschaft, und mancher Meister ist durch solchen *Verruf* in den Ruin getrieben worden. Stellte sich nun die Zunft hinter einen solchen *verrufenen* Meister, konnte der Boykott zum Streik ausgeweitet werden. Ein wichtiges und häufig angewendetes Mittel ihres Kampfes gegen ungerechte Behandlung oder Benachteiligung von den Meistern einer Zunft war auch das *Verschimpfen* einer Stadt. Worum es dabei ging, dokumentiert die autobiographische Erzählung eines wandernden Leinewebergesellen, der im ausgehenden 18. und beginnenden 19. Jahrhundert unterwegs war. „Um von dem damals zwischen Meister und Gesellen bestehenden Verhältnis eine Ansicht zu geben“ berichtet er folgendes: Nachdem ein Geselle „von einem Meister des Handwerks mit ehrenrührigen Schmähworten gröblich beleidigt worden“ war – und zwar aus nichtigem Anlaß – und der vereinte Einspruch der übrigen Gesellen von der Zunft abgewiesen wurde, „mit dem Bedeuten, sofort an unsere Arbeit zu gehen und uns ja ruhig zu verhalten“, fordert der Erzähler seine Gesellenbrüder zum Boykott der in Frage stehenden Stadt auf: „Jeder unter uns, der nicht durch Schulden oder Bande der Liebe behindert wird, der wandere fort aus dieser Stadt, wo man nach Willkür Rechtssprüche und Sentenzen schmiedet, wo man schwach und kurzsichtig genug ist, dem verkehrten Urteile des Assessors, der kein Handwerker ist, folglich keinen Handwerksbrauch versteht, das Siegel aufzudrücken. Es wandere fort, wer ein Gefühl für Beleidigungen hat und seine Ehre gekränkt sieht. Stürmte es gleich draußen, das soll mich nicht abhalten eine Stadt zu meiden, in der Gesellen geringschätzig behandelt werden." Der Erzähler fährt fort: „Mein Vorschlag ward nun in nähere Beratung gezogen und unser einstimmiger Entschluß fiel endlich so aus: alles Aufsehen zu vermeiden, nicht insgesamt und zu gleicher Zeit zu wandern, sondern alltäglich sollten etliche ausscheiden. Dadurch würden die gestrengen Herrn gewiß bewogen, gelindere Saiten aufzuziehen. Die Abgereisten sollten auf den Herbergen der Städte Görchen, Jutroschin und Zduny drei Tage still liegen und das weitere abwarten." Dieses Vorhaben wurde in die Tat umgesetzt, und als nun ein Geselle nach dem anderen die Stadt verließ, wurden die Meister nachdenklich, „ob es tunlich sei, alle Fremden abreisen zu lassen, die wohl gar, was das Schlimmste wäre, die Stadt verschimpfen möchten". Sie beauftragten den Altgesellen, die noch verbliebenen Mitglieder der Brüderschaft zusammenzurufen: „Man fing also an, in sich zu gehen und einzusehen, man habe uns zuviel getan. Man war geneigt, zu bösem Spiel gute Miene zu machen und da nachzugeben, wo Halsstarrigkeit von bösen Folgen sein konnte. Städte zu verschimpfen war zur damaligen Zeit für die dort wohnenden Meister äußerst verderblich. Denn die Ursache der Verschimpfung ward auf den Gesellentafeln aller Herbergen in der ganzen Umgegend angeschlagen und blieb keinem Gesellen unbekannt. Und wehe dem, der nach solch einer verschimpften Stadt wanderte oder gar darin arbeitete. Man umging sie wie einen Ort, in dem ein bösartiges Pestübel herrscht. Die auf solche Art gleichsam geächteten Meister konnten keine Gesellen erhalten, bis sie sich mit den Urhebern solcher Acht völlig geeinigt und verglichen hatten und die Verschimpfung widerrufen wurde." (Riedel, S. 17-20) In diesem Fall beugten sich die Meister der Stadt bald der solidarischen Stärke der Gesellenbruderschaft und bewilligten alle Forderungen der Gesellen.

War hier ein Ehrenhandel Ursache des gemeinsamen Boykotts gewesen, wurde die solidarische Arbeitsverweigerung und Ächtung, das *Verschimpfen* einer Stadt vielerorts auch zur Waffe im Kampf um höhere Löhne und bessere Arbeitsbedingungen. Gegenstand der Auseinandersetzung war lange Zeit hindurch der sogenannte *gute* oder *blaue Montag:* Am Montag wollten die Gesellen nicht für den Meister arbeiten, ihn wollten sie für ihre eigenen Angelegenheiten nutzen. Da die Gesellen ihre Bezahlung als Wochenlohn erhielten, bedeutete die mit dem *blauen Montag* realisierte Arbeitszeitverkürzung eine indirekte Lohnerhöhung. Die Meister versuchten, sich mit Lohnabzügen gegen den Müßiggang der Gesellen am Montag zu wehren, die Gesellenverbände aber setzten sich in gemeinsamen Aktionen gegen die Meister durch. Um 1500 etwa hatten sie die Fünf-Tage-Woche erkämpft. Der Montag also stand den Gesellen für ihre eigenen Bedürfnisse zur

Verfügung: er war Zechtag, Versammlungstag, Gerichtstag, Flicktag, Badetag und Wandertag: Montags zogen die wandernden Gesellen weiter und wurden von ihren Mitgesellen bis ‚vor das Tor', meistens aber bis in das nächste Dorf begleitet, wo der Abschied ausgiebig begossen wurde.

Wenn Montags wir beisammen sind
Und unsre Reisen zählen,
Da möchte manches Hätschelkind
Sich bald zu Tode quälen,
Das nur in seiner Mutterstadt
Beim Vater ausgelernet hat
Und helfen Rüben schälen.

Drum fort, ihr Bursche, wandert mit!
Holt Bündel und Felleisen!
Doch eh wir durch den letzten Schritt
Der Stadt den Rücken weisen,
So schenkt uns Bier und blanken Wein,
Fein große volle Gläser ein!
Drauf laßt uns fröhlich reisen!
(Schade 1865, S. 114 f.)

Die Bruderschaften kämpften erfolgreich schließlich auch um weitere Rechte der Gesellen: so zum Beispiel um die eigene Schenke (und damit um das Recht auf einen Versammlungsort) und das Recht auf die Arbeitsvermittlung durch den Altgesellen. Zusammen mit dem Anspruch auf die eigene Gerichtsbarkeit – das Verhängen und Vollziehen von Strafen wegen bestimmter Vergehen der Mitglieder in eigener Regie und Verantwortung – sicherten diese Rechte den Gesellen eine Machtposition innerhalb der Zunft und in der Gesellschaft. Verschiedene Versuche, das *Gesellenmachen* oder andere Bräuche der Bruderschaften wie zum Beispiel den *Blauen Montag* zu verbieten, deuten auf Auseinandersetzungen zwischen den Gesellen und den Zünften, bzw. der Obrigkeit. Im 17. und 18. Jahrhundert wurde immer wieder versucht, die Bruderschaften ganz zu verbieten – häufig arbeiteten sie daraufhin heimlich weiter. Seit dem ausgehenden 14. Jahrhundert gibt es zahlreiche Nachrichten über solche Konflikte, die sogenannten *Gesellenkämpfe*. So war zum Beispiel der Aufstand der Schuhknechte in Augsburg im Jahr 1726 durchaus kein Einzelfall: Mit ebenfalls verbotenen, sogenannten ‚Lauff-Briefen' forderten die Augsburger Schuhknechte damals ihre Mitgesellen in Heidelberg auf, sie zu unterstützen: „GOttes Segen zum Gruß. Insonders vielgeliebte

Mit-Brüder! Wir machen euch kund und zu wissen, wie daß wir in Augspurg einen Auffstand haben, der schon biß drey Wochen währet und anhaltet, und noch zu keinem End will gehen." Der ausführlichen Darstellung des Streitfalles, der dem Aufstand zugrunde liegt, folgt dann die Aufforderung an die ‚Mit-Brüder', „daß keiner nacher Augspurg reisen thut, was ein braver Kerl ist, oder gehet er hin, und arbeitet in Augspurg, so wird er seinen verdienten Lohn schon empfangen, was aber, das wird er schon erfahren. So bitten wir, ihr liebe Mit-Brüder, wann ihr wollet so gütig seyn und wollet uns eine Beyhülffe thun, dieweil wir in einem solchen Streit seynd, dann wir wissen nicht, wann es zu einem End gehen wird, dann es kan seyn, daß er noch eine lange Zeit anhält." (Stürmer, S. 188)

Mit den Mitteln des Boykotts oder des Streiks setzten sich die Gesellen mit zum Teil beträchtlichen Erfolgen gegen die Verschlechterung ihrer Arbeitsbedingungen, für Lohnerhöhungen, Arbeitszeitverkürzungen und die Erhaltung all ihrer Rechte ein. Ihre Stärke lag in ihrer Solidarität und ihrer Mobilität. Die Gesellenbruderschaften der Handwerker bilden als Vereinigungen abhängiger Lohnarbeiter den Keim unserer heutigen Gewerkschaften: damals wie heute ging es um die Vertretung gemeinsamer Interessen gegenüber dem über Produktionsmittel und Kapital sowie (Zunft-) Privilegien verfügenden Meister- bzw. Arbeitgeberstand.

Vom zünftigen Gesellenmachen

Der Übergang vom Lehrlingsdasein zum Gesellenleben bedeutet für jeden Handwerker einen großen Moment und einen wichtigen Einschnitt in seinem Leben. Als Lehrling verrichtete der angehende Handwerker oft nur Handlangerdienste, nicht selten waren die Lehrlingsjahre eine Zeit der Mühsal und Plackerei, immer aber eine Zeit der Abhängigkeit und Unselbständigkeit. Die Klage eines Schneiderlehrlings aus dem 15. Jahrhundert steht für viele: „Was ich während der zwei Jahre meiner Lehrzeit ausgestanden habe, auch abgesehen von der Schwierigkeit des Handwerks und dem unmenschlichen Nachtwachen, wodurch ein junger Mensch körperlich völlig heruntergebracht wird, wie ich von drei oder vier Uhr morgens bis abends neun oder zehn, bisweilen auch bis elf oder zwölf Uhr, wie ich aber besonders an den höheren Festen gemeiniglich bis zur Hochmesse in einem fort arbeiten mußte, wie ich geplagt wurde mit Wassertragen, mit Hauskehren, Feuerstochern, mit Hin- und Herlaufen und Kommissionenmachen in und außer der Stadt, an Festtagen mit Schuldeneintreiben und, was mir am meisten verhaßt war, mit dem Sammeln oder richtiger Stehlen des Wachses von den Leuchtern in der Kirche zum Gebrauch bei dem Geschäfte, wie ich von dem Meister und der Meisterin und den Dienstboten herbe Worte und mitunter noch härtere Schläge, Kälte und Hitze, Hunger und Durst bis zum äußersten zu ertragen hatte: was ich auf solche und mehrfache andere Art für ein Elend ausgehalten habe, das würde kaum in einem großen Buche zu beschreiben sein." (Butzbach, S. 25) Dem Lehrling wurden die unangenehmen Arbeiten übertragen, oft lernte er weniger von dem eigentlichen Handwerk, als ihm lieb sein konnte und nie durfte er sich beschweren – kein Wunder also, daß das Ende der Lehrzeit herbeigesehnt und die erreichte Gesellenschaft als wahre Befreiung empfunden wurde!

Der überstandenen Gesellenprüfung und *Lossprechung* des Lehrlings folgte die Aufnahme in den neuen Stand und in die Bruderschaft der Gesellen: das sogenannte *Gesellenmachen,* ein Ritual der Initiation. Es war notwendige Voraussetzung für jeden, der als würdiger zünftiger Geselle in die Fremde gehen wollte. Je nach Handwerk wurde diese *Taufe* verschieden benannt. Meist wurde bei diesem Anlaß auch ausgiebig gezecht. Es hieß *Bart- und Schlüsselbeißen* bei den Schlossern (dem Jungen wurde ein Schlüssel in den Mund gesteckt und wie beim Öffnen eines Schlosses herumgedreht), bei den Böttchern das *Schleifen,* bei den Tischlern die *Behobelung:* Als Zeichen der Aufnahme in den Gesellenstand wurde der Junge einer symbolischen (aber nicht selten auch schmerzhaften) Bearbeitung mit den jeweiligen Werkzeugen seines Handwerks unterzogen: „Sie legen den Jungen, welchen sie nur Kuh-Schwantz nennen, auf eine Bank, beschneiden, behacken und behobeln ihn und brauchen alle Werckzeuge der Tischer an ihm." (Aus einem Bericht aus dem frühen 18. Jahrhundert, Stürmer, S. 181) Ein ‚ungehobelter' oder ‚ungeschliffener' Kerl war dementsprechend also einer, dem diese Aufnahmezeremonie und die Einweihung in die Regeln zünftigen Verhaltens noch bevorstand.

Folgender Bericht vom *Gesellenmachen* stammt aus den Erinnerungen eines Drechslergesellen, der sich im Frühjahr 1832 auf die Wanderschaft begab. „Einige Wochen vor Ostern ging ich an einem Sonntag, als eben die Auflage abgehalten wurde, auf die Drechslerherberge und bat den Altgesellen, mich nach üblicher Weise zum Gesellen zu sprechen. Dies geschah in folgender Weise. Die Arbeitsgesellen bildeten einen Kreis um mich und den Altgesellen, und letzterer begann nun in gehobenem Tone mit folgenden Worten mich anzusprechen:

‚Also mit Gunst, was ist dein Begehr, daß du heute bei uns erschienen bist?'

Ich: ‚Mein Begehr ist, von einem rechtschaffenen Drechslergesellen zu einem ordentlichen Gesellen gemacht und gesprochen zu werden.'

Altgeselle: ‚Dies soll dir widerfahren nach altem Gebrauch, wenn du zuvor, in der Gesellen Mitte, dafür entrichtest, was Brauch und Sitte.'

Ich: ‚Das will ich tun, wie sich's gebührt.'

Altgeselle: ‚Mit Gunst, meine Brüder, da ich bin erwählet worden zu verrichten diese Pflicht, so will ich sie erfüllen treu und pünktlich ...' "

Es folgte nun die nach althergebrachtem Brauch festgelegte Ansprache des Altgesellen, der den Junggesellen in seinen neuen Stand einweist:

„So höre denn wohl mit Bedacht
Und gib auf meine Worte acht,
Denn dieses stimmt nicht überein,
Gesell und Junge zugleich zu sein;
Ich will es dir am besten sagen,
Wie sich brave Gesellen betragen,
Ich will es dir sagen nach altem Gebrauch,
Wie es mir und meinen Brüdern ergangen auch.

Vermeide jedes Bubenstück,
Denn es zerstöret nur dein Glück,
Und such' das Laster stets zu meiden
Und sei auch sittsam und bescheiden.
Wenn du ferner willst ausgehen
Und mit Ehren dann besteh'n,
Mußt du dich anständig kleiden
Und alles Pöbelhafte meiden.
Auch darfst du kein Geschäft verrichten,
Was nicht gehört zu deinen Pflichten;
Es wird dir hiemit anbefohlen,
Kein Wasser oder Bier zu holen,
Auch darfst du keinen Ofen heizen,
Sonst würdest du zum Zorn uns reizen.
Man wird dich strafen nach Herzenslust,
Bis du dich bist als Gesell bewußt."

Daraufhin wird dem Junggesellen der Pokal gereicht:

„Nimm diesen Pokal hier mit goldenem Wein,
Den ich dir jetzt ließ füllen ein,
Nimm ihn in deine rechte Hand
Und tritt damit in den Gesellenstand."

Unter „tiefem Schweigen" der Mitgesellen nimmt der Junggeselle den Pokal entgegen:

„Der liebe Herrgott bleibt führwahr
Der beste Drechsler immerdar,
Er hat den Erdball rund gedreht,
Der nie und nimmer stille steht;
Dem hohen Meister nun zu Ehren
Will ich hier diesen Becher leeren."

„Nimm diesen Stock in deine rechte Hand,
Mit diesem kannst du reisen
Zu Wasser und zu Land.
Bleib Geselle eine Zeitlang
Und Meister dein Leben lang."

Nachdem dem jungen Gesellen mit diesen Worten dann der Wanderstab überreicht worden ist, werden ihm zum Schluß noch weitere Verhaltensmaßregeln mit auf den Weg gegeben:

„Auch ferner dir geboten sei:
Steh treulich stets den Brüdern bei;
Triffst einen du vom Belt oder Rhein,
Gleichviel, er muß dir willkommen sein,
Und wenn einer irgendein Unglück hat,
So hilf ihm gerne mit Rat und Tat,
Wie dir auch wird ein gleiches geschehen,
Wenn du wirst fort in die Fremde gehen.
Hat einer auch manchmal ein schlecht Gewand,
So biete ihm doch als Bruder die Hand,
Denn wer weiß, ob er auch Schuld daran,
Drum schau dir zuerst den Menschen an.
Und tust du alles, was ich begehrt,
Dann hat dich ein jeder lieb und wert."
(Weiß, S. 5-10)

Aus einer *Schleifrede* der Büttner aus Nürnberg um 1800 stammen folgende Ratschläge: „Kommst Du auf Deiner Wanderschaft vor eine Stadt, so gehe frühzeitig hienein, ordne und reinige vorher Deine Kleidung, damit du als ein ordentlicher

Geselle auftreten kannst. Unter dem Tor beantworte die Fragen, welche man Dir vorlegen wird, mit Bescheidenheit und Wahrheit. Frage mit Höflichkeit nach der Herberge. Wenn Du auf die Herberg' kommst, so nennst Du den Wirt Herr Vater, die Wirtin Frau Mutter, den Sohn und Kellner Herr Bruder, und die Tochter und Magd Jungfer Schwester: und sprichst gegen den Herbergsvater: ,Gott grüße Sie von wegen des Handwerks! Ich habe vernommen, daß das löbliche Büttner-Handwerk hier seine Herberge hat; ich bitte Sie also, mich und meinen Bündel zu beherbergen.'" (Wissell IIa, S. 501) Bevor dem Jungen dann schließlich der Gesellenschein ausgestellt wurde, mußte er in bestimmte zunfteigene Sprüche und Redewendungen eingeweiht werden, die ihm auf der Wanderschaft nützlich sein würden. Die Kenntnis bestimmter Formeln machte es dem Gesellen möglich, sich gegenüber Bruderschaft und Zunft auch an fremden Orten als Mitglied derselben auszuweisen: bestimmte Rituale funktionierten so als geheimes Kennwort des Dazugehörenden, als Ausweis des zünftigen Handwerkers. Meist handelte es sich um sprachliche Formeln, von Bedeutung konnten aber zum Beispiel auch bestimmte Fußstellungen sein: bei den Steinmetzen gab es genau festgelegte Schrittfolgen, die ein Geselle vorführen mußte, um sich vor fremden Meistern und Gesellen beim Vorsprechen um Arbeit als zünftiger Steinmetz auszuweisen. Auch der Eintritt in die Herberge hing von der Kenntnis der richtigen Sprüche und Verhaltensweisen ab.

Durch ritualisierte Grüße und festgelegte Verhaltensweisen also konnte sich der zünftige Geselle als solcher ausweisen – lange bevor schriftliche Ausweispapiere üblich wurden. Die Grüße der verschiedenen Gewerke unterlagen daher strenger Geheimhaltung: eine unkontrollierte Weitergabe an Nicht-Mitglieder der Bruderschaft hätte Fremde in den Genuß der verschiedenen zunfteigenen Unterstützungen gebracht und die Geschlossenheit der Gruppe gefährdet. So durfte der Geselle beim *Umschauen,* dem Vorsprechen bei verschiedenen Meistern nach Arbeit, den Gruß nicht in Hörweite eines Lehrlings oder gar Zunftfremden vorbringen. Die Geheimhaltung und das Verbot schriftlicher Fixierung dieser Grußformeln hat auch dazu geführt, daß heute nur relativ wenige dieser Sprüche überliefert sind. Die Mitteilung dieser Formeln und Redewendungen bildete einen wesentlichen Bestandteil des Rituals des *Gesellenmachens.* Wenn ein Schlosser beim Umschauen vom Meister gefragt wurde: ,Sind Sie Schlosser?' mußte er antworten: ,Ein Stück davon!' Wenn einer ,ja' antwortete, so war er in der Regel kein rechter Schlosser, sondern ein Fabrikarbeiter (der nicht in die Geheimnisse der Zunft eingeweiht war). Ein Schuhmachergeselle auf Wanderschaft, der auf eine Herberge zureiste, mußte zum Zeichen, daß er zum Handwerk gehöre, folgenden Gruß vorbringen: „Guten Tag! Gott ehre das Reich; Gott ehre das Handwerk, das Gelage und die Brüderschaft. Gott ehre den Herrn Vater, die Frau Mutter, Brüder und Schwestern und alle ehrbaren, frommen Schusterknechte, wie sie versammelt sein, es sei gleich, hier oder anderswo." (Krebs, S. 101)

Später gab es dann neben den mündlichen Erkennungsformeln auch schriftliche Ausweispapiere: Die *Kundschaft* eines fremdgeschriebenen Gesellen gab Auskunft, daß er allen seinen Verbindlichkeiten nachgekommen war. Hatte er Schulden nicht bezahlt oder Strafbares begangen, ohne dafür gebüßt zu haben, wurde ihm die *Kundschaft* verweigert: Kein Meister durfte einen solchen Gesellen in Arbeit nehmen und auch das *Geschenk,* die zünftige Wanderunterstützung, wurde ihm verweigert. Später wurde die Kundschaft durch das Wanderbuch ersetzt, in dem alle Stationen der Wanderschaft eines Gesellen verzeichnet wurden und die verschiedenen Arbeitgeber ihre Zeugnisse eintrugen.

Auf der Walz

Das *Gesellenmachen,* die Aufnahme in den Bund der Gesellen eines Handwerks, bereitete den jungen Gesellen auf die nun folgende wichtige Phase seines Handwerkerlebens vor: die Wanderschaft.

Der wirklich entscheidende Schritt für den frischgebackenen Gesellen war der Antritt der Wanderschaft, denn damit begann ein neues Leben. Hinter sich lassen konnte er nun die demütigenden Erfahrungen und die vollständige Abhängigkeit seiner Lehrlingsjahre, die vor ihm liegende weite Welt versprach die ersehnte Freiheit.

Zum Abschied wurde der Scheidende von Freunden und Verwandten ein Stück des Weges begleitet, mindestens zum Tor hinaus, oft aber bis zur Herberge im nächstgelegenen Ort, wo der Abschied noch einmal ordentlich begossen wurde. Dann aber war der Wandernde endgültig auf sich selbst gestellt. Folgender Bericht stammt aus der Lebensbeschreibung eines sächsischen Barbiers, der sich gegen Ende des 17. Jahrhunderts auf Wanderschaft begab: „Endlich wurde ich losgesprochen. Des andern Tages, umb elf Uhr, so zog ich in GOttes Namen aus, und ging der Vater mit mir bis in die Hausthüre mit diesem Spruch: ‚Dein Lebelang habe GOtt vor Augen und im Herzen und hüte dich, daß du in keine Sünde willigest noch wider GOttes Gebot thust, so wird dir's wohl gehen' – Die seelige Mutter und Schwestern aber gingen mit mir bis an'n ‚Grünen Hof'. Unter vielem Weinen nahmen sie auch Abschied und gingen nach Haus, ich aber in die weite Welt." (Dietz, S. 66) So zogen sie meistens frohen Mutes los, endlich der Sklaverei der Lehrzeit ledig. Sie zogen in eine unbekannte, ihnen noch ganz fremde Welt, auf dem Rükken das Bündel, das *Felleisen* (später auch *Berliner* oder *Charlottenburger,* kurz *Charlie* genannt), in das sie das notwendigste Reisegepäck eingewickelt hatten. In der Hand hatten sie den *Stenz,* den gedrehten Wanderstock, und in der Tasche die Kundschaft oder das Wanderbuch.

Unterwegs konnten die Reisenden auf Halt und Hilfe der Zünfte oder der Gesellenschaften rechnen. Von großer Bedeutung war so zum Beispiel die Einrichtung der Handwerks-Herbergen, die dem Wandernden gegen geringes Entgelt Kost und Logis boten. Gaststätten in unserem heutigen Sinne gab es damals noch nicht, und die Gesellen auf Walz waren auf die Herbergen angewiesen, wenn sie nicht Arbeit und damit Unterkunft bei einem Meister gefunden hatten. Auch bei der Suche nach Arbeit in einem fremden Ort wurde der Geselle eines zünftigen Handwerks von seinen Mitgesellen unterstützt: Kam ein Fremder in eine Stadt, ging er zunächst zur Herberge seines Handwerks. Dort traf er dann den Alten- oder Oertengesellen seines Gewerbes, der die Aufgabe hatte, für den Fremden nach Arbeit *umzuschauen;* an vielen Orten hatten sich die Gesellen schon früh das Recht auf die Arbeitsvermittlung gesichert. Das *Vorsprechen* um Arbeit lief dann nach bestimmten festgelegten Regeln ab. Konnte ein Meister keine Arbeit bieten, so gab er dem Wandernden in der Regel eine kleine Wanderunterstützung mit auf den Weg. Außerdem wurde der fremde Geselle von den ortsansässigen Gesellen *ausgeschenkt* – also zum Essen und Trinken eingeladen. Fand er Arbeit, beglich er später seine Schuld, ansonsten zog er *ausgeschenkt* weiter.

Das vor allem in Zusammenhang mit dem viel beachteten Unterschied zwischen den sogenannten *ungeschenkten* und *geschenkten* Handwerken häufig diskutierte *Geschenk* meint also zweierlei: Der Begriff bezieht sich ursprünglich auf die *Schenke* – das gemeinsame Trinken einheimischer und fremder Mitglieder der Zunft auf dem Handwerkssaal oder in der Herberge: Ein Zureisender wurde von der Gemeinschaft – Zunft oder Gesellenschaft – zum Willkommenstrunk eingeladen. Erst später wurde dann auch die obligatorische Wanderunterstützung für die reisenden Gesellen in Form einer kleinen Barschaft so genannt. Bei den *geschenkten* Handwerken hatte der fremde Geselle einen Rechtsanspruch auf diese Unterstützung; gewährt wurde sie ihm jedoch auch bei den *ungeschenkten* Handwerken. Häufig waren die *geschenkten Handwerke* diejenigen mit einer weiträumig organisierten und gut funktionierenden Wanderunterstützung – es waren solche Handwerke, in denen die Gesellen Einfluß hatten in der Zunft und wesentliche Rechte für sich erkämpft hatten. Die Mitglieder der geschenkten Handwerke zeichneten sich durch ein besonderes Maß an Selbstvertrauen und durch die Reichweite ihrer Wanderungen aus, da sie auf eine geregelte Unterstützung selbst in weit entfernten Gegenden zählen durften.

Konnten die wandernde Gesellen also in den wichtigsten Punkten – Beschaffung von Unterkunft und Arbeit – auf die Unterstützung des Handwerks und der weitgespannten Organisationen der Gesellenbruderschaften rechnen, so ließen sie doch mit der Enge der verlassenen Heimatstadt und Lehrzeit auch ein schützendes Nest hinter sich: Häufig waren die jungen Handwerker nie vorher auch nur bis in die nächste größere Stadt gekommen. Vielerlei Schwierigkeiten, Hindernisse und Gefahren, von denen ein *Einheimischer* in der Regel verschont blieb, erwarteten den Wandernden auf der Walz.

Fühlte sich manch einer bei günstiger Witterung und mit gefülltem Magen auf der Walz frei wie ein Vogel und reich wie ein König, so konnten Hunger, Durst und Kälte das Wandern schnell auch zur Qual machen.

Die zwei folgenden Schilderungen stammen beide aus dem Bericht des Drechslergesellen Christoph Weiß, der sich im Frühling 1832 auf die Wanderschaft begab: „Wir machten uns rasch auf den Weg, um bald wieder in Gottes freier Natur zu sein. Der Morgen war so schön, wie ich kaum einen anderen erlebt habe. Alles grünte und duftete in vollster Frische, die Wiesen trugen ihr reichstes Festgewand, buntgestickt und mit blitzenden Perlen besät, der Morgenwind strich mit lindem Gesäusel über das wogende Grün der Saatfelder, und die Lerche schien in der Höhe zu jauchzen: Wie ist die Welt doch so schön, so schön, so schön! Rings erblickte man geschäftige Landleute, auch wohl einen und den andern, der, auf seine Haue gestützt, zum heitern Himmel schweigend empor schaute oder auf der Landstraße die lustigen Wanderer betrachtete, die unbekümmert dahin schlenderten und trotz leichtesten Gepäcks in diesem Augenblick sich die reichsten der Erde dünkten." Drei Jahre später wandert derselbe Geselle aus einem Tor von Berlin hinaus: „In Schönfeld von meinen Begleitern Abschied nehmend, reiste ich über Potsdam und Wittenberg nach Leipzig. Von Regen und Kälte vielfach belästigt, dazu nachts nur auf Stroh schlafend, zog ich mir ein Reißen in den Gliedern zu, namentlich in den Knien, die mich so furchtbar schmerzten, daß ich mich nur mit Mühe noch fortschleppte. Kaum eine Stunde von Leipzig entfernt, konnte ich nicht weiter und ließ mich erschöpft auf einen Stein am Wege nieder, auf Hilfe harrend, aber vergebens die vorüberfahrenden Kutscher anrufend. Es war Abend geworden, trübe schien der Mond vom Himmel, die Straße wurde stiller und menschenleerer, nur Gebell von Hunden schlug von Zeit zu Zeit an mein Ohr, in fernen Dörfern flimmerten matte Lichtlein, unheimlich pfiff ein kalter Wind mir um die Ohren, ich schauerte zusammen, der Schlaf übermannte mich, und ich wußte von nichts mehr." (Weiß, S. 23 und 75) Vor dem „wahrscheinlichen Tode des Erfrierens" rettete diesen Drechslergesellen schließlich doch noch ein Vorbeikommender, der ihn auf seinem Leiterwagen mit in die Stadt nahm und zur Herberge brachte. Sicher aber hat es manche gegeben, die weniger Glück hatten.

Aber auch das Übernachten in der Herberge barg mancherlei Risiken: In einer ‚Wander-Belehrung' des 19. Jahrhunderts wird dem Gesellen geraten, „bei der Wahl und dem Gebrauche seines Nachtlagers mit aller Vorsicht zu Werke zu gehen. Denn es ist ein gar häufiges Schicksal der in diesem Punkte Sorglosen, daß sie sich ekelhafte Krankheiten und Ungeziefer zuziehen." Bevor man sich auf ein Lager oder ins Bett legt, „untersuche man recht genau, ob es auch vollkommen sauber ist. Im entgegengesetzten Falle aber behalte man lieber seine Kleider auch da am Leibe und lege sich mit diesen oben auf die Bettdecke!" (Saal, S. 177) Von unliebsamen Erfahrungen auf diesem Gebiet blieben die reisenden Gesellen selten verschont; vom Ende des letzten Jahrhunderts erzählt folgender Bericht von zwei Drechslergesellen über ihre erste Nacht auf der Walz: „An diesem ersten Wandertag kamen wir in später Stunde in Verden a. d. Aller an. Die Herberge zur Heimat befand sich in einem größeren Wirtshaus, das zu einem bäuerlichen Anwesen gehörte. Für je 15 Pfennig bekamen wir gemeinsam ein Bett zugewiesen. Nebenan in einem größeren Schlafsaal fanden die übrigen Handwerksburschen, wohl zehn an der Zahl, ihre nächtliche Unterkunft. Von der Prozedur des ‚Lausens', die in den Herbergen allgemein der Brauch war und die darin bestand, daß man vor dem Herbergsvater im Adamskostüm antreten und das Hemd zur Durchsuchung nach Ungeziefer vorzeigen mußte, blieben wir zwei verschont. Trotz der Vorzugsbehandlung sollte uns diese erste Herbergsnacht doch nicht gut bekommen. Kaum hatten wir uns niedergelegt, da begann auch schon ein Jucken und Beißen. Alles Kratzen half nichts. Es wurde immer schlimmer. Wir sahen mit dem brennenden Streichholz nach der Ursache der Ruhestörung und wußten bald Bescheid: Da wimmelte es auf dem einmal weiß gewesenen Leintuch nur so von kleinen Tierchen, die wir nach gemeinsamer Beratung als Wanzen deklarierten. Ganz sicher waren wir nicht, denn sie waren uns neu. Aber der Gestank, der sich verbreitete, als wir einige töteten, konnte nur der bekannte Wanzengestank sein, von dem wir schon gehört hatten." (Keil, S. 168 f.) Nach mehreren vergeblichen Versuchen, die „Tierchen" aus dem Bett zu vertreiben, zog der Erzähler dieser Geschichte schließlich vor, die Nacht auf einem Stuhl zu verbringen.

Der reisende Bäckergeselle Robert Thomas berichtet aus derselben Zeit: „Als ich eine Strecke gewandert war, sah ich auf einer Wiese einen Mann sitzen, der sich des Rockes, der Weste und des Hemdes entledigt hatte und eifrig in dem zuletzt genannten Kleidungsstück herumsuchte. Ich erkannte in ihm gleich einen alten Kunden, trat näher und grüßte mit dem üblichen Gruße: ‚Kunde?', worauf er mit ‚Ken!' antwortete. Ich fragte ihn dann, was er da mache, und er sagte, daß er auf der Jagd nach Bienen [Läusen] sei. Ich sah ihm eine Weile bei seiner Arbeit zu, und er klagte mir sein Leid. Inzwischen hatte er sich wieder angezogen, und wir beschlossen, gemeinsam weiter zu wandern. Als wir einige Schritte gegangen waren, blieb mein Begleiter stehn und sah sich nach der Stelle um, wo er gesessen hatte. Ich fragte ihn, weshalb er das täte, und er antwortete mir mit trockenem Humor: ‚Ich will nur einmal sehen, ob sie auch grasen.' " (Thomas, S. 404 f.).

Das Wandern im Winter war mühsam und unerfreulich, die Wege waren von November bis Mai kaum gangbar. „Nichts wie Lehm- und Torfboden, und durch das täglich Schnee mit Regen vermischte Wetter war der Grund ganz aufgeweicht. Ich hatte hohe Reisestiefel, sank fast bei jedem Tritt bis an die Waden in den Morrast und etliche Male ist es mir passirt, daß der Stiefel im Lehm stecken blieb und ich den nackten Fuß herauszog", berichtet ein Böttcher in seinen Reiseerinnerungen vom Beginn des 19. Jahrhunderts (Scholl, S. 67). Und in den Erinnerungen eines Gerbergesellen heißt es: „Man sagte, daß bei Mannesgedenken noch kein so großer Schnee gefallen sei, man kann sich nun vorstellen, wie einem Handwerksburschen, der jeden Tag sein Geld zu Ende gehen sieht, bei solchem Wetter, ohne Pfad, zu Mute wird, wenn er so einsam, sich ganz seinen Gedanken überlassend, auf der Straße nur mit der größten Mühe vorwärts kommt, und wenn man sich fast zu Tode anstrengt und seine ganze Leibeskraft zusammen rafft, doch im Tage nur 2 bis 3 Stunden Weges machen kann." (Stärkle, S. 140) Und einem Wandernden, den das schlechte Wetter in der Einsamkeit überraschte, drohte nicht nur der Tod durch Erfrieren. Noch vom Ende des 18. Jahrhunderts berichtet der Geselle Johann Friedrich Voigt: „Auf einmal stand ungefähr hundert Schritte vor uns ein Wolf in unserem Wege, und hinter ihm ließen sich noch andere sehen. Das Beest blieb stehen und betrachtete uns sehr aufmerksam; wir aber kletterten schnell mitsamt unseren Bündeln auf die Bäume, wobei uns die Feinde ruhig zusahen und wohl eine Viertelstunde lang bewachten. Endlich aber gingen sie quer über den Weg, gegen fünfzig an Zahl. Noch einige Minuten, und sie hätten uns mit Haut und Haaren erwischt, denn wir waren schon starr und steif gefroren und nicht mehr imstande, uns zu erhalten." (Voigt, S. 46)

Aber nicht nur Wetter und wilde Tiere machten den Gesellen unterwegs zu schaffen – Probleme gab es auch immer wieder mit dem Geld: Es fehlte zwar dem Reisenden selten am Allernotwendigsten, da er auf die Unterstützung der Gesellenbruderschaften und der Meister rechnen konnte, was die Unterkunft und die Ernährung betraf. Manchmal aber reichte es trotzdem nicht. War einer zum Beispiel in Gegenden geraten, in denen sein Gewerbe nicht vertreten war, dann blieb dem Handwerksburschen nur das *Fechten* – so wurde das Betteln genannt, in dessen Kniffe viele der Handwerksburschen von erfahrenen Stromern eingeweiht wurden, die sie unterwegs trafen. Selten wurde einem jungen Burschen, der in einem Gasthaus oder bei einem Bauern um einen Teller Suppe bat, dieser verweigert. Und doch bekamen die meisten unterwegs auch den Hunger zu spüren – und der konnte die Freude am Unterwegssein beträchtlich trüben: „So anziehend hier alles für den Beschauer, so ergötzend für den Freund der Natur die romantische Lage der Stadt und Umgegend ist, so malte mir doch ein drückender Mangel, den die Befriedigung der Magenbedürfnisse herbeigeführt hatte, einen dicken, häßlichen Strich durch dieses wunderschöne Gemälde" heißt es in dem Reisetagebuch eines Leinewebergesellen, der zu Beginn des 19. Jahrhunderts unterwegs war. (Riedel, S. 40)

Schwieriger wurde es noch, was die Kleidung, vor allem die Schuhe betraf, die für den zu Fuß Reisenden einen äußerst wichtigen und stark beanspruchten Teil seiner Ausrüstung darstellten: Um die Schuhe zu schonen für kalte Tage und härtere Zeiten, zogen die ärmeren unter den Gesellen auch barfuß über die Landstraßen. „Als ich die Stadt verließ, wehte ein rauher, scharfer Wind, so daß der Staub auf der Landstraße hoch aufwirbelte. Ich hatte nur ein einziges Paar Stiefel, und auch dieses war dem Zustande der Hilfsbedürftigkeit nicht mehr ferne. Da ich nicht wissen konnte, wie lange ich zu reisen hatte, bis ich Arbeit fand, so wollte ich sie schonen und zog sie daher aus. Aber da ging mir's schlecht, der Wind hatte den Staub weggeweht, und nun lagen die kleinen Kieskörner wie Erbsen auf dem Wege, auf welchem ich barfuß dahinhumpelte. Ich muß ziemlich elend einher gegangen sein, denn als ich eine Strecke in der Richtung gen Koburg fortgetrottet war, rief mich ein schwarzgekleideter Herr, der mir begegnete, mitleidig zu sich heran und schenkte mir einen Groschen. Nun dachte ich, fließt dir der Segen so unerbeten zu, so ist wohl die rechte Zeit, mit dem Fechten wieder aktiv vorzugehen. Und richtig nahm ich den ersten Bauer, der mir in den Weg kam, heldenmütig aufs Korn. ‚Ach, Bürschlein,' sagte er, ‚ich habe nichts; doch wart'...' Damit zog er ein Stück gedörrten Rindfleisches aus der Tasche, das er brüderlich mit mir teilte." (Weiß, S. 19 f.) Aber es gab auch Möglichkeiten, ohne Geld an neue Schuhe zu kommen: Wenn einem „sein Schuhwerk ganz aus dem Leime gegangen war, sah er sich genötigt, bei einem Gerbermeister, wie's damals Brauch war, um ein Paar Sohlen zu bitten und bei einem anderen um ein zweites Paar, womit er den Schuhmacher bezahlte." (Voigt, S. 17) Daß die richtigen Schuhe für den Reisenden von höchster Wichtigkeit waren, betont auch ein Ratgeber aus dem Jahre 1842, der unter dem Titel ‚Wanderbuch für junge Handwerker oder populäre Belehrungen' Ratschläge für die Zeit auf der Walz verteilt: „Eine fernere ganz unentbehrliche Eigenschaft derselben [Schuhe und Stiefel] ist aber auch eine gehörige, jedoch nicht übermäßige Weite, da sie, wenn sie zu eng sind, die eben so schmerzhaften, als am Gehen hindernden Hühneraugen, Leichdornen und ihnen ähnliche Übel verursachen. Auch ziehe man keinen Schuh und keinen Stiefel an, in welchem die Zehen bis zur Spitze nicht wenigstens noch einen halben Zoll Raum haben. Endlich trage man keine hohen, sondern niedrige Absätze, weil erstere nicht allein den Gang unsicher und beschwerlich machen, sondern auch zu den schmerzhaftesten

Übeln Veranlassung geben.“ (Saal, S. 148) Für den zu Fuß Reisenden sind jedoch nicht nur die Schuhe, sondern vor allem auch die Pflege der Füße von großer Bedeutung: „Endlich ist noch zu erwähnen, daß jeder Wanderer es der Sorge für die Erhaltung seiner gesunden Füße schuldig ist, dieselben, befindet er sich auf der Reise, wöchentlich wenigstens zweimal gründlich mit Wasser, und zwar am besten mit kaltem, oder höchstens mit lauwarmem, zu reinigen; aber wegen der daraus entspringenden Gefahr für die Gesundheit niemals eher, als bis sie vollständig abgekühlt sind.“ (Saal, S. 149)

Zum Problem wurde die oft schlechte Finanzlage der Reisenden in folgendem Fall: In manchen Städten wurde die Erlaubnis zum Passieren des Stadttores nur erteilt, wenn der Wandernde eine gewisse Barschaft als sein Eigentum vorweisen konnte. Diese Summe fehlte oft: dann konnte der Wandernde nur weiterziehen und sein Glück anderswo versuchen, es sei denn, er fand eine mitleidige und großzügige Seele, die ihm das zum Eintritt in die Stadt notwendige Geld zum Vorzeigen bei den Wachtposten lieh.

Und dann waren auf den Landstraßen von jeher nicht nur die Handwerksburschen unterwegs – unter den fahrenden Leuten gab es vor allem auch Händler, Schausteller, Scholaren und schließlich Vagabunden und Strolche, mit denen der Wandernde zwangsläufig in Kontakt kam. Dann mußte er aufpassen, daß ein Vagabund oder ein Gauner sich nicht die Unerfahrenheit und Gutgläubigkeit eines jungen Gesellen zunutze machte und ihn auf die eine oder andere Weise um sein Geld brachte. Viele Berichte erzählen von solchen Erlebnissen der Reisenden, die sich plötzlich ausgeraubt oder um ihr Hab und Gut geprellt sahen. So heißt es in dem Bericht über Leben, Abenteuer und Reisen des Lohgerbers Voigt: „Kurz vor der Stadt war ihm eine kleine Überraschung bereitet worden. Der Weg führte hier durch einen schönen Wald, und da er müde war und in der Ferne schon die goldene Turmkuppel von Kiew leuchten sah, beschloß er, ein wenig auszuruhen, legte Rock und Bündel ab, zündete sich eine Pfeife an und streckte sich recht behaglich ins weiche Moos. Gar nicht lange, so war er eingeschlafen. Plötzlich aber fühlte er sich an beiden Armen festgehalten, erwachte und – o Himmel! vor ihm standen drei baumstarke Kerle. Während nun zwei ihn so fest hielten, daß er sich nicht rühren konnte, schnallte ihm der dritte den Leibgurt ab, worin er sein ganzes Geld, über 200 Thaler, trug. Als dies geschehen war, entfernten sich alle drei eiligst in den Wald, und er mußte froh sein, daß sie ihm außer dem Leben auch noch den Rock und das Bündel gelassen hatten.“ (Voigt, S. 54) Mußte sich ein Handwerksgeselle unterwegs also auf der einen Seite vor den vagierenden Gaunern in acht nehmen, so galt es andererseits, auf der Hut zu sein vor den Vertretern der Ordnungsmächte, der Polizei.

Ein immer wiederkehrendes Problem waren die obrigkeitlichen Reisebeschränkungen und Paßkontrollen. Nicht selten konnte die geplante Reiseroute nicht eingehalten werden, weil die zuständigen Stellen dem Wandernden den Paß nicht mit dem für die gewünschte Gegend oder Stadt notwendigen Visum versahen, sondern ihm eine ganz andere und meist für den Reisenden ungünstigere Route vorschrieben. Nicht überall waren reisende Gesellen den Behörden willkommen, stellten sie doch eine als unbequem und aufrührerisch bekannte Gruppe dar. Die zahlreichen Grenzen der vielen deutschen Kleinstaaten wurden zu lästigen Hindernissen: „Jeder Duodez-Fürst, deren es eine Menge gab, hatte seinen Schlagbaum und seine Münze. Es ist vorgekommen, daß ich an einem Tage drei Mal das Geld habe wechseln müssen und jedes Mal mußte ich dabei verlieren. Kaum hatte man eine Meile gemacht, so war man an einem Schlagbaum, dann hieß es: ‚Wer hat ihm erlaubt, in unser Fürsten- oder Herzogthum zu kommen? Paß her!' Dann wurde etwas in den Paß hineingeschmiert, und man nur zu oft zurückgewiesen." (Scholl, S. 101)

Aus welch geringfügigem Anlaß ein Reisender im Gefängnis landen konnte, dokumentiert der folgende Bericht: „Wir langten in Marienrode an. Hunger und Durst hatten wir mitgebracht. Daher kehrten wir in einem Wirtshaus ein und ließen uns Branntwein, Brot und Wurst geben. Während der eine die Wurst in Scheiben schneidet, will ich das Brötchen mitten entzwei schneiden. Das Messer will anfangs nicht hindurch dringen. Ich breche die Hälften auseinander und – man kann sich meinen Ekel denken – es war eine große Maus in dem Brote eingebacken, die ich mitten entzwei geschnitten, so daß in jeder Hälfte die Hälfte einer Maus steckte. Mein Ekel hierüber ist unbeschreiblich und verführt mich zu einer raschen Tat: ich werfe das halbe Brot mit wildem Gekreisch zur offenen Stubentüre hinaus. Zufällig tritt aber ein westfälischer Gendarm schnell in die Türe, und das Brot fliegt ihm schnurstracks an den Kopf." Der Zwischenfall endet mit einem barschen „Marsch in die Wache". „Ich folgte ihm [dem Gendarmen] schweigend. Meine Gefährten watschelten ein Endchen davon hinterdrein. Er führte mich in das leere Stübchen eines Hauses, aus dem ein kleines Fensterchen in den Hof ging. Außer den vier schwarzen Wänden war kein Möbel darin, und ich mußte entweder stehen oder mich wie die Türken auf den Fußboden setzen. Jetzt wurde ich einen meiner Kameraden an dem Fensterlein gewahr, der mir eine gefüllte Branntweinflasche hineinreichen wollte. Er bog so lange an den vorstehenden Nägeln, die das Fenster vor dem Herausfallen sicherten, bis er einen abbrach, den andern herauszog und so das Fensterlein herausnahm. Dieses vom Zimmermann offengelassene Loch passierte ich nun ohne Zeitverlust. Die andern Kollegen standen draußen am Zaune, ich schwang mich über diesen, und da diese Gegend menschenleer war, so tauschte ich sogleich mit einem den Rock und Hut, und wir verließen auf der Stelle diesen für mich so verdrießlichen Ort und lustwandelten durch einen schönen Buchenwald nach dem Dorfe Ochtersee." (Riedel, S. 101 f.)

Gefahr drohte schließlich auch von den zahlreich umherziehenden Soldatenwerbern, die durch die verschiedenen Jahrhunderte hindurch immer auf neue Rekruten aus waren – und diese wurden oft nicht gerade auf die feinste Art gewonnen: mancher Handwerksbursche fand sich nach einer durchzechten Nacht plötzlich in Militärgewahrsam wieder. „Eines Tages nämlich waren Fremde zugewandert, und wir gingen des Nachmittags auf die Herberge, um sie auszuschenken. Daselbst fanden sich auch einige von dem hier liegenden Kommando Kaiser-Husaren ein; wir machten Bekanntschaft, tranken, und im Rausche ließ ich mich anwerben. Bei dem Trinken war ich so benebelt worden, daß ich nichts von mir wußte, einschlief und erst um Mitternacht aufwachte. Ich wollte aufstehen, fiel aber der Länge nach von der Pritsche, worauf ich lag, herab. Nun war ich ganz munter, ich sah mich um und befand mich auf dem Schlosse. An den Füßen hatte ich Beinschellen, die in Ermangelung eines Schlosses mit einem krumm gebogenen Nagel befestigt waren. An der Thür lehnten zwei schläfrige Polen und neben ihnen eine Axt, mit der sie wohl Holz gespaltet hatten. Diese ergreifen, mit einem Hiebe den Nagel sprengen und zu Thüre hinaus sein, war das Werk eines Augenblicks. Vor der Thür war ein langer, wohl einige Stock hoher Gang, unten eine Wiese; ich wagte den kühnen Sprung und kam glücklich hinunter. Wie ein gejagter Hirsch eilte ich durch den nahen nächtlichen Wald, dessen Wege mir bekannt waren, und legte in fünf Stunden fünf Meilen zurück. Endlich erreichte ich den nächsten Ort und fand hier einen mir bekannten deutschen Gerber aus Rochlitz in Sachsen, der nicht wenig über den Flüchtling erstaunte. Doch gab er mir Speise und Trank und versteckte mich auf dem Heuboden, wo ich eben einschlafen wollte, als ich den Hufschlag meiner Verfolger hörte und deutlich vernahm, wie sie die Frau des Rochlitzers nach mir fragten. Da diese von ihrem Manne nichts erfahren hatte, konnte sie auch nichts verraten, und ich war wieder frei." (Voigt, S. 45)

Den Soldatenwerbern und ihren berüchtigten Methoden auszuweichen, mußte vorrangiges Interesse jedes reisenden Handwerkers sein – es war durchaus nicht selten, daß reisende Gesellen zum Militärdienst gezwungen wurden. Nur in einer Notlage oder mit berauschtem Kopf ließen sich manche auch freiwillig zum Übertritt in die Armee anwerben.

Die Jahre der Wanderschaft waren also ereignisreiche und wichtige Jahre, für die meisten die aufregendste Zeit ihres Lebens. Die vielfältigen Kenntnisse und reichen Erfahrungen, die der wohl ‚bewanderte' mit nach Hause brachte, wurden von seinen Nachbarn und Zunftbrüdern geschätzt und bewundert, und aus den meisten überlieferten Reiseberichten spricht der Stolz des Wandergesellen, so viele berühmte Städte gesehen und ferne Gegenden kennengelernt zu haben. Viele

Gesellen blieben länger unterwegs, als die Ordnung ihres Handwerks ihnen vorschrieb; nicht immer allerdings aus reiner Begeisterung am Unterwegssein. Besonders in Zeiten wirtschaftlicher Krisen wurde aus manchem zünftigen Handwerksgesellen mit den Jahren ein Vagabund und Herumtreiber, der das Ziel einer eigenen Werkstatt längst aufgegeben hatte. Aus solchen schwierigen Zeiten stammt folgender ausführlicher Bericht eines Buchbindergesellen, der in seinen Aufzeichnungen aus der zweiten Hälfte des 19. Jahrhunderts vom Treffen mit einem *kundigen* Stromer erzählt, der den jungen Handwerker in manche für das Leben auf der Landstraße sehr nützliche Dinge einweiht – vor allem in die verschiedenen geheimen Zeichen und Ausdrücke der Fahrenden. Auf der Herberge wird er von seinem „graukopfigen Nachbarn angesprochen. ‚Na, Kunde, wo kommste her gewalzt?' ‚Ich? Von Darmstadt.' ‚Da will ich morgen hinmachen. Wie ist die Gegend, gibt's dufte Winde unterwegs?' Der verwitterte Bursche, dessen Aussehen verriet, daß ihm die Landstraße zur zweiten Heimat geworden war, kam mir gerufen. Meine Kenntnisse über alles, was das Handwerksburschenleben betraf, waren noch sehr bescheiden. Insbesondere kannte ich die Geheimausdrücke, welche mit Vorliebe von den fahrenden Gesellen unter sich angewandt wurden, nur zum geringsten Teil. Ich mußte sie aber kennen lernen. Mein Nachbar schien auf dem Gebiet beschlagen zu sein. Also sollte er mein Lehrer werden. ‚Ich verstehe nicht, was du meinst,' gab ich zur Antwort, ‚ich bin noch neu und kenne eure Ausdrücke nicht. Erklär' sie mir, auf einen Schnaps soll's mir nicht ankommen.' ‚So ein Grüner biste noch? Hab' ich mir halb gedacht, als ich dein Milchgesicht sah. Von der Kundensprach' willste wat wissen? Kannste haben. Für einen Schnaps tu' ich schon wat. Also bestell' den Droppen, aber greif' nicht zu knapp in die Tasche, alter Freund, meine Kehle ist geaicht auf dat Zeug. Sie kann wat aushalten.' Als das umfangreiche Schnapsgefäß vor ihm stand und er den ersten, tiefen Schluck genommen hatte, kam er seiner Pflicht nach. Er machte mich bekannt mit den vielen fremdartigen Ausdrücken, die der Gauner- oder Kochemersprache entnommen und jedem *Kunden,* so nennt sich der Handwerksbursche, geläufig sind. In belehrendem Tone begann er: ‚Also zuerst willste wissen, warum wir so wat wie 'ne Geheimsprache haben? Ganz einfach! Wer wie wir mit allen Hunden gehetzt ist, hat sie verteufelt nötig. Uns flickt man überall am Zeuge, wo man nur kann. Wir sind weiter nix als Gauner und Spitzbuben, Landstreicher und Tagediebe. Hol's der Henker, weiter nix! Mag sein, dat wat Wahres dran ist. Aber wer hat uns dazu gemacht, he? Meinste, heute gilt der Handwerksbursche noch wat? Unsere Gilde ist bei den Spießern weiter nix als Landstreicherpack. Meinste, heute glaubt noch jemand daran, dat unter der schäbigen Kluft wat Ehrliches stecken könnte? Nee, gibt's nicht! Wat einen Berliner auf dem Buckel hat, ist ein Spitzbube, ein Landstreicher, der vom Schuften nix wissen will. Kein Mensch glaubt mehr, dat et ehrliche Handwerksburschen gibt, die durch die Weltgeschichte walzen, um bei fremden Krautern in ihrer Kunst voranzukommen. Wat, du schüttelst den Kopf? Glaubste dat nicht? Na, Kunde, dat wirste schon an deinem eigenen Leibe erfahren! Sei mal erst alt geworden auf der Landstraße, dann pfeifste aus'm andern Loch! Paß man auf, wie dir mitgespielt wird, egal ob es einen Helm trägt , mit der Heugabel schuftet, oder einen weißen Kragen um hat. Sie trauen dir nix Anständiges zu. Die Gören werden mit dir bange gemacht, und die verdammten Köter sind auf deine Waden dressiert. Wennste dat jeden Tag durchmachst, dann, hol' mich der Henker, wehrste dich deiner Haut, und nicht zu knapp, Freundschaft! Man gaunert, wenn's nicht anders geht. Zum Teufel, man will doch leben! Kunst [Arbeit] kriegste nicht mehr, wenn du'n grauen Schopf hast. Dat Talfen bringt mitunter verflixt wenig ein. Also kommste ohne zu gaunern nicht aus. Da siehste doch ein, dat man sich fremd verständigen muß, wenn man wat drehen will. Spitzel findste überall, und da ist's hochnötig, dat sie nicht alles versteh'n, wat man miteinander quasselt. Jetzt wirste kapiert haben, warum dat wir kochemern.' Den Ausführungen war ich mit Aufmerksamkeit gefolgt. Die lange Rede des Vortragenden hatte seine Kehle trocken gemacht, er versorgte sie fürsorglich mit einem neuen Aufguß und fuhr dann fort: ‚Zuerst sollste erfahren,' begann er, ‚dat der Kunde keine Kleider auf dem Leibe trägt, sondern eine *Kluft,* und ist diese noch so im Schuß wie z. B. die deinige, dann ist es eine *dufte Kluft.* Verstanden? An deinen Beinen trägste keine Stiefel, sondern *Trittlinge,* und wenn dir die verdammten Köter zu nahe kommen, brennste ihnen mit deinem *Stenz* einen auf und nicht mit deinem Stock. Haste dat notiert? Gut, also weiter. Für das Reisen sagt man *walzen* oder *tippeln,* ein Dorf nennt man ein *Kaff,* und die da drinnen wohnen, heißen *Kaffern.* Kriegste beim *Talfen,* so nennt man dat Fechten, ein Stück trocken Brot in die Hand gedrückt, dann beißte dir an *Hanf* die Zähne aus, kriegste aber *Pinke,* wat Geld ist, dann setzte dat nich in Schnaps um, sondern in *Surof.* – Haste Surof? Gut. – Triffste den ganzen Tag keine Leute an, die dir wat zustoppen, und du mußt den Schmachtriemen enger ziehen, dann nennt man dat *Kohldampfschieben.* Kommt verdammt oft vor, hol's der Deubel! Manchmal haste aber Glück, du stößt auf *dufte Winde,* dat sind Häuser, wo die Leute wat rausrücken, dann kannste auch mal *Kommando schieben.* Eine feine Sache! Schadet nichts, wenn auch dat Futter, wat du vorgesetzt kriegst, nicht zusammenpaßt und deine Därme z. B. bei Sauerkraut mit Pflaumenmus aus dem Leim gehen wollen, noch immer besser, als dat verteufelte *Kohldampfschieben.* Weißte, wer schuld daran ist? Dat sind erstens die Gendarmen, wir nennen sie *Tekkels* – hol' sie der Henker! – die von dem *Talfen* nix wissen wollen und jeden *verschütt* gehen lassen, den sie erwischen. Ah so, du weißt nicht, wat *verschütt* heißt. Dat heißt verhaften, und dat *Kittchen* ist dir für längere Zeit sicher. *Dufte Flebben* nennt man gute Papiere, wo noch nichts drin steht von wegen *Kittchen,* oder von

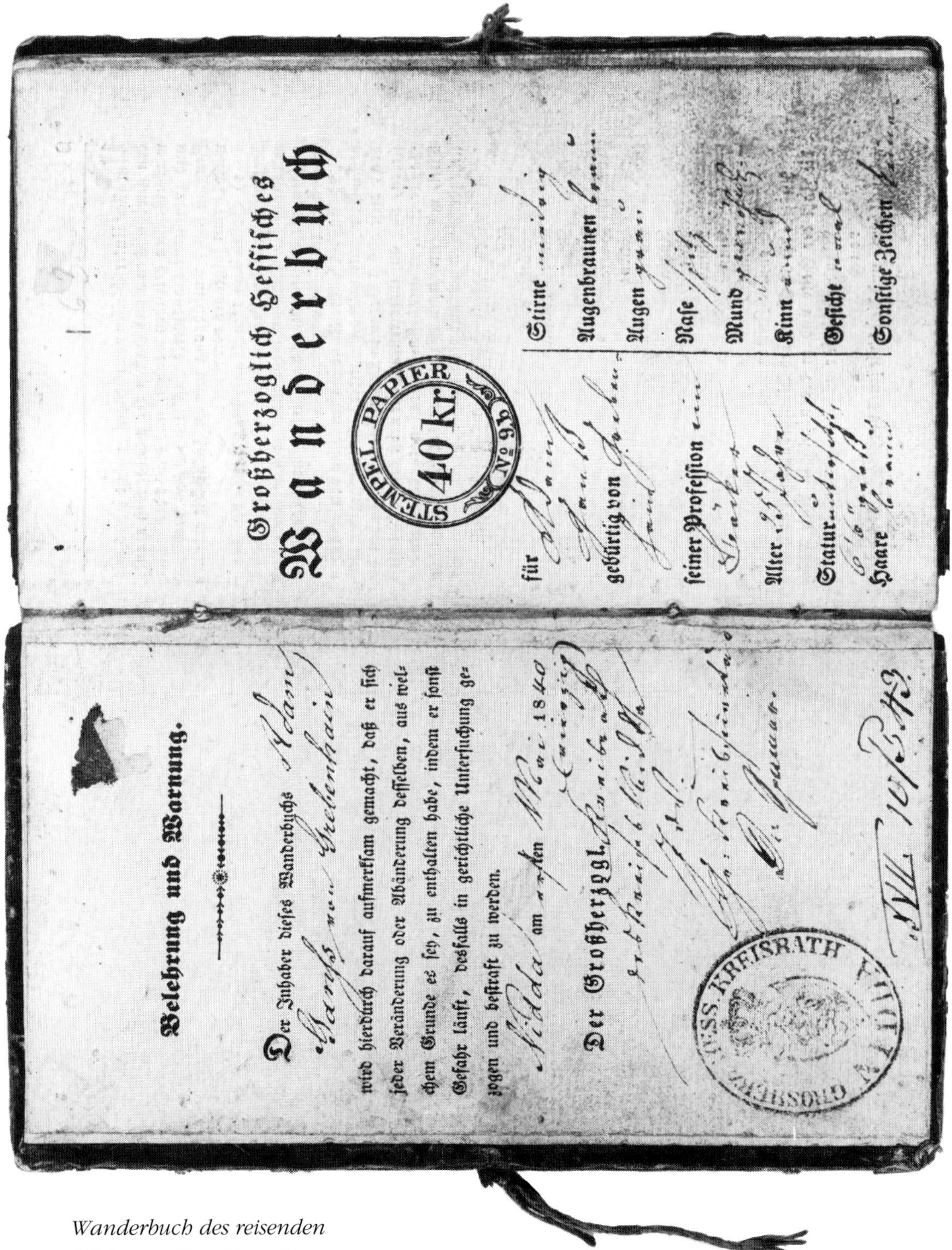

Wanderbuch des reisenden Bäckergesellen Adam Hanss

den *Kuckucks,* die man 'reingestempelt kriegt, wenn man ein Ortsgeschenk in Anspruch nimmt. Wenn du viel von den verdammten *Vermerks* in deinen *Flebben* hast, kann's dir blühen, dat dir der Reiseweg vorgeschrieben wird. Dann heißt's lange Beine machen, Freundschaft, zum Talfen haste keine Zeit, vierzig Kilometer mußte mindestens an einem Tage tippeln. Hol' der Henker die verfluchte Einrichtung!' Sein Seelenzustand geriet in Gedanken an diese weiten und beschwerlichen Märsche in einen erklärlichen Aufruhr. Er stärkte sich mit einem Schluck aus der Flasche. ‚Hab' ich dir schon gesagt,' spann er seinen Faden weiter, ‚dat wir uns mit *Kenn Kunde* als zur Gilde gehörend befragen, wenn man sich auf der Landstraße trifft? Dat die Herberge *Penne* genannt wird, wirste wohl wissen, und dat auch die Metiers andere Bezeichnungen haben. So nennt man z. B. den Bäcker *Lehmer,* den Metzger *Katzow,* den Schmied *Flammer,* den Schuhmacher *Pflanzer,* den Maurer *Ziegler,* den Bartkratzer *Wolkenschieber.*'" (Buchloh, S. 134 ff.)

In einer zweiten Lektion wird der junge Handwerker hier in die verschiedenen *Zinken* der Stromer eingeweiht, mit denen sie dem nächsten Vagabunden, der an derselben Stelle vorbeikommt, wichtige Informationen übermitteln. (Vergl. S. 188) In den Äußerungen dieses alten vagabundierenden Gesellen kommt der Niedergang des zünftigen Wanderns im 19. Jahrhundert deutlich zum Ausdruck – dieser steht in engem Zusammenhang mit der fortschreitenden Industrialisierung.

Das Ende der Zünfte

Anzeichen für den beginnenden Niedergang der Zünfte gab es schon im 16. und 17. Jahrhundert. Ständig rigoroser werdende Bestimmungen und starrere Regeln der Zünfte, die die Aufnahme ins Handwerk oder gar in den Meisterstand immer mehr erschwerten, brachten die Zunftordnung und die ständisch geordnete Gesellschaft in Verruf, bis sie schließlich im ausgehenden 18. und im Laufe des 19. Jahrhunderts ihrem Ende entgegen gingen. Fortschreitende Industrialisierung und wirtschaftlicher Liberalismus bedeuteten für die Zünfte schließlich das Aus. Deutliche Einschränkungen wurden den alten Zunftverfassungen schon durch einen Reichsbeschluß vom 16. August 1731 auferlegt: In der sogenannten ‚Reichshandwerksordnung' wurden unangemeldete Zusammenkünfte der Meister und Gesellen verboten, untersagt wurden die Kampfmaßnahmen der Gesellen, das „Aufstehen, Auftreiben, Abwandern", und aufgehoben wurde auch die eigene Gerichtsbarkeit der Zünfte und Gesellenverbände. „Wann sich ja zutrüge, daß ein Meister oder Geselle etwas Unredliches und dem Handwerck Nachtheiliges begangen zu haben bezüchtiget würde, soll dannoch weder ein Meister den andern, noch ein Gesell den andern, noch ein Meister den Gesellen, noch ein Gesell den Meister, geschweige diese und jene in der mehreren und gegen die mehrere Zahl deshalben, es seye mündlich, es seye schrifftlich, zu schimpffen und zu schmähen, vielweniger gar auf- und umbzutreiben sich unterfangen, sondern an den Weg Rechtens und Richterlicher Hülf oder Einsicht sich gäntzlichen begnügen lassen, mithin die Sache bei der Obrigkeit anzeigen und deren Untersuchung, Erkenntnis und Ausspruch geduldig und ruhig erwarten.“ (Stürmer, S. 60) Direkt verboten wurden auch die Zunftbräuche, die die Aufnahme ‚unehrlicher‘ Personen in die Zunft und damit ins Handwerk verhinderten. Im Interesse einer Förderung des Gewerbes wurden die einschränkenden Bestimmungen der Zünfte beträchtlich gelockert. Ganz abgeschafft werden sollten die Gesellenbruderschaften, von denen die Obrigkeit Aufstand und Rebellion befürchtete. Dieser Reichsbeschluß zur „Abstellung der im Heiligen Römischen Reich bei den Handwerks-Zünften vielfältig eingeschlichenen Mißbräuche“ wurde zwar in den Ländern des Reichs unterschiedlich schnell und meist eher schleppend in Kraft gesetzt (noch im Jahre 1771 war er nicht in allen Ländern zum Gesetz erhoben), doch kündigte er den bevorstehenden Wandel deutlich an.

Zur Zeit des ausgehenden 18. und des beginnenden 19. Jahrhunderts steckte die Welt des Alten Handwerks endgültig in einer schweren Krise. Viele der alten Handwerksbräuche, schon lange von den Außenstehenden eher mißtrauisch beäugt, gerieten endgültig in Mißkredit. Zu einem viel diskutierten Problem wurde jetzt auch das Gesellenwandern; noch vor der Jahrhundertwende stellte die ‚Königliche Societät der Wissenschaften in Göttingen‘ eine Preisfrage zu diesem Thema: „Wie können die Vorteile, welche durch das Wandern der Handwerksgesellen möglich sind, gefördert und die dabei vorkommenden Nachteile verhütet werden?“ In den Antworten wird festgestellt, daß das ursprüngliche Ziel der Wanderschaft – die Vervollkommnung der Ausbildung – zwar auch heute als nützlich und gewerbefördernd angesehen werden könne, daß aber „die meisten Gesellen auf nichts weniger, als auf diesen Endzweck, ihre Absicht richten. Die meisten Gesellen verlassen sich auf die Handwerksgeschenke und auf das Fechten oder Betteln. Sie werden Taugnichtse und Herumläufer, arbeiten wenig oder nichts, und was sie den Tag über erbettelt, verfressen und versaufen oder verspielen sie des Abends in den Wirtshäusern. Sie nehmen eher keine Arbeit an, als bis sie die Noth dazu treibet; und wenn sie einige Wochen gearbeitet und ein paar Gulden gesammlet haben, sagen sie die Arbeit auf und wandern wieder fort; welches dem Nahrungsstande gar nicht beförderlich ist.“ (Bade, S. 3) Als Gegenmaßnahmen wurden dann obrigkeitliche Reglementierung und Kontrolle der Wanderzeit empfohlen. Die Gründe aber, daß immer mehr Reisende vom zünftigen Gesellen zum Vagabunden und Landstreicher wurden, sind nicht etwa in einer plötzlich auftretenden Arbeitsunlust der Handwerker zu suchen, sondern in den grundlegenden Veränderungen des wirtschaftlichen Lebens: die Handwerker waren die Leidtragenden der industriellen Revolution. Die wirtschaftlichen Ziele des zünftig organisierten Alten Handwerks, die auf Erhalt des erreichten Zustands – ausreichende Nahrung für alle Zunftmitglieder – ausgerichtet waren, standen im Widerspruch zu den neuen, an Profit und Wachstum orientierten Ideen. Gegen den Widerstand von Meistern und Gesellen wurden die alten Zunftprivilegien nun endgültig abgeschafft und der Zunftzwang aufgehoben; das alte Zunftwesen mußte dem Gedanken einer allgemeinen Gewerbefreiheit weichen. Mit der aufkommenden Mechanisierung und Industrialisierung vieler Fertigungsstätten veränderte sich das Gesicht des Handwerks. Kleine Werkstätten verschwanden, Fabriken übernahmen ihre Arbeit, und es entstand eine neue Gruppe nicht selbständiger, lohnabhängiger Arbeitnehmer: die Arbeiter, das Proletariat.

Mit der Beseitigung des Zunftzwanges im Laufe des 19. Jahrhunderts – in Frankreich wurde die Gewerbefreiheit schon während der Französischen Revolution eingeführt – entfiel schließlich auch die Wanderpflicht. Das hatte allerdings kein schlagartiges Ende des Gesellenwanderns zur Folge, denn die Gründe, die im Mittelalter die Gesellen zum Wandern bewegt hatten, galten in abgewandelter Form immer noch. Erfahrungen zu sammeln, Kenntnisse zu erwerben und ein ungebundenes Leben zu führen, war auch nach der Einführung der Gewerbefreiheit für viele noch ein erstrebenswertes Ziel; auch standen Arbeitsplätze nach dem Fallen der Zunftschranken durchaus nicht im Überfluß zu Verfügung. Mit den Einrichtungen der Zünfte aber fielen auch die die Wanderschaft begleitenden Regeln, Pflichten und Unterstützungen weg, die sie in den vergangenen Jahrhunderten begleitet hatten. Des ‚alten Handwerks Recht und Gewohnheit', das mit den Zünften aufs Engste verbunden gewesen war, geriet in einer von ständig fortschreitender Industrialisierung geprägten Gesellschaft bald zunehmend in Vergessenheit. Der Gerbergeselle Johann Eberhard Dewald, der in den Jahren 1836-38 zünftig auf Walz war, berichtet in seinen ‚Aufzeichnungen und Briefen' immer wieder von Erlebnissen, die von dieser Entwicklung zeugen: „Am anderen Tag waren die Straßen steinhart gefroren. Bis gegen Mittag hatten wir gut marschieren, dann begann es zu tauen, und wir mußten gehörig durch Dreck waten. Bei unseren müden Beinen war es uns deshalb recht willkommen, daß wir in einem Gasthaus einkehren konnten, dem die große Seltmannsche Fabrik nahe gelegen war, deren Gesellen um 4 Uhr zum Vesperbrot herüberkamen. Wir hatten uns ordentlich darauf gespitzt, recht ausführliches von ihnen über die Arbeit in solcher großen Werkstatt zu hören. Doch taten sie gar nit dergleichen, betrachteten uns vielmehr arg ausführlich durch ein Türfenster und wußten nit einmal recht die Zeit zu bieten. Von ehrbarem Zunftgebrauch hatten sie nit soviel, daß auch nur einer gekommen wäre, um als rechter Gesell mit uns zu sprechen und nach dem Weg zu fragen. Sie lachten draußen am Schenktisch, als wären wir ihnen die Ursach und gingen dann weg, ohne sich nur nach uns umzusehen. Solch Gebahren war mir noch nit unterlaufen, und mochten wir nach dem langen Marsch auch verdreckt aussehen, daß wir ehrbare Gesellen waren, ließ sich doch leicht erkennen." Solche Erfahrungen wiederholen sich und Dewald kommt zu dem Schluß: „Der Handwerksbrauch scheint ganz ausgestorben zu sein, wo die meisten in Fabriken arbeiten, wie sie sich allerorten jetzt etablieren, und unter den Gesellen kein Zusammenhang mehr zu finden ist." (Dewald, S. 83 und 87) Als Dewald in Wien zum ersten Mal selbst in einer Fabrik arbeitet, stellt er fest: „War mir aber doch neu und bisher nit unterlaufen, daß ich nit beim Meister logieren sollte. Wäre aber wohl ein schwieriges Stück, wenn die viele Gesellen der Pollakischen Fabrik ein gemeinsames Losament finden sollten, zumal nit wenig verheiratet waren und Kinder hatten. Ist überhaupt in einer Fabrik, wie der hiesigen, anders, als in einem meisterischen Hause und kein Zusammenhalt nit unter den Gesellen. Läuft jeder seinen Weg und dreht sich nit viel nach dem anderen. Eine zunftmäßige Aufführung ist überall unter den Kollegen nit zu finden und kein Umgang, wie unter ordentlichen Gesellen. Zudem gefällt mir das Arbeiten nit, dieweil jeder den langen Tag die gleiche Arbeit verrichten muß und dabei das Ganze aus den Augen verliert. Muß wohl in einer Fabrik solcherweis geschehen, kann mich aber nit darein schicken und mein immer, ich triebe mein Gewerb nur halb." (Dewald, S. 101)

Wie das Gewerbe dieses reisenden Gesellen, die Gerberei, sind auch viele andere Handwerke dann im Laufe des Jahrhunderts ganz von der industriellen Fertigung verdrängt worden. Mit den Zünften verschwanden auch die alten Gesellenbruderschaften: manche lösten sich auf, andere gingen in die zu dieser Zeit neu entstehenden konfessionellen Gesellenvereine über, die sich soziale Unterstützung und kulturelle Bildung ihrer Mitglieder zum Ziel gesetzt hatten. Bekannt sind vor allem die 1846 gegründeten und nach ihrem ersten Präses benannten katholischen ‚Kolpingbrüder', die in der Mitte dieses Jahrhunderts über 100.000 Mitglieder zählten. Auf der anderen Seite bereiteten die alten Gesellenbruderschaften den Boden für die im 19. Jahrhundert entstehenden Gewerkschaften, ja ein Teil der alten Organisationen ging nahtlos in diese über: ein großer Teil der Handwerker wurde im 19. Jahrhundert zum Fabrikarbeiter und hatte an den Anfängen der Arbeiterbewegung starken Anteil.

Von der Geschichte des Gesellenwanderns im 20. Jahrhundert

Am Ende des 19. Jahrhunderts schien es endgültig vorbei zu sein mit des ‚alten Handwerks Recht und Gewohnheit', nach zünftigen Traditionen auf die Walz zu ziehen. Im Jahre 1908 beklagte ein Handwerkshistoriker, daß es noch nicht fünfzig Jahre her sei, daß man stolze Gesellen in zünftiger *Kluft* alltäglich auf den Straßen treffen konnte: „Vom Wandern früherer Zeiten kann man sich heutzutage keinen Begriff machen, wenn man nach den Gestalten urteilt, die noch jetzt auf den Landstraßen sich herumtreiben. Es sind in der Tat meistens nur Herumtreiber, Stromer, fechtend und bettelnd." (Wehrhan, S. 29)

Der Maurergeselle Fritz Ulrich – später Inhaber des größten Versandhandels für Gesellenbedarf – befand sich in den Jahren von 1901 bis 1905 *auf Tippelei*. Er berichtete in seinen Erinnerungen vom Alltag in den Herbergen mancher Landstriche: „Allermeist haben die Fremdenstuben nur einen Lehmfußboden. Ein kleiner eiserner Ofen spendet wenig Wärme, und das schlechte und wenige Inventar trägt dazu bei, einem den Aufenthalt so unbehaglich wie möglich zu machen. Die Behandlung der Reisenden ist ebenso schlecht. Die jungen Handwerksgesellen, die anderwärts die Mehrzahl der Kunden bilden, treten hier zurück, dafür sind die Speckjäger [hier: Bettler] und die verkommenen Tippelschicksen [liederliche Frauen], meistens schon ältere Weibsbilder, stark vertreten. Ein richtiges Bett kostet die Nacht dreißig Pfennig, teilt man es mit einem, so zahlt jeder zwanzig Pfennig. Ein Nachtlager auf Stroh, einen sogenannten Rauscher, hat man für zehn, und einen Knacker, nämlich ein Lager auf den Holzbänken, für fünf Pfennig. Die Speckjäger und ihre Tippelschicksen bevorzugen den Rauscher; haben sie mehr Geld, so setzen sie es in Schnaps um. Es gibt auf der weiten Welt keine traurigeren Gestalten als diese. Im Sommer und Herbst arbeiten sie vorübergehend auf den Gütern, natürlich gegen geringen Lohn, von dem sie nichts erübrigen können. Wenn sie etwas davon übrig haben, so versehen sie sich notdürftig mit Fußzeug, das sie sich aber meistens ebenso wie die Kleidung zusammenfechten. Kommt der Winter, so trifft man sie auf der Landstraße, teils tun sie es, weil sie so herunter sind, daß sie sich nur noch bei einem solchen Leben glücklich fühlen, teils weil ihnen nichts weiter übrigbleibt." (Ulrich, S. 30 ff.)

Tatsächlich vagabundierten zu dieser Zeit zehntausende von arbeitslosen Handwerkern und *Fechtbrüdern* durch Deutschland, die mit den Zunftgesellen aus alter Zeit kaum mehr als noch die Fortbewegungsart gemein hatten. Auch für mobile Handwerker war es schwer, selbst nur zeitweise Arbeit zu finden. Überall etablierten sich Wandererarbeitsstätten und Arbeiterkolonien, die z. B. auf Initiative des Pastors Friedrich von Bodelschwingh gegründet wurden. Ein alter Landstreicher klagte anno 1890, niemand würde einem Wandernden noch freundlich begegnen, „und das sei allein dem Pastor von Bodelschwingh zu verdanken, der im Reichstage, in Versammlungen und in Zeitungen über das Handwerksburschenelend geredet und für die Einrichtungen von Suppenanstalten, Arbeitsnachweisen und Arbeiterkolonien gesorgt habe. Das schmerzlichste schien dem alten Kunden bei allen diesen humanitären Einrichtungen der Umstand zu sein, daß es dort keinen Soruff [Schnaps] gab.“ (Thomas, S. 404) Und wirklich hörte wohl jeder, der damals um Arbeit oder Essen vorsprach, oft genug eine Antwort wie: „Geh' doch zum Bodelschwingh!“

Wie solche Wandererarbeitsstätten verfaßt waren, illustriert am besten ein Auszug aus einer ihrer Hausordnungen (nach Kopečný, S. 137 f.):

§ 1

Die Wandererarbeitsstätte hat den Zweck, unbemittelten, gesunden, arbeitslosen, aber arbeitsfähigen und -willigen Männern eine gewisse Zeit hindurch gegen bestimmte Arbeitsleistung Herberge und Verpflegung zu gewähren, ihnen dabei nach Möglichkeit durch Stellenvermittlung zu dienen oder zur Aufnahme in eine der bestehenden Arbeiterkolonien (Arbeitsasyle) zu verhelfen.

§ 3

Jeder Aufgenommene hat sowohl seinen Körper als auch seine Kleider und Sachen einer sorgfältigen Untersuchen bzw. Reinigung und Desinfektion, nötigenfalls in Gegenwart des Hausvaters und unter Zuhilfenahme des Desinfektionsapparates zu unterwerfen.

§ 8

Im Hause haben sich die Reisenden anständig und verträglich zu benehmen. An den Hausandachten hat jeder teilzunehmen. Die Beschaffung und der Genuß von Branntwein, Kartenspiel, jedes Lärmen im Hause ist verboten. Ohne vorherige Erlaubnis des Hausvaters darf sich kein Mann von der Arbeitsstätte entfernen. Tabakrauchen ist nur im Fremdenzimmer gestattet.

§ 9

Grobe Verstöße gegen die vorstehenden Bedingungen sowie sonstigen Ordnungen der Anstalt, Widersetzlichkeit, Trunkenheit, Diebstahl, Unsittlichkeit, absichtliche Schädigung des Anstaltseigentums ziehen sofortige Entlassung nach sich; es kommt in diesem Falle die etwa schon gutgeschriebene Arbeitsprämie in Wegfall.

Zwischen 1882 und 1902 wurden 31 solcher Wandererarbeitsstätten in Deutschland eröffnet, die sicher für viele Vagabunden und mittellose Handwerker die letzte Rettung vor dem endgültigen Fall in die Kleinkriminalität waren. Den zünftigen Gesellen aber waren diese Asyle ein Greuel: mit ihrem jahrhundertelang gewachsenen Selbstbewußtsein und Selbstverständnis ließ sich die Unterbringung in solch streng reglementierten Institutionen kaum vereinbaren. Und trotz der Verelendung der Handwerker gab es seit dem letzten Jahrzehnt des 19. Jahrhunderts wieder *Fremdgeschriebene* in *Sponkluft,* deren Bruderschaft ein vorerst kleines, aber stetig wachsendes Netz von Regionalgesellschaften und eigenen Herbergen in Deutschland und der Schweiz ausbreitete.

Den Zunftgesellen standen – da sie durchweg gewerkschaftlich organisiert waren – auch die Herbergen der Arbeitergewerkschaft offen. Fritz Ulrich berichtet, wie sehr sich diese Häuser von den üblichen Vagabundenasylen unterschieden und auch die Arbeitslosigkeit zu erleichtern vermochten: „Wir kamen zu einer schlechten Zeit nach Berlin. Es war Mitte Februar und offnes Wetter. Die Bautätigkeit regte sich gerade wieder. Aber sie war sehr flau, und unser Suchen nach Arbeit blieb ohne Erfolg. Es liefen außerordentlich viele Maurer arbeitssuchend umher. Jedesmal, wenn wir auf einem Bau nachfragten, erhielten wir den Bescheid, daß schon soundso viele dagewesen seien. Wir hatten nichts zu beißen. Im Gewerkschaftshause wohnten wir zwar sehr gut. Die Herberge dort war die erste ihrer Art: Bei der Ankunft erhielt jeder Kunde ein warmes Bad, das fünf Pfennig kostete. Die Kleider wurden vom Wärter nach Ungeziefer durchgesehen, und wenn sie verlaust waren (bei uns war es diesmal so), so wurden sie ausgebrannt; nach einer halben Stunde hatte man sie zurück. Für die Schlafmarke hatte man vierzig Pfennig zu zahlen. Die Betten waren nach Art der Soldatenbetten, aber äußerst sauber, zum Zudecken erhielt man zwei Wolldecken in einem sauberen Überzug. Da überdies Zentralheizung in allen Räumen ist, so war der Aufenthalt sehr angenehm." (Ulrich, S. 30) Um einen Begriff von der Relation dieser Preise zu geben: der Stundenlohn eines ausgebildeten Maurers betrug damals zwischen 35 und 40 Pfennig.

Es gab über zwanzig Jahre hinweg nur einige Dutzend zünftiger Gesellen, die (wie Fritz Ulrich) an die alten Traditionen anknüpften. Sie waren wenige im riesigen Heer der vagabundierenden, nichtorganisierten Handwerksburschen, so daß sie in der Öffentlichkeit zunächst gar nicht auffielen. Mit den von ihnen als *Fechtbrüdern* und *Bettelgesellen* bezeichneten freireisenden Handwerkern wollten die Zünftigen nichts gemein haben – schon gar nicht die Aufnahme in einer Bodelschwinghschen Sozial-Institution.

In den Jahren um 1880 begannen sich die Bruderschaften von neuem zu organisieren, und kleinere inoffizielle Regionalgesellschaften wurden gegründet, um die traditionelle Walz wiederzubeleben. 1891 hielt dann die erste neue Bruderschaft ihren offiziellen Gründungskongreß: die *Rechtschaffenen Fremden* erhoben Anspruch auf das Erbe der alten Zunft.

Die Gesellen der neuen Bruderschaften behielten auch die traditionelle, in Jahrhunderten gewachsene Redeweise der Wandernden bei: in ihrem Sprachschatz – dem hier ein eigenes Kapitel gewidmet ist – finden sich noch heute zahlreiche Worte, die dem Nicht-Eingeweihten weitgehend unbekannt sind und unverständlich bleiben sollten. Die Gesellen verfügten so über eine regelrechte Geheimsprache. Im folgenden Text werden einzelne Begriffe aus diesem Wortschatz vielfach benutzt, aber zunächst nur selten erläutert, denn ihre Bedeutung läßt sich meist problemlos aus dem Kontext erschließen. Für alle Zweifelsfälle findet sich am Ende dieses Buches ein kurzes Glossar der Walzsprache.

Die Geschichte der Schächte – so nennen sich die heute noch bestehenden Nachfolger der Gesellenbruderschaften aus der hohen Zeit der Zünfte selbst – ist also noch nicht einmal einhundert Jahre alt. Aber wer sich mit ihr beschäftigt, stößt bald auf die Tatsache, daß die Quellen geschichtlichen Materials im 20. Jahrhundert ähnlich spärlich fließen wie diejenigen längst vergangener Zeitabschnitte. Die Schächte haben sich nämlich, ganz wie die Bruderschaften der vorindustriellen Zeit, von Anfang an als Geheimbünde verstanden. Verrat der Rituale, der Erkennungszeichen und sogar des Gesellen-*Schnacks* (der formelhaften, vorgeschriebenen Rede, mit der zum Beispiel beim Handwerksmeister um Arbeit *vorgesprochen* wird) galt und gilt noch heute als eines der schlimmsten Vergehen gegen die Gesellenehre. Schachtinterne Rituale werden auch vor Gesellen anderer Bruderschaften strikt verborgen; innerhalb der Gesellenschaften fungieren Altgesellen als Rituallehrer und weihen Jüngere ausschließlich mündlich in die formelhaften Texte ein, die noch immer Grundlage jeder zeremoniellen Zusammenkunft auf dem *Handwerkssaal* sind.

Die Gründe für diese Vorsichtsmaßnahmen sind vielschichtig: Es ist natürlich nicht nur die Angst vor dem möglichen „Zugriff der Obrigkeit" (Back, S. 143) gewesen, die sie motivierte. Man wollte sich außerdem vor der unerwünschten Konkurrenz freireisender *Speckjäger* schützen, die sich unter der Tarnung der *Sponkluft* (das heißt eigentlich: ‚gute Kleidung') und mit einem zünftigen *Schnack* fälschlich als Bruderschaftsangehörige ausweisen könnten. Mißbrauch des Vertrauens, das den Gesellen seit Jahrhunderten entgegengebracht wird, würde ihrem guten Ruf empfindlich schaden. Reisende Gesellen sind – früher wie heute – auf eine starke Vertrauensbasis in der Bevölkerung unbedingt angewiesen: Der *Krauter,* dem ein fremdgeschriebener Geselle eine miserable Arbeit abgeliefert hat, wird so bald nicht wieder einen Reisenden aufnehmen; der Gastwirt, der einen Zünftigen *ausgeschenkt* hat, um später festzustellen, daß der sprichwörtliche silberne Löffel fehlt, wird allen anderen Gesellen, die später bei ihm *schmalmachen* wollen, die Türe weisen.

Die Bruderschaften hüteten sich stets vor *faulen Fischen* in ihrer Zunft. Gesellen, die auch nur geringfügig gegen den Ehrenkodex der Reisenden verstoßen haben, mußten sich auf dem *Handwerkssaal* der *Gerichtsbarkeit* stellen. Und weder die Zünfte vergangener Jahrhunderte noch die Schächte des 20. Jahrhunderts haben sich je besonders zimperlich gezeigt, wenn sie Strafen aussprachen und vollzogen.

Nie akzeptierten die Bruderschaften sich ihrer Kontrolle entziehende *Wildreisende,* die ihr Aussehen und Auftreten imitierten, ohne in einer Zunft *eingebunden* zu sein und auf die Handwerkerehre geschworen zu haben. Besonders in der Frühzeit der Schächte, als es wenige Dutzend zünftige, aber zigtausende unorganisiert Reisende gab, hielt man strikt Distanz. Noch heute achten Gesellen darauf, daß kein unzünftiger *Kuhkopp* zuhört, wenn sie ihren schachtspezifischen *Schnack* vortragen.

Doch außerdem steckt hinter der gemeinsam praktizierten Geheimniskrämerei natürlich eine wichtige gruppendynamische Funktion: Abschottung vor der Öffentlichkeit schweißt zusammen und stärkt das (Selbst-)Bewußtsein, einer verschworenen Gemeinschaft anzugehören.

Das alte geheimbündlerische Selbstverständnis der Bruderschaften setzten die Schächte, die nach dem Niedergang der Zünfte im späten 19. Jahrhundert entstanden, nahtlos fort. Zudem kam nun schnell eine starke Rivalität zwischen den neu entstehenden Gesellenschaften auf, die oft genug gewaltsam ausgetragen wurde und zu blutigen Auseinandersetzungen führte: „Bei regelrechten Schlachten gab es schwerverletzte und sogar zu Tode geschlagene Gesellen“ (Back, S. 160).

Das Geheimhalten der Schachtzugehörigkeit, ja der Existenz eines neuen Schachtes, diente gelegentlich der eigenen Sicherheit. Eine der frühen Bruderschaftsgründungen, diejenige der *Freien Vogtländer Deutschlands,* verdankt ihren Erfolg zu einem gut Teil der Tatsache, daß die Gesellen die Existenz des Schachtes jahrelang erfolgreich vor der Konkurrenz verbargen, indem sie darauf verzichteten, einen farbigen Schlips, der sie als zünftig Organisierte ausgewiesen hätte, *einzubinden.* Denn sowenig die sogenannten *Schlipsgesellen* die *Freireisenden* schätzten: eine fremdfarbige *Ehrbarkeit* mochten sie noch viel weniger. Denn jeder der früh begründeten Schächte hielt sich für den einzig legitimen Bewahrer der alten Zunfttraditionen. Eine andere *Ehrbarkeit einzubinden* bedeutete, ihnen diesen Rang streitig zu machen.

Ebenfalls aus Gründen der Geheimhaltung wurde möglichst wenig Schriftliches über Tradition und Gegenwart fixiert. Ein *Rechtschaffener Fremder* sagte noch 1988 ernsthaft: „Wer kann die politische Entwicklung schon sicher abschätzen?

Vielleicht werden wir ja irgendwann mal wieder verboten und verfolgt. Da gehen wir schon lieber auf Nummer Sicher …"

Schließlich gilt auch heute noch, daß die Schächte ihre Interna strikt vor allen *Kuhköppen* abschotten. Es mag in den Archiven der Bruderschaften noch manches geben, was ein Außenstehender nie zu Gesicht bekommen wird.

So beschränken sich die vorhandenen und zugänglichen Quellen der frühen Schachtgeschichten auf die Erinnerungen ehemals Reisender. Gedruckte, so gut wie immer romanhafte Erzählungen von der Walz gibt es zwar in beträchtlicher Zahl, aber sie berichten durchweg nur von persönlichen Abenteuern und geben fast keinerlei Aufschlüsse über die Bruderschaften. Oft geben die Erzähler noch nicht einmal an, in welcher Bruderschaft sie gereist sind. Und nicht selten stellt sich bei solchen Berichten die Authentizitätsfrage: Es scheinen allzu viele ehemalige *Fechtbrüder* und Handwerksburschen im Alter zu Schriftstellern geworden zu sein. Hinter manchen Titeln wie „Erlebnisse des Walzbruders A., von ihm selbst aufgezeichnet" mag sich in Wirklichkeit ein gänzlich unzünftiger Berufsautor verbergen, der das an solchen Themen interessierte Lesepublikum unter Pseudonym mit einer vorgeblichen Autobiographie nasführte. Bezüglich der Geschichte des Gesellenwanderns im 20. Jahrhundert wurde deshalb ausschließlich auf solche gedruckten Schriften zurückgegriffen, für deren Echtheit sich die Schächte selbst verbürgen.

Selbst die 1928 in drei Bänden erschienene und bis heute mit Abstand umfassendste historische Arbeit zur Geschichte des Gesellenwanderns, Rudolf Wissels „Des alten Handwerks Recht und Gewohnheit", gibt keinerlei verwertbare Auskünfte über die Frühgeschichte der Schächte, obwohl zu Zeiten ihrer Entstehung längst wieder vier große Bruderschaften auf die *zünftige Walz* zogen.

Auch in Bezug auf die Nachkriegszeit und besonders auf die sehr ereignisreichen achtziger Jahre ist die Überlieferungslage nicht besser. Es hat zwar eine Unzahl von Zeitungsmeldungen und Feuilletons über die Reisenden gegeben; aber deren Informationsgehalt ging selten genug über die Feststellung hinaus, daß es noch immer Gesellen gibt, die auf die Walz gehen.

Im Streit ums Erbe der Zünfte

Im Jahre 1891 gründeten sich in Magdeburg die *Rechtschaffenen Fremden,* die sich schon bei diesem ‚Zusammenschluß' in zwei Verbände aufteilten: in Maurer und Steinhauer auf der einen, und in Zimmerer und Schieferdeckergesellen auf der anderen Seite. Die *Rechtschaffenen* behielten im wesentlichen die Verfassung der früheren Bruderschaften bei. An Stelle der nicht mehr existierenden Zünfte verstanden sie sich nun als ranghöchstes Organ des Gesellenwanderns: eine zünftige

Walz außerhalb der *Rechtschaffenen Fremden* sollte es nach ihrem Willen nicht geben. Sie behielten (wie später und bis heute alle anderen Schächte) in ihren Statuten den Vorbehalt einer eigenen *Gerichtsbarkeit* außerhalb der staatlichen Rechtsprechung.

Als Zeichen der Handwerksehre tragen sie eine schwarze *Ehrbarkeit,* der sie den Beinamen *die Schwarzen* verdanken. Die *Rechtschaffenen Fremden* bestehen noch heute und verstehen sich noch immer als die einzig legitimen Nachfolger der alten Zünfte.

Die Trennung verschiedener Bauhandwerke hielten einige Mitglieder bald für den falschen Weg; das führte noch im gleichen Jahr zu einer Spaltung, und sechs Gesellen organisierten in konspirativen Treffen die Gründung des *Rolandschachtes,* der zu diesem Zeitpunkt bereits 26 Mitglieder hatte. Als Zeichen ihres Schachtes banden sie eine blaue *Ehrbarkeit* ein.

Offenbar ging der offiziellen Gründung dieses Schachtes aber eine längere Geschichte geheimer Aktivitäten voran, von der mittlerweile nur noch eine einzige Photographie zeugt (vormals Privatbesitz Ernst-Martin Reimers, vor kurzem als Geschenk den *Rolandbrüdern* überlassen). Auf dieser sind mehrere zünftig *eingebundene* Gesellen zu sehen, die sich um eine Schachtschild mit der Aufschrift *Rolandbrüder* versammelt haben. Da dieses Photo das Datum 1883 trägt, ist es einigermaßen wahrscheinlich, daß die *Blauen* als inoffizielle Organisation bereits längst bestanden, als die *Rechtschaffenen* ihren Schacht gründeten. Ähnliches mag allerdings auch für die *Schwarzen* und alle anderen Schächte gelten, denn vielfach traten die Gesellenvereinigungen erst dann an die Öffentlichkeit, wenn sie sich zu einer festen Gruppe konsolidiert und keine Auseinandersetzung mehr zu fürchten hatten. Geheime, noch instabile Zusammenschlüsse gingen auch bei den *Freiheitsbrüdern* und den *Freien Vogtländern* (siehe unten) den offiziellen Schachtgründungen um Jahre voraus.

Die *Rechtschaffenen* jedoch nahmen diese Spaltung nicht widerspruchslos hin. Auch heute gilt es bei den Gesellen als ehrlos, von einem Schacht in den anderen überzulaufen. Noch 1988 sagte uns ein Geselle: „Sowas wird auch im Moment sehr geahndet bei uns, das mögen wir überhaupt nicht."

Zwischen *Rechtschaffenen* und den stetig expandierenden *Rolandbrüdern* bestand in den folgenden Jahrzehnten erbitterte Feindschaft, die zu oft blutigen Auseinandersetzungen führte. Auch die beiden Gesellschaften, in die sich die *Schwarzen* aufgeteilt hatten, hielten keinen Frieden miteinander, denn in den beiden Fraktionen bestanden unter anderem unterschiedliche Auffassungen darüber, wie das Ritual auf dem *Handwerkssaal* zu zelebrieren war (die unterschiedlichen Zeremoniell-Typen sind publiziert bei Gantner, S. 94 ff.).

Neben diesen beiden Schächten reisten um die Jahrhundertwende zahlreiche

Gesellen frei, das heißt: sie gehörten keiner Bruderschaft an. Sie trugen keine *Ehrbarkeit* und waren deshalb auf den ersten Blick von organisierten Gesellen zu unterscheiden. Gemeinhin wurden sie entweder als *Vogtländer* oder auch als *Speckjäger* tituliert. Zu ihnen gehörten besonders viele Gesellen, die keine Bauhandwerker waren und deren Gewerke keine Aufnahme in den Schächten fanden.

Die Herkunft des Begriffs *Vogtländer* geht offenbar in die dreißiger Jahre des 18. Jahrhunderts zurück. In Ostpreußen war 1733 eine eigene Handwerksordnung erlassen worden, die die Rechte der Handwerker stark beschnitt. Die zünftigen Gesellen mieden das Land deswegen: Ostpreußen wurde *schwarz gemacht,* also bestreikt. Nur unzünftige Gesellen aus wirtschaftlich sehr schwach strukturierten Gebieten – zum Beispiel dem sächsischen Vogtland – waren bereit, unter den neuen Edikten zu arbeiten, denn ihre Lage ließ ihnen keine Wahl. Sie unterliefen das *Schwarzmachen* der Zunftgesellen und waren, nach heutigem Verständnis, Streikbrecher. *Vogtländisch* wurde bald zum Synonym für unzünftiges *Scheniegeln* und unrechtmäßiges Tragen der Gesellenkluft.

Zwischen Freireisenden, die sich in den Jahren um die Jahrhundertwende nicht in die Schächte eingliedern und *erwandern* ließen und den *Schlipsgesellen* gab es von Anfang an auf Gegenseitigkeit beruhende Feindschaft. *Baumkantiges* Benehmen prägte die meisten Treffen der verschiedenen Fraktionen; Gefängnis und Krankenhaus waren häufige Stationen auf der *Tippelei* gleichermaßen der *Rechtschaffenen, Rolandbrüder* und Freireisenden: die Schachtgeschichten gerieten oft genug zu Schlachtgeschichten.

Der *Fremde Freiheitsbruder* Hermann Schäfer, Mitbegründer dieses Schachtes, schrieb 1956, kurz vor seinem Tode, Erinnerungen an die Jahre nach der Jahrhundertwende nieder. Diese sind, soweit wir sehen, die einzige umfangreichere Quelle, die heute noch zugänglich ist und von der Gründung einer Bruderschaft berichtet. Sie ist aus sehr persönlicher Perspektive verfaßt: ein *Rechtschaffener* wird vieles in einem anderen Lichte als ein *Freiheitsbruder* betrachten. Einen wirklichen Unterschied für die Bewertung dieser Quelle macht dies indes nicht aus, denn man kann sie getrost als beispielhaft betrachten. Es ist nun mal eine Tatsache, daß Prügeleien unter Mitgliedern verschiedener Bruderschaften lange genug zum Alltag der Wanderschaft gehörten – einen allgemeinen, sich langsam durchsetzenden Frieden zwischen den Bruderschaften gab es erst lange nach dem zweiten Weltkrieg. Für uns ist es heute einigermaßen gleichgültig, ob es ein *Freiheitsbruder* oder ein *Rechtschaffener* ist, der von einem Gesellenkampf berichtet. Solche Erzählungen mögen rühmlich für den Sieger sein, aber Ruhmesblätter für die Geschichte der Bruderschaften sind sie sicher nicht.

Die Feindschaft zwischen den verschiedenen Gesellenfraktionen hat wohl auch allen Beteiligten gleichermaßen geschadet. Denn sie verhinderte eine mitgliederstarke Solidargemeinschaft, die im Schulterschluß mit den Gewerkschaften und politischen Parteien erheblich besser ihre Anliegen hätte vertreten können, als es die disparate Situation der Schächte zuließ.

Wenn im folgenden mehrfach ausführlich aus den Erinnerungen des *Freiheitsbruders* Hermann Schäfers zitiert wird, dann vor allem aufgrund ihres Beispielcharakters. Es gibt sicher auch *Rolandbrüder* und *Rechtschaffene,* die sehr ähnliche Erlebnisse hatten, die ebenso ungerecht behandelt und grundlos angefeindet wurden, in ebenso aussichtslosen Situationen zahlreiche Gegner niedermachten, zum Helden ihrer Bruderschaften wurden und sich als unerschrockene Kämpfer für ihre Sache erwiesen. Die Abenteuer des wackren Kämpen Hermann Schäfer sind ein Stück Geschichte aller Schächte, auch derjenigen, die erst erheblich später gegründet wurden. Wir zitieren nach seinem ungedruckten Typoskript.

Hermann Schäfer begann seine Wanderzeit als Maurer im Jahre 1905 und zog über die Alpen nach Rom. „Von da aus schrieb ich um Geld nach Mainz, wo ich was auf Lager hatte. Restante Napoli! (Postlagernd Neapel, wohin ich noch 220 km zu laufen hatte). Dann ging es weiter durch die Abruzzen. In vier Tagen hatte ich das ziemlich gemacht, bis kurz vor Neapel. Mit frohem Mut und heiterem Sinn zog ich in die Stadt ein auf das Hauptpostamt, und der Hermann Schäfer war auf einmal reich geworden. 35 Lire, und der Liter Wein 15 cts. Gebratene Fische waren an dem Hafen genug zu erhalten, so daß alle Sorgen behoben waren. Dann ging ich in das Seemannsheim der Deutschen Matrosen, wo ich auch gut aufgehoben wurde. Sie luden mich ein, auf ihr Schiff zu kommen, wo ich einige Tage abkochen konnte. In der Zwischenzeit bemühte ich mich wieder um Arbeit, womit ich aber kein Glück hatte. Daher ging ich mal wieder auf das Konsulat und erklärte dort, daß ich nach Genua zurück wollte. Man fragte mich, wie sind Sie hergekommen? Ich sagte, zu Fuß über die Alpen. Da sagte man mir, daß ich auch so wieder zurückkommen würde. Da war es mit mir aus. Ich klopfte auf den Tisch, bis man endlich vernünftiger wurde und mich auf ein italienisches Schiff bringen ließ. An einem Sonntag Mittag um 4 Uhr ging es nach Genua. Nachdem ich 36 Stunden auf hoher See war, wurde der Anker geworfen und als ich ans Land sah, erblickte ich einen fremden Rolandbruder. So reichten wir uns die Hände und unser Reiseziel war dasselbe."

Dann wanderte Hermann Schäfer gemeinsam mit dem *Blauen* von Genua über die italienischen Alpen in die Schweiz: „So trafen wir endlich in der Bundesstadt Bern ein. Ich machte mir schon immer Gedanken, was wird mit dem fremden Rolandbruder Wilhelm Kessner werden, wußte ich doch schon im voraus, daß es da wimmeln mag von Schwarzen. Und so war es auch! Im Gewerkschaftshaus wurden wir auch schon entdeckt. Da ging dann gleich die Ekelei los. Mich kannten ja viele von den älteren Gesellen, aber als sie sahen, daß ich mit einem Rolandbruder zugereist war, war die Freundschaft bald aus. So gab es bald das eine und das andere Wort. Hermann Schäfer, das hätten wir von Dir nicht erwartet, daß Du Dich mit so einem Specklappen unterhältst."

Wenige Tage später fanden sich Schäfer und Kessner durch Zufall auf der gleichen Baustelle wieder, auf der auch sechs *Rechtschaffene* beschäftigt waren. „Nach Feierabend machten wir uns langsam fertig zum Gehen, wo sie [die *Schwarzen*] vor uns erst hergingen. Auf einmal an einem Kreuzweg machten sie halt. Sie forderten den fremden Rolandbruder auf, auszubinden, was er aber nicht machte. Er sagte, ich habe mit Euch noch nie was gehabt. Dann gingen sie zu fleddern über [und rissen ihm die *Ehrbarkeit* vom Halse]. Ich sprang wohl dazwischen, doch sie schoben mich zurück mit den Worten, Dich geht die Sache nichts an, doch ich erwiderte, nun, mit sechs Mann gegen einen, das ist nicht schön. Daraufhin zogen sie ab. Wir gingen langsam hinterher. An einem Laden machte er halt und ging hinein. Er kaufte sich ein blaues Band und band wieder ein." In den nächsten Tagen eilten den beiden einige Freireisende zu Hilfe, denn ein Ende des Konfliktes mit den *Rechtschaffenen* war nicht zu erwarten. Die *Vogtländer* beschlossen, am 1. Mai gemeinsam an der Arbeiter-Kundgebung teilzunehmen: „Wir machen den Umzug mit, hieß es allgemein und wollen mal sehen, ob uns die Siegellacks [auch ein Name der *Rechtschaffenen*] angreifen. Weil wir dem Rolandbruder die Stange hielten, wurde der Haß gegen uns immer größer und sie schauten uns mächtig von der Seite an. So kamen wir an dem Vorabend zu dem Beschluß, am 1. Mai [1910] die rote Ehrbarkeit zu tragen. Nun kam der längst ersehnte Tag, wo wir geschlossen dastanden [denn durch das *Einbinden* einer gemeinsamen *Ehrbarkeit* wiesen sich die Gesellen nun als organisierte Bruderschaft aus]. Als sich der Zug in Bewegung setzte, da kamen auch schon die Fremdgeschriebenen mit ihrer Fahne daher. Nun, den Blick könnt ihr Euch ja denken. Wir ließen sie vorbeimarschieren und schlossen uns den Schweizer Sozialisten mit der roten Fahne an, weil wir ja an diesem Tag jeden Zusammenstoß meiden wollten, denn was dieser Tag für das arbeitende Volk der ganzen Welt bedeutet, wissen wir ja alle."

Am Abend des nächsten Tages jedoch folgte die zu erwartende Eskalation: die *Rechtschaffenen* und die *Roten* gerieten aneinander. Am 1. Mai hatten diese zunächst noch ungestört gefeiert: „Unser Bier haben wir, wie es auch bei Hochzeiten üblich war, aus einem neuen Pißpott getrunken." Dieser Gaudi verdanken die *Freiheitsbrüder* übrigens noch heute einen ihrer Beinamen; bei den reisenden Gesellen sind sie allgemein als *Pißpottbrüder* bekannt. Sie nehmen es aber mit Humor und pflegen beim geselligen Beisammensein dieses Altväterritual zu wiederholen.

„Aber der zweite Mai lief nicht so gut aus. Die Hälfte von uns Brüdern arbeitete auf dem Berner Oberland und nahm Abschied von uns. Wir gingen mit zur Bahn.

Hermann Schäfer, einheimischer Freiheitsbruder

Auf dem Rückweg stießen wir mit einigen Siegellacks zusammen. In der Nähe ihrer Bude ging es halt los, wobei sie aber nicht viel ausrichten konnten, denn wir standen. Aber gegen Nacht kamen sie mit dem ganzen Schwung an, rissen die Latten am Hag [Zaun] ab und stürmten truppweise in unsere Bude rein. Doch die ersten Schläge erhielten die Stammgäste. Als sie zurückwollten, haben wir auf sie gedroschen; die einen raus, die anderen kamen rein. Da bekam der [Herbergs-] Vater einen über das Auge. Er konnte aber noch ans Telefon und die Polizei anrufen. Ich schlug die Lampe runter und zu gleicher Zeit [habe ich einem *Schwarzen*] den Stuhl auf den Kopf gesetzt. Der Rolandbruder hat einen mit dem Schirmständer niedergehauen, und so haben wir mit vier Mann sie im Schach gehalten, bis endlich die Polizei ankam."

Die Gesellen beschlossen, eine nur zweijährige Reisezeit (im Gegensatz zu der Regel ‚Drei Jahren und ein Tag' bei *Rechtschaffenen* und *Rolandbrüdern*) festzuschreiben; und zum Namen wählten sie zunächst allen Ernstes: *Fremder Pißpottschacht.* Erst ein Jahr später, auf dem ersten Kongreß des Schachtes in Leipzig 1911, befand Schäfer, daß dieser Name „nicht zum Besten der roten Ehrbarkeit" und sozialistischen Internationale klänge. Man einigte sich stattdessen auf die neue Bezeichnung *Fremder Freiheitsschacht;* auf einigen alten Stempeln der Gesellschaft ist dieser Bezeichnung noch das Adjektiv *Boomkantiger* vorangestellt. Noch später wurde die Reisezeit ebenfalls auf drei Jahre und einen Tag festgeschrieben.

Noch 1906 hatten es die *Rechtschaffenen* mit Erfolg zu verhindern gewußt, daß sich eine Bruderschaft mit roter *Ehrbarkeit* etablierte. Bei diesem Gründungsversuch waren spätere Weggefährten Schäfers, die allerdings keine genaueren Aufzeichnungen hinterließen, beteiligt gewesen. Aber ab 1910 war an den Festen des neuen Schachtes nicht mehr zu rütteln. Es bildeten sich bald mehrere regionale Niederlassungen der *Freiheitsbrüder* in Deutschland und in der Schweiz. Es gab genug Freireisende, die lange auf eine starke Alternative zu den etablierten Schächten gehofft hatten. Es waren 22 Gesellen gewesen, die die *Freiheitsbrüder* begründeten, und schon Ende des Jahres waren „50 fremde Pißpottbrüder zusammen, was wohl was heißen wollte."

Im Jahre 1911 begründete sich außerdem der *Spinn-Schacht der fremden Zimmerer,* dessen Gesellen als *Ehrbarkeit* ein Wappenemblem mit den Buchstaben S Z trugen. Die *Spinnbrüder* vermochten dem Druck der *Schlipsgesellen* allerdings auf Dauer nicht standzuhalten und traten am 1. Mai 1914 in Erfurt geschlossen zu den *Freiheitsbrüdern,* die bis dahin ausschließlich Maurer *erwandert* hatten, über.

Im ersten Kriegsjahr, 1914, hatte sich noch der *Hoffnungsschacht,* der alle Bauberufe erwanderte, unter dem Zeichen der grünen *Ehrbarkeit* begründet. Ebenso wie der Schacht *Fremder Kemptener Gesellen,* der seit 1919 mit gelber *Ehrbarkeit* reiste, gingen die *Hoffnungsbrüder* später in den *Freien Vogtländern* (siehe unten) auf. Es gab noch mehrere Schachtgründungen in den zwanziger und dreißiger Jahren, denen aber kein dauerhafter Erfolg beschieden war und von denen die Annalen der Gesellenbewegung oft noch nicht einmal mehr die Namen verzeichnen.

Der Weltkrieg bedeutete einen scharfen Schnitt in der Geschichte aller Schächte, denn die Reisenden befanden sich fast sämtlich im wehrfähigen Alter. Nach Kriegsende 1918 riefen die Schächte „zum Sammeln, worauf allerdings viele nicht mehr kamen", berichtet Hermann Schäfer.

Einer der großen neuen Schächte sind schließlich die *Freien Vogtländer.* Das wenige, was von ihrer Frühgeschichte überliefert ist, berichtet ihr Altgeselle Karl-Heinz Back: „Seit 1900 fanden sich die ersten mutigen Gesellen unter den [wildreisenden] Vogtländern, um sich zu organisieren. Die Gesellen trafen sich bei den Gewerkschaften, auf Bahnhöfen und Postämtern, man gründete auch schon eigene Herbergen. Sie nannten sich Vogtländerschacht. 1908 fand ein Treffen mit dänischen Gesellen in der Schweiz statt. Jahrelang konnte man sich nicht auf eine Ehrbarkeit und über die Statuten einigen. Dazu muß festgehalten werden: Zeigte sich irgendwo ein Zusammenschluß oder eine Neugründung, waren die *zünftigen Fremden* zur Stelle und schlugen alles zusammen. Sie duldeten keine neuen Bruderschaften.

Um sich zu tarnen und nicht gleich aufzufallen, banden die Vogtländer und später auch die freien Vogtländer keinen Schlips als Ehrbarkeit ein. Man trug das Gewerkschaftsabzeichen oder eine Handwerksnadel als Erkennungszeichen. 1910 wird als Zeichen der Ehrbarkeit ein ovales Schild eingeführt. Auf rotem Grund befindet sich ein goldenes Wappenemblem. Dies ist grün umrandet und trägt die goldene Inschrift: Freie Vogtländer Deutschlands!

Der erste Weltkrieg unterbrach das Reisen. 1919 hatte die *Gesellschaft Freier Vogtländer Deutschlands* ihre ersten Treffen in Luxemburg und in Kempten. 1920 wird als Zeichen der Ehrbarkeit ein goldenes Wappenemblem mit allen Berufen der reisenden Gesellen und den Buchstaben FVD eingeführt. Die Ehrbarkeit wird im eingeschlagenen Hemd auf der Brust getragen. Erwandert werden: Maurer, Zimmerer, Dachdecker und Steinhauer.

Dadurch, daß die Gesellschaft Freier Vogtländer sich nie einen Schlips einband, konnte sich eine starke Gesellschaft aufbauen. Als die ‚zünftigen Gesellen' dahinterkamen, war es zu spät. Sie hatten es plötzlich mit einer straff organisierten Bruderschaft zu tun, die den Spottnamen ‚Vogtländer' zu ihrem Ehrentitel erhob. Um sich gegenüber den anderen ‚Vogtländern' (die sich nicht organisieren ließen) abzugrenzen, wurde vor den ‚Ehrentitel Vogtländer' das kleine Wörtchen ‚freie' gesetzt." (Back, S. 157 ff.)

Auf der Landstraße sind die *Freien Vogtländer* mit dem Beinamen die *Spinner* bekannt geworden. Sie verdanken dies ihrer Gepflogenheit, die *Sponkluft* mit

Gesellschaft der fremden Freiheitsbrüder zu Dessau 1932

Gesellschaft der fremden Freiheitsbrüder zu Wilhelmshaven 1935

kleinen silbernen, funktionslosen Knöpfen zu verzieren. Ein *Vogtländer* sagte uns: „Fanden alle ganz komisch damals: ‚Die spinnen ja mit den ganzen Knöpfen!' – und jetzt heißen wir immer noch ‚Spinner'. Wir tragen unseren Namen auch mit Stolz. Der Name kommt aber eben auch daher, weil wir gerne so ein bißchen erzählen, so was weiß ich, Seemannsgarn eben ...". Solch eine geistige Verwandtschaft zwischen den Fahrenden der Meere und den Wandernden der Landstraßen wird übrigens kaum ein Geselle jedes beliebigen Schachtes leugnen: Zünftiger Handwerkerzwirn ist aus dem gleichen Faden gewirkt wie die Nähseide der Matrosen. Viele *Vogtländer* tragen heute eine kleine goldene Spinne im Ohr oder an der *Kluft;* die Wanderzeit beträgt bei den *Spinnern* genau zwei Jahre.

Ein brauner Schlips, den keiner wollte

Bis in die dreißiger Jahre setzten sich die Feindschaften zwischen den Schächten mit zunächst unverminderter Härte fort. Dennoch wuchsen alle Schächte und entwickelten sich zu fest gefügten Bruderschaften. Den Nationalsozialisten waren die freiheitsliebenden, stets gewerkschaftsnahen Verbände mit sozialdemokratischen Tendenzen und überdies geheimen Statuten und Gebräuchen ein Dorn im Auge. Sie witterten – zu Recht – ein schwer oder gar nicht kontrollierbares Forum für politisch Andersdenkende.

Außerdem erschien es den Nationalsozialisten erstrebenswert, die Gesellen für ihre ‚Bewegung' zu gewinnen; diese – wie die nationalsozialistische Zeitschrift „Grundstein" (Nr. 41/1933) schrieb – „kraftsprühenden, wettergebräunten Hünen mit Händchen, vor denen man Respekt bekommt" paßten äußerlich nur allzu gut in das Bild vom Handwerker, wie die Nazis es propagierten und förderten. Erste Versuche, die Gesellen freiwillig für den neuen Staat zu gewinnen, scheiterten jedoch. Im Jahr 1938 erging dann folgendes, von Heydrich persönlich unterzeichnetes Schreiben der Gestapo an alle Polizeidienststellen, das dann auch in der Zeitschrift „Fachschaft Zimmerer" gedruckt wurde:

„Die ‚Gesellschaft der fremden Freiheitsbrüder', abgekürzt ‚Die Fremden' oder die ‚Fremdgeschriebenen' genannt, eine Verbindung der reisenden Bauhandwerker (Zimmerer, Maurer und Dachdecker), die schon von jeher durch ihre auffällige Bekleidung Allgemeininteresse erweckt haben, gibt Veranlassung zu dem Verdacht, daß es sich um marxistische Organisationen handele. Es bestehen zur Zeit vier verschieden Organisationen, und zwar: Die ‚Schwarzen', auch ‚Rolandbrüder' bezeichnet, mit dem Sitz Bremen. Als Erkennungszeichen tragen sie einen schwarzen Binder (Ehrbarkeit). Die ‚Roten', auch ‚Freiheitsbrüder' bezeichnet, mit roter ‚Ehrbarkeit', Sitz Hannover. Die ‚Blauen', mit blauer ‚Ehrbarkeit', eine kleinere

Gruppe in Sachsen. Die ‚Vogtländer' tragen als Ehrbarkeit eine Nadel mit dem Zeichen des Handwerks. Die Vogtländer hatten von den reiselustigen Handwerkern wohl den größten Zulauf, weil ihre Bedingungen weniger scharf waren. Die Organisationen, auch ‚Schächte' genannt, bekämpften sich bitter. Die Handwerksmeister schätzten die reisenden Handwerker und unterstützten sie durch Barmittel oder Arbeitsvermittlung, ohne auf die Zugehörigkeit zu einem bestimmten Kreis zu achten. Diese Unterstützung aus den Meisterkreisen stärkte das Zusammengehörigkeitsgefühl des Einzelnen und gab der Organisation guten Rückhalt. In Hamburg z. B., der Stadt, nach der sie auch vielfach als ‚Hamburger Zimmerleute' usw. angesprochen werden, sind seit langer Zeit keine ‚Fremden' beobachtet worden. Es wird berichtet, daß sie auf dem flachen Lande hin und wieder auftauchen. Aus dieser Tatsache wird geschlossen, daß sie sich einer polizeilichen Ueberwachung entziehen wollen, die bekanntlich in den Städten bedeutend straffer als in ländlichen Bezirken gehandhabt wird. Dieses Verhalten gibt wiederum Anlaß zu dem Verdacht, daß eine staatsfeindliche Betätigung durch Mundpropaganda betrieben wird. Es ist auch nicht ausgeschlossen, daß Skizzen und Nachrichten über militärische Bauten durch die wandernden Fremden den Weg ins Ausland finden. Die Reichsbetriebsgemeinschaft der DAF [Deutsche Arbeits-Front] teilt hierzu noch mit, daß die ‚Fremden' ihre Organisationen wieder aufziehen und sich bemühen, die dafür erforderlichen Geldmittel zu beschaffen. Es war bisher nicht möglich, die Zentrale der Organisationen zu ermitteln, um sie gleichschalten zu können. Abgesehen von der marxistischen Tendenz der ‚Fremden' kann ihnen die Betreuung des Gesellenwanderns nicht überlassen bleiben, da die DAF, Reichsbetriebsgemeinschaft Handwerk, mit der Wahrnehmung dieser Aufgaben betreut wurde. Ich ersuche, alle Beobachtungen über die Organisationen der ‚Fremden' von Fall zu Fall nach hier zu berichten. Beschlagnahmte Geldmittel sind der DAF [...] zu überweisen."

Dieses Dokument ist nicht nur deshalb aufschlußreich, weil es eines der ganz wenigen ist, das von der Geschichte der Schächte im Nationalsozialismus erzählt. Es beweist auch, wie perfekt die Abschottungs- und Geheimhaltungsmechanismen der Schächte selbst noch 1938 funktionierten. Sogar die Gestapo war zumindest bis zu diesem Zeitpunkt nicht in der Lage, die Zentralleiter der Schächte zu ermitteln, war überdies noch nicht einmal fähig, korrekt zwischen *Rolandbrüdern* und *Rechtschaffenen* zu unterscheiden und die Farben der *Ehrbarkeiten* den Schächten zuzuordnen.

Wenig später verkündete der Fachschaftsleiter der Zimmerer begeistert: „Der Anschluß des Zimmererverbandes in den großen ‚Deutschen Arbeiterverband des Baugewerbes' ist vollzogen. Manchem Eigenbrötler und ewigem Nörgler wird das nicht passen, aber deren Meinung zählt nicht mit. Wir wissen, daß die Mehrzahl unserer Berufskameraden mit uns einig geht. Wird doch durch den Zusammenschluß, der übrigens schon lange gefordert [wurde], der Apparat beweglich, einfach und vor allen Dingen billiger. Wir können uns nun ganz unserer sachlichen Arbeit hingeben. Die Einheitsorganisation aller am Bau Beschäftigten ist nun da; damit haben alle anderen Organisationen und Verbindungen ihre Existenzberechtigung (die sie an sich niemals hatten) verloren. Wir werden es nicht dulden, daß noch andere ‚Klubs' neben dem Verband bestehen.

Arbeitskameraden! Die ihr noch mit den Fremden Schächten – Freien Vogtländern – Roten – usw. in Verbindung steht, wahrt die Tradition, seid stolz auf unseren Beruf, der einer der ältesten ist, aber löst die Verbindung mit diesen ‚Organisationen'. Es ist eines deutschen Zimmerers unwürdig, in einem dieser ‚Schlägerklubs' zu sein." („Fachschaft Zimmerer", Nr. 33/1938)

Auch von manchem Punkt der Gesellentradition glaubte die Arbeitsfront, sie sei ‚deutscher' Handwerker unwürdig. Die neue „Bekleidungsordnung für wandernde Bauhandwerker" verbot zum Beispiel das Tragen von Ohrringen; ausgestellte Hosen und Wanderschuhe waren verpönt: Der Geselle sollte enge Hosen zum langschäftigen Stiefel tragen. Statt des kunstvoll selbst gefertigten, in sich gedrehten *Stenzes* sollten Reisende nun einen Einheitswanderstab tragen, der bei der DAF käuflich zu erwerben war. Und auch vom legeren *Charlottenburger* sollten die Gesellen sich trennen, um stattdessen das tornisterartige ‚germanische Felleisen' ordentlich auf dem Rücken zu tragen. Sogar das zünftige *Vorsprechen* wurde von den Nazis in der seit Jahrhunderten tradierten Form nicht mehr geduldet. Ab 1938 hatte in jedem *Schnack* dem gewohnten *Mit Gunst und Erlaubnis* ein ‚Heil Hitler' voran zu gehen. Jeder Reisende bekam von der DAF eine limitierte Anzahl von Essensmarken zugeteilt, damit das *Schmalmachen* aufhörte. Die Kontrolle der Beachtung aller Vorschriften übernahmen ‚Wanderwarte' der ‚Kraft-durch-Freude' Bewegung, denen alle Gesellen zur Rechenschaft verpflichtet waren.

Es darf bezweifelt werden, ob die Nazis wirklich Grund zum Jubeln hatten. Die bald in der Zeitschrift „Fachschaft Zimmerer" publizierte Zahl, es seien innerhalb weniger Monate 5.000 Gesellen braun *erwandert* worden, erscheint unglaubhaft – eine auch nur annähernd so große Zahl von gleichzeitig Reisenden dürfte es in diesem Jahrhundert zu keiner Zeit gegeben haben. Zwar waren die Gesellen sicher nicht generell immun gegen die nationalsozialistische Ideologie. Auch unter ihnen gab es begeisterte Nazis – wenn auch nicht viele. Aber Heydrichs Vorstellung, die verfeindeten Schächte im Namen einer Ideologie friedlich miteinander vereinen zu können, war von vornherein zum Scheitern verurteilt. Die Solidarität mit dem eigenen Schacht und dessen Maximen war selbst solchen Gesellen, die sonst durchaus mit den Ideen der Nazis sympathisierten, wichtiger als die Befehle der Machthaber. Die meisten der Gesellen, die nun nach Heydrichs Vorstellungen unter dem Leitsatz ‚Kraft durch Freude' *auf Tippelei* gingen, entstammten nicht den Schächten und begannen die Wanderschaft als nationalsozialistische, aber nicht als zünftige Handwerker.

Die Nazis erreichten, was die großen Bruderschaften betraf, das Gegenteil von dem, was sie zu erwirken gehofft hatten. Zwar gelang es der Gestapo schließlich doch noch, die Archive und Zentralleiter der Schächte aufzuspüren, ihre Sach- und Geldmittel zu beschlagnahmen und so die Infrastruktur der Bruderschaften zu zerschlagen. Aber zu diesem Zeitpunkt hatten die Altgesellen längst vorsorglich alle Mitgliederlisten verbrannt. Weitere Aktionen gegen die Schächte waren somit unmöglich geworden; und die Machthaber hatten die Gesellen dadurch erst recht gegen sich eingenommen. Der „klägliche Versuch" (Back, S. 160) von DAF und Gestapo, die programmatisch freiheitsliebenden Gesellen („Eigenbrötler und ewige Nörgler") braun *einzubinden,* brachte die zünftig Reisenden in Opposition zur Arbeits-Front. *Rechtschaffene Fremde, Rolandbrüder, Freiheitsbrüder* und *Vogtländer* handelten solidarisch, ohne daß es dazu einer Absprache bedurft hätte: sie verweigerten fast geschlossen die braune Krawatte.

An Geheimhaltung und Vorsicht gewöhnte, verschworene Gemeinschaften, wie es die Schächte waren, überlebten auch ohne intaktes Bezugssystem das ‚tausendjährige Reich'. Wenn die Bruderschaften zwischen 1938 und 1945 auch keine neuen Gesellen *erwandern* konnten und die Reisenden gezwungen waren, *einheimisch* zu werden, so gab es doch trotz der in solchen Fällen drohenden KZ-Haft einige unter ihnen, die ihre Traditionen in aller Stille weiter pflegten, untereinander in Kontakt blieben und in ihren Wohnungen oder bei *Mutter Grün* ihren *Handwerkssaal* hielten. Andere gingen in die Anonymität und warteten ab.

Es entbehrt nicht einer gewissen Ironie, daß heute mancher Schlechtinformierte ausgerechnet die Gesellen aufgrund ihrer altväterlichen Kleidung für Ewig-Gestrige hält und bei ihrem Anblick zuerst an muffige Deutschtümelei denkt. Zwei *Rechtschaffene* (beide Bürger der Schweiz) berichteten uns, daß sie noch im Jahr 1988 von den Bewohnern eines norwegischen Dorfes mit dem höhnischen Absingen der ersten Strophe des Deutschlandliedes in Empfang genommen wurden, bevor man ihnen Prügel androhte und sie aus dem Ort jagte. Heute wie damals gilt, daß alle Schächte den Gewerkschaften nahestehen und eine entschieden demokratische Grundhaltung vertreten.

Tippelei und Wirtschaftswunder

Nach 1945 dauerte es nur wenige Jahre, bis alle vier Schächte sich regeneriert hatten. Natürlich hatte der Krieg ihre Mitgliederzahl gewaltig reduziert. Aber es hatten genug Zünftige überlebt, um die Tradition bald wieder aufleben zu lassen und sie an Jüngere weitergeben zu können. Die *Freiheitsbrüder* allerdings beschlossen, eine alte Gesellentradition nunmehr endgültig aufzugeben: Seit den Zeiten der alten Zunft besaß jede Bruderschaft eine eigene Fahne mit den Emblemen des Handwerks, die bei öffentlichen Auftritten den Gesellen voran getragen wurde. Die *Freiheitsbrüder* beschlossen, daß nun niemand mehr hinter einer Fahne gehen sollte, denn zu viele Menschen seien im 20. Jahrhundert blindlings hinter der Fahne in den Tod marschiert.

Die Gründung der Bundesrepublik und Aufhebung der Zonen machte die Wanderschaft wieder möglich. In den zunächst folgenden wirtschaftlich schwierigen Aufbaujahren war Mobilität und Variabilität stärker als je gefragt, und die Schächte verzeichneten einen sehr hohen Mitgliederzuwachs.

Die Ära Adenauer/Ehrhardt und das Wirtschaftswunder bewirkten dann eine gegenteilige Entwicklung. Handwerk hatte jetzt auch dann goldenen Boden, wenn es von vornherein *einheimisch* blieb. Ein reisender Geselle aber mußte auf alle Statussymbole, auf die man in den sechziger Jahren so großen Wert legte, verzichten.

Den Altgesellen, deren Wanderschaft oft schon mehrere Jahrzehnte zurück lag, blieb das manchmal unverständlich. Der alterfahrene *Freiheitsbruder* Willi Goedecke klagte 1968: „Wie es kommt, daß die Junggesellen von heute keinen Geschmack oder Mut haben in die Fremde zu gehen, ist ein Rätsel. Oder hängen sie tatsächlich so tief im kleinbürgerlichen Streben nach Reichtum, Glück und Geld? Besteht die Liebe zum Handwerk, zu Stadt und Land und überhaupt zur weltweiten wunderbaren Mutter Natur mit ihren sehenswerten, verschiedenen Prachtbauten nur in der Phantasie?“

Was der dreißigjährige Krieg, der Niedergang der Zünfte, die Massenarbeitslosigkeit im 19. Jahrhundert, die Feindschaft der Schächte untereinander und die Blutbäder beider Weltkriege nicht vermocht hatten, schaffte die Luxus- und Konsumgesellschaft der aufstrebenden Bundesrepublik in wenigen Jahren: Das Gesellenwandern stand 1970 in ganz Europa unmittelbar vor dem endgültigen Ende. Kaum jemand – auch innerhalb der Schächte selbst – gab noch einen Pfifferling dafür, daß die Bruderschaften ihre Altgesellen überleben würden.

Tradition kontra Alternative?

Wenige Jahre später zeigte sich, daß der Mitgliederschwund der Schächte jedoch nur eine vorübergehende Krise gewesen war: die Tradition der Wanderschaft erlebt seit Ende der siebziger Jahre einen ungeahnten Aufschwung. Umfangreiche soziologische und wirtschaftliche Analysen wären nötig, wollte man die Ursachen dafür genau untersuchen. Manches allerdings liegt auf der Hand: Im Zuge der Nostalgiewelle wurde Tradition wieder gesellschaftsfähig. Es war nun auch für junge und kritische Menschen nichts Ungewöhnliches mehr, sich auf Sitten und Traditionen der Großeltern zu besinnen. Die aufkommende Arbeitslosigkeit auch bei Handwerkern schärfte das Bewußtsein dafür, daß eine ausgedehnte Wanderzeit eine gar nicht zu überschätzende berufliche Qualifikation bedeutet.

Wenn die Wanderschaft drohender Beschäftigungslosigkeit auch nicht generell vorbeugt, so ist sie doch eine sinnvolle Überbrückung – und zwar für eine unter Umständen sehr lange Zeit, denn jeder Geselle kann seine Walz beliebig verlängern. Zudem sind auch heute viele Arbeitsweisen nur regional bekannt; und besonders in abgelegenen Teilen Europas kann man außerdem solche handwerklichen Techniken erlernen, die in der hochtechnisierten Bundesrepublik zwar schon lange vergessen sind, für deren Anwendung aber – besonders in den achtziger Jahren, im Zuge der aktuellen Rückbesinnung auf ökologisch sinnvolles Bauen – ein akuter Bedarf besteht. Die Walz ist noch immer die Hohe Schule des Handwerks. Von den so im wahrsten Sinne des Wortes ‚be-wanderten' Gesellen beenden viele ihre Ausbildung mit der Meisterprüfung oder einem anderen hochqualifizierten Abschluß.

Ein weiteres Motiv für die Wanderschaft ist heute die Flucht vor der Automation, die in vielen Bereichen des Handwerks Raum gegriffen hat. Immer mehr Gesellen – besonders in den holzverarbeitenden Berufen – nehmen den Begriff ‚Hand-Werk' wörtlich und wollen von maschinellem Arbeiten nichts wissen. Auf *Tippelei* kann man sich seine Arbeit weitgehend aussuchen und solche *Krautereien* meiden, in denen langweiliger Industriebetrieb herrscht.

Besonders im Ausland können Gesellen außerdem vielfach ohne Fremdbestimmung durch einen *Krauter* zeigen, was sie können und in eigener Regie und Verantwortung *scheniegeln* – vielen zählt dies als einer der größten Vorteile, die die Walz bietet.

Außerdem ist der Wunsch, andere Länder und Kulturen möglichst intensiv kennenzulernen, bei Fremdgeschriebenen vielfach sehr stark ausgeprägt. Den ‚Normalbürger' kostet es sehr viel Geld, sich diesen Wunsch in der knappen Urlaubszeit zu erfüllen. Der zünftige Geselle indes kann seine Träume in aller Ruhe realisieren, während er sich stets die Barschaft für die nächste Etappe erarbeitet. Das

Reisen ist für ihn keine Freizeitbeschäftigung, sondern eine alternative Lebens- und Arbeitsform. Es gibt so manchen Gesellen, der nach ‚drei Jahren und einem Tag' auf allen Kontinenten *scheniegelt* hat.

Der Staat übrigens läßt solche Reisenden vorerst ungehindert ziehen: Wer sich nach der Lehre *fremdschreiben* läßt, wird für die Dauer seiner *Tippelei* auf Antrag in der Regel von der Wehr- und Zivildienstpflicht zurückgestellt, da die Walz als anerkannter Teil der Handwerksausbildung gilt.

Schon 1968 hatten die *Rechtschaffenen Fremden* (die so zum zweitenmal nach 1891 eine wegweisende Rolle einnahmen) erkannt, daß eine gesamteuropäische Dachorganisation der Fremdgeschriebenen viele Vorteile für die Gesellen bedeuten und die Walz erleichtern würde. Reisende Gesellen und Bruderschaften gibt es auch in Frankreich, in Skandinavien, den Benelux-Ländern und der Schweiz. Die *Rechtschaffenen* berichten: Die Dachorganisation C.C.E.G. (Confederation Compagnonnage européen, europäische Gesellenzünfte) wurde im „Jahre 1968 in Paris/Tours von der Federation Nationale Compagnonnique du Metiers du Bâtiment Frankreichs, der Union Compagnonnique Des Devoirs Frankreich/Schweiz, den Skandinaviske berejste Handwerkere Dänemarks und den rechtschaffenen fremden Gesellen Deutschlands gegründet. Im Jahre 1978 [sind] dem C.C.E.G. noch die Federation des Metiers du Bâtiment Belgiens und 1980 auch die Rolandbrüder, die Freiheitsbrüder und die Freien Vogtländer Deutschlands beigetreten. Seit 1978 hat die C.C.E.G. einen beratenden Status im Europarat in Straßburg.

Hauptaufgabe der C.C.E.G. ist, die reisenden Gesellen im Besonderen sowie die einheimischen Kameraden der verschiedenen Zünfte und Länder einander näher zu bringen, um sich kennen zu lernen und gegenseitig nach Kräften zu unterstützen. Somit genießt jeder Geselle die Gastfreundschaft aller Mitgliedsvereinigungen, wobei er sich jedoch stets den Gepflogenheiten seines Gastgebers anpassen muß. Zunftbezogene nichtöffentliche Rituale werden dabei untereinander nicht ausgetauscht.

Die C.C.E.G. veranstaltet alle fünf Jahre ein Europatreffen, das turnusmäßig jeweils von einer anderen Mitgliedszunft ausgerichtet wird, wobei sich im Laufe der Jahre schon viele dauerhafte Freundschaften über die Grenzen hinaus entwickelt haben. Der damalige dänische Außenminister Per Haekkerup hat in seiner Rede anläßlich des Kopenhagener Europatreffens [von 1963] gesagt: ‚Die reisenden fremdgeschriebenen Handwerker waren die ersten echten Europäer.'" (Lau, S. 14) Seit 1980 reisen alle in der C.C.E.G. organisierten Gesellen mit dem gleichen Wanderbuch, das als Ausweis des zünftigen Reisenden dient.

Im Herbst 1979 kam es zu einem Vier-Schächte-Treffen in Hannover: beide Bruderschaften der *Rechtschaffenen, Rolandbrüder, Freiheitsbrüder* und *Vogtländer* verhandelten gemeinsam über den Beitritt in die Dachorganisation. Ein historisches Ereignis: Nach zähen Verhandlungen wurde hier erstmals das Kriegsbeil begraben. Die Feindschaft zwischen diesen vier Schächten gehört seitdem wohl endgültig der Vergangenheit an. So wären die Weichen für ein Reisen in Frieden und Freundschaft gestellt gewesen, hätte nicht der Zeitgeist der späten siebziger Jahre für neues Konfliktpotential gesorgt: Seit kurzem gab es einen neuen Schacht, der weder in die C.C.E.G. aufgenommen werden wollte noch konnte. Schon lange hatten einige Gesellen laut darüber nachgedacht, warum kein einziger der Schächte bereit war, auch Frauen zu erwandern. Es gab nämlich inzwischen zahlreiche ausgelernte Handwerkerinnen, die Interesse für die Wanderschaft und an den Schächten zeigten. Die alten Vier weigerten sich aber strikt, ihre traditionsbestimmten Statuten zu ändern: *Tippelei* sei generell Männersache, hieß es bei den einen; die anderen schlugen vor, daß die Handwerkerinnen einen Schacht für Frauen gründen sollten. Hinzu kam die Unzufriedenheit mit anderen traditionellen Formen, etwa der Dominanz der *einheimischen* Altgesellen auf dem *Handwerkssaal.* Und manchen waren die Schächte, die sich aus der Tagespolitik seit der Nazizeit strikt herausgehalten hatten, schlicht zu unpolitisch geworden. Reformfreudigkeit war der Bruderschaften Sache nicht, und ein Umdenken kam für die meisten prinzipiell nicht in Frage. Einige mutige *Freie Vogtländer, Rechtschaffene* und *Rolandbrüder* zogen ihre Konsequenzen: sie *banden aus* – und begingen damit ein nach der Meinung vieler ihrer Kameraden unentschuldbares Vergehen gegen die Statuten des Schachtes.

Im Jahre 1979 gründeten diese Abtrünnigen den Schacht *Axt&Kelle.* Von vornherein wollte *Axt&Kelle* einiges anders als die Anderen machen. Frauen wurden ebenso selbstverständlich wie Männer erwandert; das Tragen einer *Ehrbarkeit* oder Schachtnadel lehnen sie ab; Gestaltung und Farbe der *Kluft* wird mehr dem einzelnen überlassen; *scheniegelt* wird am liebsten in Kooperativen und Kollektiven. Auf dem *Handwerkssaal* haben die Reisenden – aus deren Kreis jeweils der Altgeselle oder die Altgesellin gewählt werden – das Sagen, während die Einflußmöglichkeiten der *Einheimischen* gering sind. Die meisten (geheimen) Zunftrituale beim *Erwandern* und *Aufklopfen* allerdings wurden nach des ‚alten Handwerks Recht und Gewohnheit' übernommen.

Die Vorrangstellung der Reisenden gegenüber den *Einheimischen,* die *Axt&Kelle* praktiziert, erscheint vielen Gesellen der anderen Schächte nachahmenswert. Aber diese Organisationsstruktur bringt auch beträchtliche Nachteile mit sich: Zwar können die Reisenden durchaus die Traditionen wahren, indem die älteren Gesellen sie an die neu *Erwanderten* weitergeben. Aber es ist deutlich schwerer für einen so verfaßten Schacht, die eigene Geschichte lebendig zu halten.

Der Generationswechsel bei den Gesellen ist schnell; und auf dem *Handwerkssaal* von *Axt&Kelle* findet sich schon heute – gerade eben zehn Jahre nach der Gründung – nur noch selten ein *Kellie* der ersten Stunde.

Manche junge Gesellen aller Schächte wissen heute nur noch wenig von der Frühgeschichte ihrer eigenen Gesellschaften und des Gesellenwanderns überhaupt. Die Form der Traditionswahrung, wie sie die Schächte praktizieren, fordert aber historisches Bewußtsein: Wer an die Geschichte bewußt anknüpfen will, muß sie zunächst einmal möglichst genau kennen. Schon heute sind so viele Quellen verloren gegangen, daß die Geschichte des Gesellenwanderns im 20. Jahrhundert nicht auch nur halbwegs lückenlos berichtet werden kann. Das Wissen um die Zustände zur Zeit der Jahrhundertwende, das so gut wie nie schriftlich fixiert worden ist, stirbt mit den Gesellen, die diese Jahre noch selbst erlebt haben, unwiderruflich aus. Bei den vier alten Bruderschaften werden Traditionen wenigstens mündlich von Generation zu Generation überliefert. Bei *Axt&Kelle* muß diese Aufgabe von den nur kurze Zeit Reisenden wahrgenommen werden.

Politisch rechnen sich die Mitglieder von *Axt&Kelle* zum linksalternativen Spektrum. Sie verstanden sich von Beginn an als aktiven Bestandteil der ökologisch-pazifistischen (Protest-)Bewegung: Wir verstehen „uns als Teil derer, die außerhalb der Parteipolitik und regional damit begonnen haben, ihr Leben in eigene Hände zu nehmen. Durch unsere Mobilität haben wir die Möglichkeit, zur Verständigung dieser Bewegung beizutragen. Wir können nicht neutral bleiben in dieser Zeit am Rande der menschlichen und ökologischen Katastrophe, die von den Herren da oben lediglich verwaltet wird“, heißt es in der Satzungs-Präambel dieses Schachtes, der sich in der ersten Gründungseuphorie zunächst selbst den romantisierenden Beinamen „freireisende Räuberschaft“ zulegte. Gesellen und Gesellinen von *Axt&Kelle scheniegelten* von Beginn an vielfach in der Dritten Welt (besonders in Latein- und Mittelamerika), um Entwicklungshilfe-Projekte zu unterstützen oder Hilfe zur Selbsthilfe zu leisten.

Unter den Mitgliedern dieses Schachtes gibt es relativ viele Abiturienten und ehemalige Akademiker, für die die Handwerkslehre der zweite Bildungsweg gewesen ist. Auch liegt der Altersdurchschnitt deutlich über demjenigen der anderen Bruderschaften. In begründeten Fällen hat *Axt&Kelle* (gegen traditionelle Gepflogenheiten) auch schon solche Gesellen *erwandert,* die das 30. Lebensjahr bereits überschritten hatten.

Den meisten traditionellen Schächten galt diese Organisation erstmal als ein wilder, undisziplinierter Haufen von *Speckjägern.* Hans Lau, 1. Vorsitzender der *rechtschaffenen Fremden,* sagte noch Jahre später in einem Rundfunkinterview: „Es gibt keinen Schacht Axt&Kelle. Es gibt eine Gruppe, die sich Schacht nennt und sogar vorgibt, alte Traditionen zu pflegen und zu bewahren. Das ist so paradox, wie es nur irgend etwas gibt. Denn: wie wollen die alte Traditionen pflegen, wenn sie gar keine haben?"

Besonders aber die reformfreudige und politisierte Form, in der *Axt&Kelle* die *Tippelei* durchführt, war ein Stachel im Fleisch der alten Bruderschaften. Offenbar haben sie zunächst befürchtet, daß die aufmüpfigen Gesellen und Gesellinnen des neuen Schachtes den guten Ruf aller Reisenden ruinieren würden, wenn sie in der Öffentlichkeit beispielsweise durch die Teilnahme an Demonstrationen oder Blokkade-Aktionen auffallen oder durch Verstöße gegen den Ehrenkodex der Walz den alten Zünften Unehre machen würden. Vielen (und durchaus nicht nur älteren) Gesellen geht außerdem die gelegentlich verwegene Kleidung einzelner *Räuberschafter* gegen den zünftigen Strich.

Die letzten Jahre haben gezeigt, daß diese Befürchtungen unnötig gewesen sind: *Axt&Kelle* mag ein bunter Haufen sein, der in seinem Erscheinungsbild deutlich von den Bruderschaften abweicht. Ehrenhafte Handwerker und Reisende aber sind die *Kellies* allemal.

In den frühen achtziger Jahren kam es immer wieder zu solchen Konfrontationen, wie wir sie aus den Erzählungen Hermann Schäfers kennen. Meldungen von schweren Schlägereien unter den Mitgliedern verschiedener Schächte – von denen einer immer *Axt&Kelle* war – kursierten in der Presse; Ohrringe und *Ehrbarkeiten* wurden *gefleddert;* Körperverletzungsklagen wurden gerichtlich ausgetragen. Im Nachrichtenmagazin DER SPIEGEL erschien noch 1985 (Nr. 47) ein ausführlicher Artikel über *Axt&Kelle* unter der reißerischen Überschrift: „Auf die Glocke". Mit diesem Titel wurde ein zünftiger Geselle zitiert, der dem Reporter gesagt hatte: „Wenn ich einen von Axt&Kelle treffe, kriegt der welche auf die Glocke." Sicherlich haben solche Artikel dem Ruf aller Gesellen geschadet. Die Medien nahmen das Thema schnell auf, und Schlagzeilen wie diejenige des SPIEGEL fanden sich irgendwann in fast jeder überregionalen Zeitschrift und zahlreichen Lokalblättchen wieder. Die Schächte standen in der Öffentlichkeit plötzlich als traditionssüchtige, intolerante Barbaren da und erprügelten sich zeitweise eben das Image, dem sie doch schon lange entgegenwirken wollten. Tatsächlich aber verdienen sie dieses Image nicht. Es waren ja nicht die Bruderschaften als Ganzes, die sich mit *Axt&Kelle* prügelten, sondern immer nur einzelne Radikalzünftige. Der weitaus größte Teil der Gesellen stand den *Kellies* zwar zunächst distanziert, aber doch friedlich und oft sogar freundlich gegenüber. (Solche Toleranz aber ist den Medien meist keine Meldung wert ...)

Der Entwicklung von *Axt&Kelle* tat dies alles keinerlei Abbruch. Offenbar bestand ein akuter Bedarf für einen alternativen Schacht, denn die *Kellies* wuchsen gewaltig: heute sind sie mit einigem Abstand diejenige Gemeinschaft, die die meisten Reisenden betreut. Von „zehn Mann um ein Müsli" – so lautete die Einschätzung eines Gesellen, der *Axt&Kelle* nur vom Hörensagen kannte – kann überhaupt keine Rede sein. Der Schacht mußte vor kurzem einen vorläufigen Aufnahmestop verfügen, da die Geschwisterschaft aus allen Nähten zu platzen drohte.

Seit etwa Mitte 1988 ist eine zunehmende Akzeptanz der *Kellies* seitens der anderen Reisenden zu beobachten. Auf Gesellentreffen des Schachtes konnte man gelegentlich schon beobachten, wie einzelne *Rechtschaffene, Rolandbrüder, Freiheitsbrüder* und *Vogtländer* es sich Seite an Seite mit den mittlerweile anerkannten *Kameruds* (so nennen sich die *Kellies* untereinander) bei einem zünftigen Umtrunk *kommode machten.* Seit 1979 sind drei Generationen von Gesellen durchs Land gezogen, und die Wogen haben sich fast vollständig geglättet. Diese Tolerierung macht sich aber in erster Linie in den Reihen der aktiv Reisenden bemerkbar; bei den älteren, *einheimischen* Zünftigen ist solche Verbrüderung oftmals gar nicht gern gesehen, da sich in diesem Kreise Ressentiments schwerer lösen. Und manche zünftig Reisenden müssen ihre Kontakte zu *Axt&Kelle* noch immer strikt vor der eigenen Gesellschaft geheimhalten; würden diese ruchbar, hätten sie mit strenger Bestrafung, sogar mit dem unehrenhaften Ausschluß aus dem Schacht zu rechnen.

Es scheint, daß die Entstehung und das Wachsen von *Axt&Kelle* nur Teil eines Prozesses ist, der die gesamte Gesellenbewegung durchzieht. In allen Schächten gibt es Gesellen, die gelegentlich durchaus lautstark und offen auf dem *Handwerkssaal* mit vormals als ketzerisch empfundenen Reformen symphatisieren und ein Umdenken fordern. Auch bei den *Rechtschaffenen* kam, wie ihr 1. Vorsitzender öffentlich bestätigte, ein nur mit knapper Mehrheit abgelehnter Antrag zur Abstimmung, der für die Aufnahme von Frauen plädierte. Keiner der Schächte kann ignorieren, daß eine reine Männergesellschaft heute anachronistisch ist.

Am 16. März 1986 hat sich noch eine weitere Gesellschaft konstituiert, die Frauen erwandert: der *Freie Begegnungsschacht.* Seine Mitglieder haben eine graue *Ehrbarkeit* eingebunden und werden wegen dieser Farbe gemeinhin die *Elefanten* oder schlicht *Jumbos* genannt. Die *Elefanten* haben kein vergleichbar ausgeprägtes politisches Selbstverständnis wie *Axt&Kelle;* sie brechen dafür mit der Tradition, daß in einem Schacht nur Bauhandwerker *erwandert* werden können. Der *Begegnungsschacht* hat es sich zur Aufgabe gemacht, allen Gewerken ein gemeinsames Forum zu bieten.

Axt&Kelle-Gesellinnen tragen keine *Ehrbarkeit,* und so war die weltweit erste *Schlipsgesellin,* die *auf Tippelei* ging, eine *Elefantin* – und zwar eine Raumausstatterin (siehe dazu ihren Erfahrungsbericht hier S. 82 – 86). Im Frühjahr 1989 kursierte bei den Gesellen das Gerücht, daß demnächst auch mit der *Erwanderung* eines Elektrikers zu rechnen sei.

Die *Elefanten* sind zur Zeit noch ein sehr kleiner Schacht. Zwar haben auch sie ihre Schwierigkeiten mit anderen Schächten – zwei der Gründungsmitglieder haben zuvor die blaue *Ehrbarkeit* getragen –, aber sie treten in eine Spur, die *Axt&Kelle* ihnen bereits gebahnt hat.

Wie die *Kellies* reisen die Gesellinnen und Gesellen des *Begegnungsschachtes* mit einer eigenen *Wanderfleppe*, da sie nicht zur C.C.E.G. gehören.

Neben den in diesen insgesamt sechs Schächten organisierten Gesellen (die Gesamtzahl der dort Reisenden beläuft sich auf etwa 270 – 300) gibt es in den letzten Jahren eine zunehmende Zahl freireisender (oder, je nach Sympathie und Perspektive: *wildreisender*) Gesellen und Gesellinnen, die sich aus unterschiedlichsten Motiven nicht in einen Schacht eingliedern wollen oder können (siehe dazu hier die Berichte S. 94 – 104 und S. 135 – 139). Bei den Freireisenden geht es deutlich individualistischer zu als bei den organisierten Gesellen: Zwar tragen auch sie *Stenz* und *Kluft,* aber natürlich keine *Ehrbarkeit* über der *Staude.* Manche der Freien stehen in engem Kontakt mit *Axt&Kelle,* indem sie zwar Aspiranten des Schachts gewesen sind, aber sich nicht formell haben erwandern lassen. Das bedeutet, daß sie zwar von einem *Export-* oder Altgesellen *auf Tippelei gebracht* wurden, aber nicht den Ohrring der *Kellies* tragen dürfen. Solche Aspiranten benutzen den *Schnack* der *Kellies* und nehmen auch am *Aufklopfen* teil. Gelegentlich entscheiden sich Aspiranten dazu, es bei einer losen Bindung an den Schacht zu belassen, um alleine *auf Tippelei* zu bleiben. Damit verlieren sie natürlich das Recht, am *Handwerkssaal* teilzunehmen.

Distanz zu überlieferten Traditionen der zünftigen Walz zeigen manche Freireisende bei der Auswahl ihrer Fortbewegungsart: ein norddeutscher Schmied reist gelegentlich mit einem Moped, das einen kleinen, selbstentworfenen und -gebauten Anhänger zieht. Bei Tage birgt er das Werkzeug; bei Nacht wird er dank einer ausgefeilten Faltkonstruktion zum engen, aber jedenfalls trockenen mobilen Bett.

Zwei andere Gesellen, ein Zimmerer und ein Tischler, reisten im Jahr 1988 für 6 Monate mit einem Fuhrwerk, das von einem ausgemusterten Trabrennpferd gezogen wurde (siehe Abb. S.161).

Seit Mitte 1988 gibt es Bestrebungen der Freireisenden, regelmäßige Jahrestreffen zu veranstalten, um sich kennenzulernen, gemeinsam zu *tippeln* und zu *scheniegeln.* Außerdem möchten auch sie Neulinge, die sich zur Freireise entschlossen haben, *auf Tippelei bringen,* ihnen also in den ersten Monaten der Reise einen erfahrenen Gesellen an die Seite stellen. Auch beim Beenden der Reisezeit wollen die *Freireisenden* sich gegenseitig beistehen: Wie es bei den Schächten alter Brauch ist, wollen sie solche Gesellen und Gesellinnen, die *einheimisch* werden, auf den letzten Kilometern der Wanderschaft begleiten und ihnen mit einem rauschenden Fest den Abschied von der Straße erleichtern. Besonders bei den Freireisenden zeigt sich, wie problemlos auch heute das Kommunikationssystem der Landstraße funktionieren kann. Man hört, sagt weiter, schreibt sich postlagernd und über Kontaktadressen und – vor allem – man telefoniert, und zwar bei jeder sich bietenden Gelegenheit. Außerdem gibt es Zeitungen der Reisenden, z. B. die zweimal jährlich erscheinende Zeitschrift der C.C.E.G.

Das breite Spektrum der Gesellen wird komplettiert durch die sogenannten *Scheinheimischen,* die es im Kreise jedes Schachtes gibt. *Scheinheimische* haben die vorgeschriebene Wanderzeit absolviert und das Ende ihrer *Tippelei* mit einer zünftigen *Beerdigung* begangen, um wenig später erneut der Faszination Walz zu erliegen. Sie verfügen nur zwischenzeitlich über einen festen Wohnsitz und unterbrechen ihr bürgerliches Leben immer wieder durch neue Touren. *Scheinheimische* haben auf der Walz weitgehend noch die gleichen Rechte wie früher; aber sie unterliegen nicht mehr den strengen Pflichten – etwa derjenigen, in der Öffentlichkeit stets die *Sponkluft* zu tragen.

Der *Freiheitsbruder* Willi Goedecke, der die Zeit der schlimmsten Gesellenschlachten am eigenen Leibe erlebt hatte, schrieb 1968 in der Rückschau auf die Zeit nach der Jahrhundertwende: „Daß der Laie mit Fingern auf uns zeigte und sagte: ‚Die hauen sich die Köpfe ein und sind streng in einem Verband organisiert', kann man nicht als Loblied des Fremdentums betrachten." Auf dem Europatreffen der C.C.E.G. im Jahre 1973 redete er den Vertretern aller anderen Schächte eindringlich ins Gewissen:

„Immer noch hat jeder Fremdenschacht seine Eigenheiten, welche er treu und brav zu wahren pflegt. Doch diese anerzogenen Eigenschaften sind in unseren Fremdenschächten teils sehr verschiedener Art und darum dürfen sie heute nicht zum Diskussionsstoff werden, sondern wir alle sollten uns ernstlich darum bemühen, Toleranz zu üben der gegenteiligen Meinung gegenüber! Der Zeitgeist von heute erfordert einschlägige Referenzen zum Wohle unserer Bewegung, und wenn wir dieser Erkenntnis aus irgendwelchen Gründen aus dem Wege gehen, dann kapitulieren wir und offenbaren unsere Aktionsunfähigkeit! Hier geht es um Sein oder Nichtsein! Und der Selbsterhaltungstrieb eines jeden Fremdenschachtes muß viel stärker zum Ausdruck gebracht werden mit dem Bewußtsein, daß die Schächte eine Koexistenz eingehen müßten, welche dem Wohle des Fremdentums entspricht."

Fixe Tippelei!
Berichte von der Walz

Vom Reden mit Reisenden

Die voranstehenden Kapitel haben von der jahrhundertelangen Geschichte der *Tippelei* berichtet und dokumentiert, welchen Traditionen die Gesellen folgen, wenn sie heute nach des ‚alten Handwerks Brauch und Gewohnheit' auf die Walz ziehen. Die historischen Daten, Quellen und Entwicklungen geben einen Einblick in die Geschichte dieser Lebensform – über den Alltag einer Wanderschaft, wie sie sich den Reisenden heute darstellt, sagen sie fast gar nichts aus: Was ein Geselle auf seiner Walz erlebt, wie er sich in mittelalterlich erscheinender Tracht als Paradiesvogel der Fußgängerzonen bewegt und wie man auf ihn reagiert, welchen Konflikten er sich ausgesetzt sieht – das können *Kuhköppe* schwer nachvollziehen.

Versuche, gesellschaftliche und wirtschaftliche Gründe für die Renaissance der Wanderschaft in den achtziger Jahren zu finden, informieren außerdem nur wenig über die persönlichen Motive der einzelnen Gesellen und Gesellinnen, sich für diese Lebensform zu entscheiden. Kein junger Handwerker geht heute nur darum auf die Walz, weil er eine uralte Tradition wahren will. Kein Geselle verläßt auf diese Weise seine Heimat, weil ihn – wie manchmal in vergangenen Zeiten – wirtschaftliche Gesichtspunkte oder die Gesetze seiner Zunft zur Mobilität zwingen. Auch heute noch ist *Tippelei* eine Zeit extremer (Selbst-)Erfahrungen und bedeutet einen relativ langfristigen, sehr weitgehenden Abschied von heimatlicher Sicherheit. Wer sonst verzichtet denn schon freiwillig für Jahre auf seinen gesamten Besitzstand? Und wer riskiert aus freien Stücken, im Freien eventuell nicht nur bei *Mutter Grün* im Juli, sondern auch bei *Vater Weiß* im Februar *Platte reißen* zu müssen? Die Liste solcher offenen Fragen ließe sich fortsetzen.

Die Antworten darauf können und wollen wir den Gesellen nicht abnehmen: Hier müssen sie selbst zu Wort kommen.

Wir haben in den letzten Jahren mit einigen Dutzend von ihnen geredet und viele gebeten, ihre Erfahrungen in Form eines Berichts auf ein Diktaphon zu sprechen.

Aus etwa dreißig Berichten, die wir aufzeichnen konnten, haben wir insgesamt elf ausgewählt, um sie hier zu publizieren. In diesen Berichten sind nicht alle Schächte repräsentiert, und die Mehrzahl unserer Gesprächspartner reist bei *Axt&Kelle* – bei dem Schacht, den wir am besten kennenlernen konnten. Zwar haben wir mit Mitgliedern aller Schächte gesprochen, aber unterschiedlich interessante Berichte erhalten. Es ging uns bei der Auswahl vor allem darum, ein möglichst breites Spektrum von Persönlichkeiten zu zeigen, deren Berichte über Motive und Erfahrungen ein vielfarbiges Bild ergeben. In diesen Berichten werden keine Schachtgeheimnisse verraten; wenn Gesellen mit *Kuhköppen* reden, dann reden sie kaum einmal von ihrer Gesellschaft, sondern vor allem über sich selbst. Wie man aber den Alltag einer Walz erlebt, das ist von der Farbe der *Ehrbarkeit* ziemlich unabhängig.

Unsere Gesprächspartner fanden wir auf den verschiedensten Wegen. Die ersten Gesellen sprachen wir einfach auf der Straße an und erzählten ihnen von unserem Projekt. Dann erhielten wir von *Axt&Kelle* – der Zufall hatte uns zuerst einige *Kellies* kennenlernen lassen – die Erlaubnis, auf einem Gesellentreffen *zuzureisen* und uns bei einem eigens einberufenen *Aufklopfen* auf dem *Handwerkssaal* vorzustellen und um Gesprächspartner zu werben. Wir hatten die sehr medienkritischen Gesellen und Gesellinnen des Schachtes (die durch die wenig informative Sensationsberichterstattung einiger Journalisten vorsichtig geworden sind) von zwei Dingen zu überzeugen: daß es uns weder darum ging, Schachtgeheimnisse zu veröffentlichen, noch die Walz zu romantisieren.

Bei diesem Gesellentreffen, bei dem auch zahlreiche Mitglieder anderer Schächte *zugereist* waren, wurden unsere Adressen in die *Plattenliste* des Schachtes aufgenommen; auch auf der Straße sprach sich unser Vorhaben schnell herum, so daß sich an manchen Wochenenden ein Halbdutzend Reisender verschiedener Gesellschaften bei uns einfand.

Allen Gesellen und Gesellinnen, die bereit waren, von ihren Erfahrungen für diese Veröffentlichung zu berichten, wurde zugesichert, daß wir ihnen ihre Texte noch einmal vorlegen, bevor diese in Druck gehen. Jeder Gesprächspartner hatte die Möglichkeit, seinen Bericht wieder zurückzuziehen oder einzelne Passagen zu streichen.

In die folgenden Berichte haben wir sprachlich nur behutsam und möglichst wenig eingegriffen. Wir vervollständigten gelegentlich fragmentarische Sätze, setzten eine weitgehend sprachmelodische Interpunktion und glätteten vorsichtig die grammatischen Unebenheiten, die sich in jeder frei formulierten Rede finden. Erst nach diesen Eingriffen legten wir den Gesellen die Texte noch einmal vor. Wir haben den persönlichen Sprachduktus auch dann zu bewahren gesucht, wenn er gelegentlich den Gepflogenheiten schriftlich fixierter Sprache nicht entspricht.

Unsere Absicht war, diesen Berichten den Charakter des spontanen Erzählens möglichst weitgehend zu erhalten. Also: Auf den nächsten Seiten reden die Reisenden so, wie ihnen der Schnabel gewachsen ist – über das, was sie von ihrer Walz selbst für wichtig und mitteilenswert halten.

Das ist das Non-Plus-Ultra!

Ich bin Christoph, freier Vogtländer und seit eineinhalb Jahren auf Tippelei. Erwandert worden bin ich in Bremen. Zimmerer ist mein Beruf.

Wie ich dazu gekommen bin: Ich hab' Abi gemacht und wollte danach gleich Bau-Ing. studieren. Es hat sich angeboten, daß man vorher eine praktische Lehre macht – damit man eben nicht, wenn man später als Ingenieur auf den Bau kommt, den Leuten was erzählt, wovon man eigentlich keine Ahnung hat. Ich merk' das jetzt selber, wenn ich mit solchen Leuten zu tun habe: mit Architekten, die mir Sachen erzählen wollen, die gar nicht möglich sind. Das ärgert mich immer schrecklich. Das hat mich damals schon sehr abgeschreckt, und ich wollte selbst nicht so einer werden. Dann hab' ich die Lehre gemacht – und wie das nun mal so ist – während der Lehre hört man was und sieht man was und da kommt man natürlich auf den Geschmack mit der Wanderschaft. Als ich dann nach der Lehre schon fast meinen Mietvertrag gehabt habe für 'ne Wohnung, da hab' ich gedacht: Was ist das für ein blödes spießiges Leben? Kann man denn nicht noch mal irgendwie was anderes machen, bevor man endgültig eingegliedert wird in die Gesellschaft?

Und dann auf einmal, ruck-zuck ging das, daß ich mich intensiv um die Tippelei gekümmert hab'. Im Oktober bin ich dann eben erwandert worden.

Zu den Vogtländern bin ich gegangen, weil ich zünftig reisen wollte, eben nach alten überlieferten Traditionen. Und die freien Vogtländer sind ein sehr sympathischer Schacht. Zwar ist die Gesellschaft der Reisenden sehr liberal, aber sie hält auch immer zünftig zusammen.

Letztendlich ist es ja auch ein bißchen Zufall, in welchem Schacht man landet. Man wird ja gar nicht überall informiert, daß es verschiedene Schächte gibt. Wenn man zum Beispiel aus Schleswig kommt, dann gibt's da eigentlich nur die Schwarzschlipse, und die erzählen dann auch gar nicht großartig, daß es noch andere Bruderschaften gibt. Aber die Vogtländer haben mir gleich erzählt, daß es noch andere Bruderschaften gibt, und ich sollte mich doch mal umhören. Das war mir einfach sympathisch. Ich bin auch bei Einheimischen zugereist in Bremen und hab' die näher kennengelernt, und mich auch bei denen erstmal umgehört. Die haben mich dann ausgeschenkt und waren wirklich ganz fix drauf. Der erste Eindruck ist eben immer der entscheidendste. Es hätte mir aber vielleicht genauso passieren können, daß ich bei den Freiheitsbrüdern oder so gelandet wäre.

Schon während der Lehrzeit in der Berufsschule kamen öfter die Rechtschaffenen Fremden an. Die treiben die größte Werbekampagne unter den Schächten, deshalb sind's auch so viele. Jedem das Seine. Wir Vogtländer machen das nicht so, und ich halt' das auch nicht unbedingt für richtig, daß bei denen – übertrieben gesagt – mit dem Lutscher gelockt wird. Sondern ich find', man soll richtig Engagement zeigen – schon allein, um in die Gesellschaft reinzukommen. Man muß das ganz mit innerem Herzen machen, und nicht – was weiß ich – im Extremfall mit besoffenem Kopp in der Kneipe einen kennenlernen und dann am nächsten Tag losgehen.

Die freien Vogtländer wandern zwei Jahre. Ohne den einen Tag – der ist doch schwachsinnig. Wir sind überhaupt ein bißchen anders. Na, ich möchte uns zwar nicht direkt vergleichen mit Axt&Kelle, aber in den zwanziger Jahren waren die Vogtländer eben diejenigen, die aus dem Rahmen fielen. Wir sehen da aber schon gewisse Unterschiede. Axt&Kelle ist eben von ehemaligen Angehörigen anderer Schächte gegründet worden, und wir Vogtländer wurden von Wildreisenden gegründet, und von Reisenden, deren Schächte zerbrochen wurden, und eben nicht von Ausgestoßenen oder selbst freiwillig Ausgetretenen. Das ist ein Unterschied, das halten viele den Axt&Kelle-Gesellen ja auch vor, daß sie damals ausgetreten sind aus der Gesellschaft. Sowas wird auch im Moment sehr geahndet bei uns, das mögen wir überhaupt nicht. Aber wie – das sag' ich nicht.

In den zwanziger Jahren, da fielen wir aus der Rolle, schon äußerlich. Wir haben keinen Schlips als Ehrbarkeit, sondern eine Nadel. Es ging ja damals hin und her mit Reisenden-Schächten. Da waren die Siegellacks, die gab's schon immer, die Freiheitsbrüder und die Rolandbrüder waren auch schon da. Und jedes Aufkommen einer neuen Gesellschaft, wie den Hoffnungsbrüdern oder dem Spinnschacht wurde gleich im Keim erstickt. Und dann gab's immer einen Haufen Wildreisende. Die haben sich dann vor dem ersten Weltkrieg – wann genau, das weiß man nicht – zusammengetan, haben sich diese goldene Ehrbarkeit angesteckt und wollten demonstrativ keinen Schlips tragen, weil sie eben nicht so wie die andern sein wollten. Wir haben auch keine Biesen wie die anderen, und andere Knöpfe an der Hose und an der Jacke, das sind bei uns eben die Spinnerknöpfe. Fanden alle ganz komisch damals: „Die spinnen ja mit den ganzen Knöpfen!" – und jetzt heißen wir immer noch Spinner. Wir tragen unseren Namen auch mit Stolz. Der kommt aber eben auch daher, weil wir gerne so ein bißchen erzählen, so was weiß ich, Seemannsgarn eben ...

Die Vogtländer haben sich erstmal insgeheim zusammen getan und dann immer mehr Zulauf bekommen. Gerade durch den Druck von außen, von den andern Schächten, gab's gleich ein größeres Zusammengehörigkeitsgefühl.

Zünftig reisen heißt für mich heute, daß ich die Traditionen so übernehme, wie sie mir überliefert worden sind. Heißt auch, daß wir eben unsere Herbergen haben und daß da alte Einheimische sind, von denen man auch mal zehren kann. Der ganze Schacht zehrt ja auch von Einheimischen, bei uns ist es jedenfalls so. Axt&Kelle hat eben viele Traditionen abgelegt, und ich wollte, wenn ich auf Wanderschaft gehe, das noch als alten Handwerksbrauch machen. Von unsern Traditionen kann ich euch aber nichts sagen – weil die eben geheim sind. Unsere Regeln, die sind nun mal geheim. Es ist übrigens auch so: Wenn man noch nicht auf Tippelei ist, ist man selber in die Zunftgeheimnisse noch gar nicht eingeweiht. Als Jung-Geselle kann man also zwischen den Schächten noch gar keine großen Unterschiede sehen. Das kommt erst, wenn man erwandert wird. Bei uns ist es ja so, zum Unterschied zu anderen Schächten, daß man nicht alleine auf Wanderschaft geschickt wird, sondern daß man die erste Zeit immer mit einem älteren Reisenden mitgeht, der einen in die Bräuche einweist: wie man sich in der Öffentlichkeit verhält – Hut ab, Hut auf – und der zeigt einem die Herbergen und die Einheimischen.

Hut ab, Hut auf – wißt Ihr überhaupt, was das bedeutet? Im Mittelalter durften Leibeigene nämlich gar keinen tragen. Wir Gesellen haben uns schon damals gegen Standesschranken gewehrt. Wir ziehen unseren Hut vor'm lieben Gott und sonst vor keinem. Das heißt, wir ziehen ihn auch in der Kirche und vor allem, was mit Essen zu tun hat. Vor dem Essen wird auch gebetet und in der Küche wird der Hut gezogen. Die heiligen Orte, das sind die Küche, die Kirche, und bei uns eben auch die Theke, wo das Bier gezapft wird. Da wird der Hut gezogen.

Ich renn' nun auf Wanderschaft weiß Gott nicht von einer Arbeitsstelle zur anderen – das macht ja auch kaum einer. Dazwischen muß immer 'ne Tippelei liegen. Am Anfang zum Beispiel habe ich in Hannover ein Eichenfachwerk gebaut, und dann ging's erstmal runter nach Ravensburg. Da hab' ich bis Weihnachten gearbeitet. Und auch mein erstes Weihnachten auf der Walz erlebt. Wir waren beim Krauter eingeladen. Der hatte keine Kinder, und wir hatten da zu zweit scheniegelt. Da hat er gesagt: „Mensch, bleibt doch über die Feiertage auch noch da." Das war ein ganz tolles Erlebnis, also echt, die haben für uns Essen gemacht, aber keinen großen Aufstand wegen Heiligabend. Wir waren einfach nur so zusammen – war ein schönes Erlebnis.

Nach dem letzten harten, strengen Winter, den ich mit meinem Kamerad, mit dem ich auch zusammen erwandert wurde, verbracht habe, bin ich anschließend in die Schweiz runtergegangen. Nach Genf erstmal, wo wir auch 'ne Herberge haben. Von da aus bin ich dann weiter. Hab' dann mit meinem Kamerad gearbeitet im Kanton Wallis. Das war eine ganz ganz fixe Zeit – wir war'n in einer kleinen Schreinerei. Der Meister hatte selber keine Ahnung von Zimmerei, hat aber immer mal Zimmermannsaufträge angenommen, und das war natürlich unser Glück. Wir hatten unseren Kram zum Selbermachen! In der Schweiz haben Reisegesellen auch einen sehr guten Ruf. Die denken, daß wir alles können! Da gibt's die Pläne in die Hand, und dann wird gar nicht erst lange überlegt. Dadurch lernt man natürlich besonders viel. Wenn man sich das selbständig erarbeitet, kann man sich auch hinterher auf die Schulter klopfen.

Ich hab' in der Schweiz also viel Geld verdient und hab' mir überlegt, was mach' ich jetzt damit? Dann bin ich nach Israel gereist, und hab' eine Zeit lang im Kibbuz gearbeitet, aber nicht als Zimmerer. Mal hab' ich Apfelsinen gepflückt, mal in der Küche Geschirr gewaschen. War schon ganz witzig. Hat mir sehr gut gefallen, die Zeit da. Dann noch ein bißchen rumgeturnt – nach Ägypten rüber, Kairo und so, bißchen was von der Welt gesehen – war interessant. Dann, als ich wieder zurück war, hatten wir ein Treffen in Neu-Châtel, bei dem alle Verbände eingeladen worden sind, die im europäischen Dachverband sind. Von da hab' ich dann einen jungen Kamerad mit auf Tippelei genommen, der frisch erwandert war. Dann haben wir zusammen im Schwarzwald gearbeitet. Im Sommer hatten wir ein großes Gesellentreffen in Ravensburg, bei dem unser ganzer Schacht war, Einheimische und Reisende.

Zwischendurch hab' ich noch mal eine ganz tolle Sache gemacht. Da haben wir eine Tippelei gemacht von einer Herberge zur anderen. Wir haben zum Beispiel in Heidelberg eine Herberge, und eine in Karlsruhe. Und moderne Tippelei, das ist ja nun mal Trampen und Geldverdienen, und das wollten wir einmal ganz vergessen. Sind wir also ein paar Tage unterwegs gewesen, haben kein Auto angeguckt, haben 'nen Schlafsack dabei gehabt; das war im Sommer, ganz tolle Tage. Da sind wir also von Heidelberg nach Karlsruhe gelaufen, über die Dörfer. Haben draußen gepennt auf einem Heuwagen, oder uns zwischendurch mittags mal unter'n Appelbaum gelegt. Und morgens eben zum Bäcker reingegangen, haben da unser Frühstück schmal gemacht. Mittags sind wir ins Wirtshaus, bißchen Essen schmal gemacht. Abends dann in den kleinen Dörfern, in denen das eben anders ist als in einer Großstadt. Auf den Dörfern, da wird man mit offenen Armen empfangen. Das war 'ne Erfahrung, die ich jedem mal gönnen möchte, das mußt du mal machen: So richtig kein Penny und dann auf eine Herberge zugehen, wo vielleicht andere Gesellen sind. Das ist, was man sich so vorstellt als Aspirant oder als frischer Jüngling, was Tippelei ist. Das hab' ich einfach gemacht, und das ist das Non-Plus-Ultra!

Das war dann aber auch so'n bißchen frustrierend, nachdem wir in Karlsruhe angekommen waren. So, jetzt haben wir diese Tage hinter uns gebracht: Jetzt können wir auch wieder trampen. Am nächsten Tag waren wir innerhalb von einer Stunde wieder in Heidelberg. Da sieht man mal die krassen Unterschiede.

In dem strengen Winter, da haben wir übrigens auch Tippelei gemacht. Schleswig-Holstein, Lüneburger Heide, Harz. Zwischendurch immer mal Kumpels besucht, und uns ein paar Tage eingenistet zum Aufheizen. Denn Arbeit ist im Winter sowieso erstens schlecht zu bekommen, und zweitens ist da erst recht nichts Attraktives dabei. Aber da hatten wir auch ein ganz tolles Erlebnis: Das war einer von den ganz üblen Tagen im Winter, minus 15 Grad oder so was, und wir standen an der Straße und trampten. Unser Daumen war kurz vor'm Abfallen. Hinten an einem Haus stand eine Oma und winkte, die war um die achtzig Jahre alt. Da sind wir dann hingelaufen, da hat die uns doch tatsächlich eingeladen. Alleinstehende alte Frau. Find' ich schon irre, daß sie uns dieses Vertrauen entgegenbringt. Ich dachte, vielleicht war ihr auch nicht ganz wohl, aber sie hat es einfach gemacht. Die hat uns da gesehen, wie wir frieren und schlottern, und dann hat sie uns erstmal schnell Suppe heißgemacht und Kuchen angeboten. Dann hat sie noch gesagt: „Also, ich find' daß ja auch gut, wenn ich euch so einlade, wenn ich mir zwei Burschen reinhole und denen was anbiete, und die einen dann auch nicht umbringen." – Ja, haben wir gesagt, da haben Sie recht ... – „Ja, danke danke" – da hat sie uns die Hände gegeben. Uns war auch nicht ganz wohl am Anfang, aber so was kommt eben öfter vor. Zum Beispiel im Siegerland. Da haben wir Arbeit gesucht. Drei, vier Tage so um die zwanzig Krautereien abgewackelt, und nichts an Scheniegelei gefunden. Und dann hält auf einmal abends so ein Mercedes an der Straße – wir haben gar nicht getrampt. Der hielt einfach nur an und fragte: „Wo wollt ihr denn hin?" – „Ja, da hinten ist eine Zimmerei, da wollen wir hin zwecks Arbeitsvorschnacken." – „Ich bring' euch da eben hin." Das war ein älterer Herr, und der hat uns da hingefahren. Aber da war's nichts mit der Scheniegelei. Er hatte gewartet, und wir kamen wieder raus: „Und, nichts geworden? Ich kenne noch eine Zimmerei, da fahr' ich euch auch hin." Er uns hingefahren, wieder gewartet draußen – dasselbe nochmal. Und dann hat er uns noch zu zwei, drei Krautereien hingefahren, die er kannte, war aber alles nichts. Er war richtig sauer: „Mensch, das gibt's doch nicht, jetzt kommt ihr aber mit zu mir!" Und dann hat er uns zu sich nach Hause eingeladen. Die Frau macht dann die Tür auf und er sagt: „Hallo Schatzi, schau mal, was ich dir mitgebracht habe ..." Und wir sind dann hinterhergestiefelt, und wir waren auch ein bißchen krank, und dann hat sie uns gleich Umschläge gemacht, und: „Legt man die Füße hoch", und Essen gemacht. Ein eigenes Zimmer hatten wir auch. Solche Sachen, die zählen für mich unheimlich viel, solche menschlichen Begegnungen. Wenn man wirklich noch offen empfangen wird.

Es gibt natürlich auch gegenteilige Erfahrungen. Meist aus Unwissenheit reagieren die Leute manchmal komisch. Extrem ist das im Ausland. In Österreich zum Beispiel: da saßen wir in 'ner Kneipe. Und die guckten alle so komisch. Die dachten, wir sind Mormonen oder so was. Wir bestellten dann auch ein Bier. Dann wollten die, daß wir unseren Hut abnehmen. Da haben wir gesagt: Nee, den nehmen wir nicht ab. Die dachten nun erst recht, daß wir zu irgend 'ner Sekte gehören. Dann haben wir noch ein Bier bestellt, das war dann doppelt so teuer wie das erste. Und schließlich wollten sie uns gar nichts mehr geben, und haben uns da regelrecht rausgeekelt. Die dachten wohl, wir sind irgendwo ausgebrochen oder so was.

Aber richtig Kummer hatte ich unterwegs nie – um die Penne zum Beispiel hab' ich mir eigentlich nie große Sorgen gemacht. Man hat ja auch immer ein paar Groschen in der Tasche, daß man zur Not mal eben in 'ne Pension könnte. Und im Sommer hab' ich immer meinen Schlafsack dabei. Die Penne, das ist das geringste Problem.

Auch das Wegsein von Zuhause ist nicht so furchtbar wild. Ich möchte da aber auch nicht für alle sprechen. Das ist bei jedem anders. Kommt drauf an, welche Bindungen man an sein Elternhaus hat, wie sehr man daran klebt. Ich hab' zum Beispiel sehr sehr gute Kumpels zu Hause, die seh' ich jetzt auch manchmal. Die studieren jetzt überall in der ganzen Welt, und die kann ich schon mal besuchen. Ich hatte schon wirklich tolle Verbindungen und tolle Kumpels – das war auch nicht einfach, da wegzugehen, auch von meinem Elternhaus nicht. Wir sind ja keine verkrachten Existenzen. Aber Heimweh, das kann ich nun eigentlich nicht sagen. Vielleicht die ersten Monate ... Man ist eben jeden Tag woanders, lernt neue Leute kennen. Das wird nie langweilig und dadurch, daß einem jeden Tag was Neues auffällt, da denkt man da nicht soviel dran, an Zuhause.

Unterwegs tat's mir auch kaum mal leid, daß ich von einem Ort wieder weg mußte. In der Schweiz ein bißchen. Aber ansonsten – daß ich jetzt irgendwo festkleben würde, nach 6 Wochen oder 8 Wochen, die ich scheniegelt habe ... Nee, ich war eigentlich auch immer froh, daß ich dann da wieder weg konnte.

Nach der Tippelei wird das vielleicht anders. Ich will auf jeden Fall noch studieren. Das ist schon noch ein Ziel, daß ich nach der Wanderschaft meinen Bau-Ing. mach'.

Fremder

Ich war die erste Schlipsgesellin

Ich bin Ines, reisende Raumausstatterin vom Freien Begegnungsschacht, und komm' aus Lübeck. Bin da geboren, dort aufgewachsen, hab' dort die Schule besucht und die Ausbildung gemacht. Bin dann nach der Ausbildung wieder weiter zur Schule gegangen, zweiter Bildungsweg, hab' die mittlere Reife nachgeholt und das Fachabitur. Hab' mir während dieser Zeit auch schon mal überlegt, ob ich nun ein Studium machen möchte oder doch wieder in meinen Beruf zurückgehe. Schon in dieser Zeit hab' ich gehört, daß in früherer Zeit auch die Raumausstatter mal auf Tippelei waren. Da hab' ich mir dann schon mal überlegt, inwiefern das möglich ist, und da ein bißchen recherchiert, hab' dann aber lange Zeit doch nicht weitergemacht.

Dann bin ich nach Berlin gegangen, um dort als Gesellin zu arbeiten. Das war eine ganz interessante Gesellenstelle – klassisches Polstern überwiegend mit Möbeln aus den zwanziger Jahren. Das war kein moderner Betrieb; 'ne Tischlerei und Polsterei, und die hatten nebenbei noch einen Laden. Für diesen Laden hab' ich gepolstert. Die haben überwiegend Möbel aus den Zwanzigern gehabt – auch Lampen und Kleinigkeiten, Accessoires. Ich hab' dort mit dem Meister zusammen gearbeitet und dabei sehr viel lernen können. Letztendlich war's mir aber dann doch nicht genug, da hat sich so ein bißchen Monotonie eingestellt und mich unzufrieden gemacht – auch mit meiner Wohnlage in Berlin. Es ist schon eine sehr interessante Stadt, aber ich hab' da doch viel entbehren müssen, weil ich nicht unbedingt so ein Stadtkind bin: Natur fehlte mir dann schon ein bißchen. In Berlin hab' ich auch 'ne Adresse von Axt&Kelle bekommen und mich dann mal mit denen in Verbindung gesetzt, Briefkontakt gehabt. Da war noch nicht so klar, ob es für mich möglich ist, als Raumausstatterin auf Tippelei zu gehen, weil das ganz was Neues wär', mit viel Ausprobieren, mit viel mehr Kraft, als wär' ich Tischlerin oder Steinmetzin oder Steinsetzerin. Ich wußte auch gar nicht, wie die Meister darauf reagieren, wenn ich komme und um Arbeit vorspreche. Und wie das dann ist, wenn ich bei der Handwerkskammer vorspreche zwecks einer kleinen Reiseunterstützung, ob die mir das gewähren können. Und dann war auch noch die Frage, ob ich nun in einem Schacht reisen konnte oder nur in Verbindung mit Gesellen stehe – aber doch letztendlich nicht innerhalb des Schachtes bin. Ich hab' mir dann auf einem Gesellentreffen von Axt&Kelle jemanden gesucht, der mich auf Tippelei bringt und bin mit ihm etwa einen Monat auf Tippelei gewesen.

Dieser Geselle hat sich sehr viel Zeit genommen, hat sich drauf eingestellt, mich auf Tippelei zu bringen und mir Dinge zu zeigen. Wir haben 'ne schöne Tippelei durch's Fichtelgebirge gemacht; das war Anfang des Jahres 87. Minus 20 Grad und dann gleich die Härtetour. Da es aber schließlich doch kleine Differenzen gab, haben wir uns dann in München getrennt. Ich hab' bis dahin noch keinen Arbeitgeber aufgesucht; wir hatten aber schon Vorsprechen in der Handwerkskammer gemacht. Beim Krauter aber mit einer Arbeitsstelle, das hatten wir noch nicht ausprobiert. In München haben wir uns dann getrennt, da hat er einen Arbeitsplatz gefunden und ich bin dann weiter über die Schwäbische Alp Richtung Freiburg. Da hab' ich dann bei einem Obermeister vorgesprochen. Das hat dann auch geklappt. Er war ganz begeistert darüber; zunächst erst mal ein bißchen irritiert, ließ sich dann aber doch drauf ein, um es auch mal auszuprobieren. Sein Vater war auch mal auf Tippelei. Das hat mich dann auch wieder sehr motiviert und mir dann auch gezeigt, daß die Raumausstatter tatsächlich mal auf Tippelei waren, daß das nicht nur ein Gerücht ist, und daß ich dann auch sagen kann: In Freiburg war ein alter Raumaustatter-Meister, der war auch auf Tippelei.

Danach bin ich dann weiter durch Mittelfranken getrampt. Hab' mich dann mal wieder bei Gesellen erholen und mich da ein bißchen austauschen können. Das hat mich dann wieder erheblich aufgebaut, bin dann doch wieder mit frischem Mut weiter. Dann war ich noch in Kristiania [dort hat Axt&Kelle seine Herberge ‚Die Banane'], hab' dort mit einem Gesellen zusammen gelebt, und auch mal versucht, ein anderes Handwerk zu probieren. Hab' da mit einem Gesellen so einen kleinen Anbau gebaut, das war eine Zimmerei. Ganz was Neues und ganz was Fremdes: nicht mit kleinen Nägeln, sondern mit großen Nägeln und großem Hammer, mit der Drumsäge und Stoßaxt. So richtig zünftige Zimmerei. Hat mir schon sehr viel Spaß gemacht.

Zu dem Zeitpunkt hatte ich zwar den Schnack von Axt&Kelle drin, bin aber immer noch frei gereist. Es war bis dahin noch lange nicht klar, ob ich aufgenommen werde. Es hätte von mir kommen müssen, dies anzuregen. Und inwiefern das dann okay gewesen wär', weiß ich nicht. Hab' das nie probiert, hab' mich davor gedrückt. Einerseits auch wegen der Angst, daß es nach hinten losgeht, daß also alles gegen mich spricht und ich mit dem Druck dieser Gruppe, die dann gegen mich ist, fertig werden muß. Und mit der Situation, freireisend sein zu müssen. Das dann für mich klarzustellen, das war meine Angst in erster Linie. Ich hab' dann gesagt: Gut, ich stell' mich nicht diesen Konfrontationen und der Auseinandersetzung mit der Gruppe, sondern sag' mir selber: Okay, ich hab' mich jetzt freiwillig dazu entschlossen, freireisend zu sein. Das ist für mich geklärt und das akzeptiere ich auch. Das hab' ich dann in Kristiania für mich auch offengelegt, weil es da auch leichte Schwierigkeiten mit Gesellen gab. Da hab' ich mich dann gefragt – muß ich denn in diese Gruppe 'rein? Was bietet mir denn dieser Schacht? Oder inwiefern geht es auch ohne Schacht und ohne Gruppe? Und wenn ich Kontakt zu Gesellen möchte, muß das ja nicht ein bestimmter Schacht sein, sondern das können ja ganz verschiedene Gruppen sein. Es zählt für mich nur der einzelne, wie ich mit dem auskomme, was er mir bietet und was ich ihm bieten kann. Das muß nicht 'ne ganze Gruppe sein, in der auch immer Gesellen da sind, mit denen ich nicht auskomme und die mit mir nicht auskommen.

Dann bin ich etwa ein halbes Jahr als Freireisende unterwegs gewesen. Hab' dann gerüchteweise auch schon was vom Freien Begegnungsschacht gehört. Dann hab' ich in Tübingen mal endlich jemanden getroffen – das war im Herbst. Hab' mich lange mit ihm unterhalten und mich dann entschlossen, da mitzureisen: Einerseits auch, um einem neuen Schacht die Möglichkeit zu geben, hochzukommen. Es ist so eine Grundidee von denen, auch andere Gewerke auf Tippelei zu bringen. Und das war auch mein Vorsatz, daß ich andere Gewerke auf Tippelei bringe: Hab' ja am eigenen Leibe erlebt, was das so für Probleme bringt, wenn du kein Bauhandwerker bist. Ob man nachher Freireisender wird, das ist die freiwillige Entscheidung von jedem selbst. Aber ich hab' mir dann schon gesagt, warum eigentlich nicht in einem Schacht? Warum ist das Reisen denn nun das Privileg des Bauhandwerks und der Tischler? Das kann ja eigentlich nicht angehen, das gleiche Recht hatten früher alle Gewerke, und das muß auch jetzt so sein. Ich tat mich anfangs auch ein bißchen schwer, und hab' mir dann gesagt, so schwer wie ich es hatte, müssen es andere nicht haben. Bin also schon offen dafür, wenn jemand los möchte: Ist egal, ob es ein Metzger ist oder 'ne Glaserin. Das ging in diesem Schacht. Ich konnte mir selbst auch gerecht werden. Dann gab's damit auch die Möglichkeit, 'ne Alternative für Frauen zu bieten: Nicht nur noch Axt&Kelle, sondern auch den Freien Begegnungsschacht. Daß man sich das selbst auch aussuchen kann. Dann fand ich es auch wichtig, daß möglichst früh in diesen neuen Schacht – das waren damals sechs oder fünf Gesellen – Frauen reinkommen: weil die gleich von vornherein neuen Wind mit 'reinbringen.

Ich war die erste Schlipsgesellin. Bis dahin sind zwar Frauen schon in anderen Schächten gelaufen, aber durften nicht mit Schlips wandern. Jetzt sind wir natürlich stark dabei, das bekannt zu machen. Wir versuchen auch in anderen Handwerken, besonders an Berufsschulen oder durch Zeitungen wie „Baufachfrau", das ein bißchen publik zu machen. Ich bin sehr gespannt, wer sich da meldet, welche Berufe starkes Interesse zeigen und welche nicht. Also, ich kann mir zum Beispiel vorstellen, daß Friseusinnen nicht so ein Interesse haben, weil das ein ganz anderer Menschenschlag ist. Ich denk', daß bestimmte Menschen bestimmte Berufsgruppen ergreifen – so ein Gärtner ist irgendwo ein bestimmter Charakter, und für einen Kfz-Schlosser ist was ganz anderes wichtig. Und daraus kann sich auch eine ganz interessante Mischung im Schacht ergeben.

So langsam spricht sich das jetzt 'rum, daß ich die erste Schlipsgesellin bin. Hab' ein paar von den Rolandbrüdern getroffen, ein paar von den Freiheitsbrüdern, und die waren schon sehr aufgeschlossen mir gegenüber – also daß ich jetzt die erste

Schlipsgesellin bin und daß auch ein neuer Schacht existiert. Das heißt aber nicht unbedingt, daß das akzeptiert wird. Also ich kann schon auch damit rechnen, daß ich mal irgendwann die Jacke vollkriege! Aber ich denke eigentlich, daß es da eine gewisse Hemmschwelle gibt bei den Gesellen gegenüber einer Frau. Ich kann mir aber auch vorstellen: Wenn da jetzt ein Mann stehen würde mit einem grauen Schlips, dann würde das anders abgehen, als wenn ich da stehe. Aber das haben wir bis jetzt noch nicht gehabt.

Ich war jetzt ein Dreivierteljahr als Frau alleine unterwegs, und das ist schon anstrengender als zu zweit, weil ich viel mehr schauen muß, was denn jetzt passiert. Auch beim Trampen: Wo geht's denn lang, fahr' ich richtig? Ich muß grob die Landkarte im Kopf haben, bestimmte Städte, bestimmte Richtungen. Muß mich ständig mit den Leuten unterhalten, muß dann am Tage vielleicht fünfzehn Mal meine Geschichte als Reisende erzählen, was man sonst in 'ner Gruppe vielleicht abwechselnd machen könnte. Ich muß ständig präsent sein, selbst wenn's mir nicht so gut geht und ich morgens mit Zähneknirschen aufgestanden bin. Und dann steh' ich da und muß erzählen. Dann ist's auch 'ne anstrengende Situation, so als Frau durch eine Stadt zu laufen. Da wird noch vielmehr geguckt – nicht nur, daß da jetzt ein Reisender durch 'ne Stadt geht, sondern eine Frau: Also 'ne weibliche Reisende, was noch viel unverständlicher ist. Ich muß da schon zu sagen, daß mich diese Kluft auch schützt, daß ich anders anerkannt bin, daß ich nach außen hin die Erscheinung hab': Frau vom Bau. Was ja gar nicht stimmt, ich bin ja Raumausstatterin. Aber ich hab' halt diese Erscheinung, und das geht oft über die berufliche Ebene hinaus. Das hilft mir schon ein Stück weit auch beim Trampen. Das schafft mehr Distanz, 'ne ganz andere Ebene. Obwohl manchmal schon so anrüchige Fragen kommen – aber das liegt dann auch an mir, wie ich drauf reagiere, wie ich auftrete und wie selbstverständlich das für mich ist.

Aber manchmal stört es mich auch, daß ich immer als zünftige Frau auftreten muß. Ich kann halt nicht einfach 'ne Jeans anziehen, oder mir einen schönen Pulli überziehen und meine Wanderschuhe in der Ecke stehen lassen, wie ich das manchmal ganz gern möchte. Und selbst, wenn ich mal in die Disco möchte, um da zu tanzen, bin ich halt die zünftige Frau – was nach außen hin so erscheint: die konservative zünftige Frau, die zünftige Erscheinung. Die Frau steht dann im Hintergrund.

Aber das geht nun nicht soweit, daß ich etwa Probleme mit meiner weiblichen Identität hätte. Wie das bei anderen Frauen ist, kann ich nicht sagen. Ich hab's für mich halt klargestellt: Nach außen hin hab' ich die Erscheinung als zünftig Reisende, aber ich weiß halt, wie ich wirklich bin. Und da gibt es eigentlich nicht so einen großen Widerspruch, ich komm' damit schon zurecht.

Ich wollte nicht auf Wanderschaft gehen

Ich bin Christoff, Schreiner. Ich wollte nicht auf Wanderschaft gehen. Ich war auch nicht Handwerker. Ich war angehender Maschinenbauingenieur und hab' mit dem Studium nach zwei Jahren aufgehört, weil ich einfach gemerkt hab', das ist nicht so mein Ding. Ich habe dann irgendwann überlegt: wohin geht das eigentlich, was ich da mache – meine Büffelei, die vielen Formeln und die vielen theoretischen Überlegungen? Und habe dann dabei festgestellt: Das ist gar nicht das, wohin ich will. Und der Weg dahin hat mir auch nicht mehr gefallen. Dann hab' ich damit aufgehört und erst mal Zivildienst gemacht, bevor ich dann Schreiner gelernt hab'. Das war zu der Zeit ein bißchen modern, und ich hatte da auch jemand kennengelernt, der das gerade lernte. Da hab' ich mir gedacht: Warum nicht so mit den Händen arbeiten? Ich bin auch Maschinenbauer geworden, weil ich vorher ganz viel mit Technik gemacht habe und mir dachte: Ich hab' Abitur, also muß ich da die theoretische Seite ja auch noch mit reinziehen. Aber das war's nicht, und vielleicht wollte ich auch so sehr mit dem Metall und den Maschinen brechen, daß ich einfach Holz genommen habe. Aber es hätte auch eine Lehre als Zimmermann oder Steinmetz sein können, wie ich jetzt weiß.

Ich habe meine Lehre in Köln gemacht, das ist meine Heimatstadt.

Mein Lehrbetrieb, das waren zwei Meister und ich. Das war der ganze Betrieb. Aber ich würde sagen, ein Betrieb, der auf Qualität achtet und in dem ich auch viel gelernt hab'. Aber nach der Gesellenprüfung war Köln irgendwie nicht mehr meine Stadt. Ich hatte zufällig – wenn's denn Zufälle gibt – ein sehr großes Auto, und dann kam noch dazu, daß zu der Zeit das Haus, in dem ich wohnte, von einem Spekulanten aufgekauft wurde. Da bin ich dann irgendwann in meinen Wagen umgezogen; hab' mir den ausgebaut, und dann im Wagen gewohnt. Und weil so ein Wagen nicht nur steht, sondern auch fährt, war ich dann immer mehr weg, hab' nicht mehr groß in meinem Lehrbetrieb gearbeitet, sondern hab' mal da einen Auftrag gemacht und mal da, war dann mal in Frankreich, mal in Belgien.

Drei Wochen vor Lehr-Ende hab' ich dann meine Werkstätte endgültig verlassen. Da hatten sich zu der Zeit ein paar menschliche Konflikte aufgebaut. Und es war für mich nicht möglich, gleichzeitig diese Konflikte zu lösen und mein Gesellenstück zu bauen, mit ganzer Hingabe. Da hab' ich mich einfach für mein Gesellenstück entschieden, und hab' das dann außerhalb von Köln in einer ziemlich einsam liegenden Werkstatt gebaut. Das war ein sehr strenger Winter; da war ich eingeschneit und das Auto fuhr nicht mehr, weil der Diesel eingefroren war. Da hab' ich drei Wochen lang in Klausur gesessen nur mit dem Stück, das ein sehr kompliziertes Möbel war und mich sehr beschäftigt hat. Als ich dann nach Köln kam, um es abzugeben – da war mir die Stadt fremd.

Irgendwie kam das so, und dann hab' ich Köln endgültig verlassen. Ich hab' also richtig den Entschluß gefällt: Ich verlasse jetzt Köln. Hab' alles in mein Auto gepackt, was ich brauch' zum Leben. War dann in Berlin irgendwann gelandet, und da hab' ich dann die ersten Wandergesellen und -gesellinnen gesehen. Ich hatte vorher schon davon gelesen, auch von Axt&Kelle. Aber ich hatte nie gedacht: Oh, das mach ich auch oder so. Ich hatte auch schon während der Lehre mit französischen Wandergesellen viel zu tun gehabt, hab' auch Kurse bei denen gemacht, aber hab' nicht überlegt: Das ist mein Ding.

Aber dann bin ich von Berlin aus mit diesen Wandergesellen und Wandergesellinnen zum Treffen von Axt&Kelle gefahren und hab' ein paar Tage mit denen scheniegelt. Das hat mich dann mitgerissen – fünfzig Leute zusammen auf zwanzigtausend Quadratmetern Dach auf dem Gut Heiningen!

Ich war aber nur 'ne knappe Woche da und bin dann weggegangen, weil ich einen anderen Job hatte. Während des Jobs hab' ich mir dann überlegt: Wie mach' ich weiter? Mein zweites Standbein, das war Clownerie und Feuerschlucken. Und dann war für mich die Frage, womit verdien' ich jetzt mein Geld eigentlich – mit Handwerk oder mit Kleinkunst? Da hab' ich festgestellt, daß ich überhaupt den ganzen Kram nur gemacht hab', weil das für mich ein Stück Lebensgefühl ist und es mir aber irgendwie zuwider ist, das so gegen Gage und auch auf Kommando – eben abends ist der Auftritt – zu verkaufen. Es kam wohl zur rechten Zeit, einfach zu sehen, daß es da noch eine andere Möglichkeit gibt – nämlich Tippelei.

Jetzt komm' ich viel 'rum. Außerdem ist gute Arbeit für mich sehr wichtig. Also gute Arbeit, bei der ich mit Liebe schaff', und wo ich Sachen mache, bei denen ich das Gefühl hab': ja, die passen. Also, wie soll man sagen: Ich würd' für ein Atomkraftwerk keinen Schaukasten bauen, damit es werben kann. Ich dachte, bei Axt&Kelle, da sind Leute, die haben ähnliche Ideen. Und du kannst dich vielleicht mit denen zusammenschließen. Und schon bei meinen Autotouren hatte ich gelernt: Wenn man an verschiedene Orte kommt, begegnet man zwar verschiedenen Menschen – aber immer in erster Linie sich selber. Das ist auch ganz lehrreich, weil dann kann man's nicht immer auf die anderen schieben, sondern muß mal an sich was tun. Na, diese ganze Entscheidung, die ist dann innerhalb von zwei Wochen passiert. Dann hab' ich mein Auto weggestellt, hab' mir 'ne Kluft gekauft – und ungefähr ein Monat nach Heiningen war ich auch unterwegs, zusammen mit einem Wandergesellen, den ich in Berlin kennengelernt hatte. Der war zu dem Zeitpunkt schon fast zwei Jahre unterwegs. Mit dem hab' ich mich dann getroffen. Der war mein Altgeselle, so hieß das damals noch [im jüngeren Axt&Kelle-Schnack: Exportgeselle]. Der heißt „Volle", „Volle ohne Wolle" – auf dem Kopf.

Damals hab' ich selbst erstaunlich wenig davon erwartet. Ich hatte auch am Anfang öfters mal Schwierigkeiten, das erst mal alles so anzunehmen: Also immer

den Hut zu tragen, und die Kluft. Und dies tut man, und das läßt man. Was für mich aber schon sehr faszinierend auf dem Treffen zu sehen war: Alle haben 'ne Kluft an, und das ist erstmal so ein riesiger Haufen – aber irgendwie verbindet diese Kluft die Leute auch. Und wenn man dann ein zweites Mal hingeguckt hat, dann war jeder ein Stück anders. Also es war nicht alles schwarz und ein großer Hut, sondern – was weiß ich – der eine hatte da einen kleinen Anstecker, oder der andere irgendwie einen witzigen Zollstock. Irgendwie solche Kleinigkeiten, aber die haben schon was über die Person ausgesagt. Einer hatte auch 'ne Flöte in der Zollstocktasche hängen. An solchen Sachen konnte man was spüren. Und an den Leuten: wie sie sich bewegt haben – einer halt mehr so streng und auf harter Mann, und jemand anders sehr leichtfüßig.

Also dann hab' ich mir damals gedacht: Das hörst du dir jetzt mal alles genau an, machst das mal mit und dann siehst du am ehesten, wie's ist. Dann kannst du auch deinen eigenen Weg finden – du bist ja nicht ewig mit diesem Altgesellen unterwegs. Dann wurde mein Altgeselle auch ganz am Anfang krank, und ich hab' mir direkt Arbeit selber gesucht. Das war irgendwie sehr schön, so zu merken: ich bin gar nicht auf den angewiesen.

Wir waren vorher insgesamt ein gutes Vierteljahr unterwegs zusammen. Das ist 'ne relativ lange Zeit. Es ist vielleicht so, wie verheiratet sein. Wir sind ja Tag und Nacht zusammen. Da ist's halt 'ne Frage: Entweder, man versteht sich sowieso saugut – dann läuft's erstmal. Das andere ist auch, ob man über alles redet miteinander. Es gibt ja auch die unterschiedlichsten Konstellationen: Der eine befiehlt, und der andere läuft hinterher. Oder zwei Trotzköpfe stoßen aufeinander und kabbeln sich kräftig. Oder man ergänzt sich.

Und wir waren eben zwei Trotzköpfe, die sich ergänzt haben. Wir hatten auch Spaß aneinander und haben uns dann einfach immer Freiräume geschaffen. Also, was weiß ich, man weiß, es geht irgendwie geradeaus und der eine nimmt jetzt mal den Weg rechtsrum und der andere den linksrum. Dann ist man mal 'ne Stunde alleine, und dann sieht man sich wieder. Und dann kann man weiterschauen.

Da gab's dann später noch 'ne Sonderform. Ich war mal mit einer Wandergesellin zusammen, und wir sind ganz viel zusammen gewesen. Vielleicht auch mal 'ne Woche getrennt, aber wir waren doch ständig in Kontakt. Das war was, was in meiner Wanderschaft sehr prägend war. Das ist schon ein Spannungsverhältnis: Liebelei und Wanderschaft. Wenn man zusammen ist, ist es ganz oft so, daß der Abstand fehlt. Wenn man auseinander ist, fehlt man sich. Und dann ist es oft so, wenn man sich wiederbegegnet – es passiert ja unheimlich viel unterwegs –: Entweder man sagt, was zwischendurch passiert ist, und das füllt manchmal schon einen ganzen Tag, oder man sagt: ist jetzt unwichtig, was war – wir sind jetzt zusammen. So Wanderschaft ist ständig was Neues, und Beziehung ist Kontinuität.

Da liegt halt jede Menge Spannung drin. Beziehung müßte ja eigentlich nicht unbedingt komplizierter als Freundschaft sein. Aber es tauchen halt andere Sachen auf. Ich glaub', so 'ne Liebe, wie wir sie meistens leben, da können wir nicht so leicht loslassen, wie wir auf Tippelei das eigentlich müßten. Dadurch, daß man sich von der Heimat verabschiedet, wenn man sich fremd schreiben läßt, schafft man ja auch erstmal Raum für das Neue. Und dann unterwegs sein, um zu erleben, um zu lernen – aber mit seinem Herzen, mit seinem Gefühl manchmal bei einem Menschen zu sein, der weit weg ist. Egal, ob's jetzt eine Reisende ist, die gerade woanders arbeitet, oder eine Frau, die irgendwo an einem Ort fest sitzt – – – geht nicht gut.

Und ich bin ja auch auf Wanderschaft gegangen, weil ich etwas über mich selbst hinaus herausfinden wollte. Das ist schon ein Einzeltrip. Und deswegen funktionierte die Sache mit der Liebe auf der Walz wahrscheinlich auch nicht. Das kann vielleicht auch nur im hypergünstigsten Fall klappen. Im Normalfall kann das auch gar nicht funktionieren, daß man ausgerechnet auf Wanderschaft ständig dasselbe wie der Andere machen möchte. Da hat man schnell unterschiedliche Interessen und das ist ja auch gut so. Das wär' ja furchtbar, wenn man andauernd dasselbe machen wollte.

Insgesamt hat es viel Weh gemacht. Aber ich will es trotzdem nicht aus meinem Leben verbannen. Ich hab' sicherlich aus den Dingen gelernt. Auch zum Beispiel, daß es bei mir auch ein bißchen die Gefahr gibt, daß ich meinen Sehnsüchten begegnen will, und nicht meinem Gegenüber.

Am Anfang wußt' ich übrigens gar nicht, daß es bei den andern Schächten unmöglich ist, daß Frauen wandern. Ich hätt' nie gedacht, daß das bei Axt&Kelle 'was besonderes ist. Und ich empfind' das als eine ganz wichtige Bereicherung. Ich denk' aber, daß das auch Schwierigkeiten bringt, manchmal. Da passieren einem schon mal Dinge, bei denen man mit dem Kopf eigentlich schon weiter ist. Beispielsweise war es erstmal für mich gar nicht leicht, einen weiblichen Handwerker genauso für voll zu nehmen, wie einen männlichen Kollegen. Ich merkte manchmal, wie ich in die Rolle verfallen bin, daß ich denen helfen wollte, mit anfassen wollte – damit hab' ich ja die andere Seite wohl nicht für voll genommen!

Was bei Axt&Kelle noch ganz anders ist, ist übrigens das Durchschnittsalter. Das ist höher, als bei anderen Schächten. Bei Axt&Kelle wird ja bis dreißig aufgenommen, und bei den Rolandbrüdern zum Beispiel nur bis sechsundzwanzig Jahre. Wer älter ist, der kommt da gar nicht mehr rein. Ich denke: Die Leute, die älter sind, die haben sich schon ein paar Hörner abgestoßen oder haben ein paar Sachen ausprobiert und vielleicht schon ein Stück mehr Persönlichkeit. Als mir dann jemand sagte, bei den anderen Schächten ist das unmöglich, daß man mit dreißig noch erwandert wird, war ich doch so einigermaßen verblüfft, was das denn soll.

Dann hab' ich auch irgendwann angefangen, mich mit der Geschichte der Schächte zu beschäftigen, und auch mit der Sprache und den Traditionen. Ich wollte zum Beispiel wissen, wieso das so ist, daß ich immer einen Hut tragen muß. Das mußte mir endlich mal einer erklären.

Hut – warum also? Das liegt geschichtlich schon ein Stück zurück. Früher war das ein Privileg der reichen Leute. Die haben sich dann auch mit ganz speziellen Hüten ausgedrückt, also spezielle Hutformen getragen. Sehr hoch, oder auch mit breiter Krempe. Das ist auch so ein Zeichen von viel Macht. Ebenso ein breiter Gürtel, ebenso auch ein Stock: Das sind Machtsymbole, die fast archaisch sind. Die armen Leute, oder die niederen Leute, die mußten auch vor den größeren Leuten den Hut ziehen, und vor den Herrschern. In der Schweiz gibt's die Geschichte von Wilhelm Tell – der mußte ja auf seinen Sohn schießen, weil er vor dem Hut, den der Landvogt auf dem Marktplatz hat aufhängen lassen, nicht seinen Hut gezogen hat. Die Gesellen haben damals also diese ganze Kluft in gewisser Weise als so 'ne Verhohnepipelung auf die Obrigkeit und Machtsymbole erdacht. Der Hut ist einfach ein Zeichen von Selbstbewußtsein. Man zieht ihn auch nicht ab, auch nicht in der Kirche. Die hatte im Mittelalter ja genau so eine Machtposition wie die Herrscher, hat 'ne ganz üble Rolle gespielt und die Menschen unterdrückt. Die Gesellen haben halt vor nichts und niemandem den Hut gezogen. Das ist auch noch heute so: Ich hab' sogar schon einen Gesellen mit Hut schlafen gesehen. Heinz schläft immer mit Hut – der geht sogar mit Hut ins Wasser. Man zieht ihn vor dem Essen, aus Achtung vor der Nahrung, durch die man weiterlebt. Und vor der Küche, vor dem Raum, wo die Nahrung gemacht wird. Es gibt auch ein paar gläubige Wandergesellen, die ziehen auch in der Kirche den Hut. Aber ich denke, daß sie ihn eher vor Gott ziehen, als vor der Institution.

Dann gibt's da noch 'ne ganz interessante Regelung auf dem Handwerkssaal. Da behalten alle Gesellen den Hut auf, und nur der Altgeselle, der quasi das Wort führt, der zieht seinen Hut vor allen. Der legt ihn ab. Da liegt für mich auch ein Stück Symbolik drin, daß er sich trotz seiner Befugnisse nicht über die andern stellt.

So eine Symbolik wie mit dem Hut, die ist ja für viele Leute heute nicht mehr nachvollziehbar. In den südlichen Ländern spürt man das noch ganz oft: Die Leute mokieren sich über den Hut, oder bewundern ihn auch. Ich denke, man muß schon seinen Sinn sehen, oder – man sollte ihn sehen. Es ist beispielsweise jetzt für mich kein Hochmut, den Hut vor niemandem zu ziehen. Es fällt mir nicht ein, überheblich zu sein. Aber ich empfinde dieses alte Bewußtsein, wenn ich in Kirchen 'reingehe und ich merke, das ist 'ne Prunkkirche. Aber der liebe Gott wohnt da ganz bestimmt nicht.

Immer nur wandern – das war absolut gräßlich!

Ich heiße Ralf und reise, nicht erwandert, bei Axt&Kelle seit sieben Monaten. Und bin bisher noch nicht so weit rumgekommen. Ich war ausschließlich in Norddeutschland, Schleswig-Holstein, Niedersachsen, und bin die meiste Zeit allein gereist. Ich hab' den Ehrgeiz, mich zu Fuß zumindest bis zur Schweizer Grenze fortzubewegen.

So einfach von der Tippelei zu erzählen, das ist schwierig. Das war damals für mich 'ne Entscheidung, die ziemlich schnell gefallen ist und die für mich eigentlich so im nachhinein auch schwer nachvollziehbar ist.

Also, ich kannte Axt&Kelle – und dadurch auch die Tippelei – schon länger, und zwar durch 'nen Freund, der da eigentlich mal auf Tippelei gehen wollte. Der ist auch mal bei 'nem Treffen zugereist, und ich war dann später einer derjenigen, der mitgeholfen hat, ihm das wieder auszureden. Zu der Zeit hab' ich noch gelernt, und ich dachte wahrscheinlich, es wäre Unsinn, zwei Jahre lang auf'n festen Wohnsitz zu verzichten und durch die Gegend zu ziehen; ich dachte einfach, es bringt nicht genug, es ist die Sache nicht wert.

Und dann, letztes Jahr, immer noch zu meiner Lehrzeit, da hatte ich 'ne Baustelle in Berlin, auf der 'ne ganze Menge Gesellen waren. Ein großer Teil der Leute, die da gearbeitet haben, waren Reisende. Das hat zwei Monate gedauert, und als die zwei Monate um waren, wollt' ich auf einmal auch auf Tippelei gehen. Dazu kam, daß es irgendwie für mich auch an der Zeit war, was anderes zu machen, weil das bisher immer bei mir so war, daß ich nach zwei Jahren in der Regel den Wohnort gewechselt hab', oder irgendwas anderes verändert habe. Die waren grad' um, die zwei Jahre. Ich hab' diese Zeit nicht festgesetzt, aber das ist so 'ne Art Rhythmus, die sich in den letzten Jahren eingespielt hat. Damals hatte ich keine Alternative, hatte eigentlich keinen Ort, wo ich sonst gerne hingegangen wäre oder hätte hingehen können. Da bin ich dann auf Tippelei gegangen. Zunächst eigentlich ziemlich Hals über Kopf, ohne mir das lange vorher zu überlegen. Zwei Monate, nachdem ich mich dazu entschlossen hatte, war ich unterwegs.

Ich wurde aus Berlin abgeholt von dem Exportgesellen. Wir sind dann nach Hamburg. Da konnten wir aber nicht zu Fuß hin. Das war leider nicht möglich.

Hätt' ich sehr gern gemacht. Wie viele andere auch, aber das ist noch keinem gelungen, das durchzusetzen, daß man da langlaufen darf. Und dann ging's zu Fuß nach Hamburg, und dann eben Schleswig-Holstein. Ich war früher jemand, der alles andere gern getan hat als Wandern. Ich war mal 'ne Woche in den Alpen, in den Ferien: Also immer nur wandern – das war absolut gräßlich! Aber der ursprüngliche Gedanke, der bei mir dahintergesteckt hat, war, glaub' ich, klein anzufangen; Sachen zu machen, die man überschauen kann am Anfang. Ja, und nicht in die Gefahr zu kommen, daß man sich selber mit den Eindrücken überrollt, die man sich so zumutet jeden Tag. Ich dachte, ich fang mal an zu Fuß und guck dann weiter, was es so noch alles gibt. Ich wußte ja, daß viele Leute in der ganzen Welt auf alle möglichen Arten rumkommen. Und ich dachte, naja, das kann ich alles immer noch machen. Ich fang' jetzt erst mal zu Fuß an, um da mal reinzukommen.

Und kurz drauf kam ich dann auf die Idee, das zumindest bis zur Schweizer Grenze zu machen. Ich dachte, naja – werd' ich ein paar Monate für brauchen, und dann bin ich da. Und das ist eigentlich 'ne Art zu denken, sich solche Zeiträume abzustecken, die ich mir dann ziemlich schnell abgeschminkt hab'. Weil ich gemerkt hab', daß das eben nicht sowas wie 'n Urlaub ist, den man vorausplant: Dann und dann ist man da und da, oder: Man ist dann und dann zurück, oder an sonst irgendeinem Punkt angelangt zu irgendeiner bestimmten Zeit. Sondern auf Tippelei beginnt sich das Ganze ziemlich schnell zu verselbständigen. Ja, und dieses zu Fuß gehen, das mach' ich jetzt eigentlich die ganze Zeit schon. Das hat sich, glaub' ich, für mich als sehr sinnvoll erwiesen. Auf der einen Seite, weil ich gut mit dem fertig werd', was mir jeden Tag begegnet, weil ich das gut verarbeiten kann. Das wäre bestimmt anders, wenn ich viel Trampen oder mich per Zug oder sonst wie fortbewegen würde. Zum andern aber auch, weil ich dahinter gekommen bin, daß man den Kopf gut freibekommt, wenn man den ganzen Tag läuft; daß man gut denken kann dabei – ja, daß sich schließlich so ein Rhythmus einstellt, der praktisch analog ist zu dem langsamen Sich-Fortbewegen. So ein Rhythmus in den Gedanken, der ganz langsam vorangeht, aber dafür einigermaßen kontrollierbar und ziemlich stetig. Man merkt auch, wo man langgeht – sowohl örtlich, als auch gedanklich.

Am Anfang mußt' ich mich ein bißchen dran gewöhnen, was Exotisches zu sein. Das ist 'ne Rolle, die ich früher eigentlich nur von außen beobachten konnte, bei anderen Leuten. Wie das ist, auf der Straße langzugehen und angestarrt zu werden – is' schon sehr witzig irgendwie. Also ich hab' mir oft gedacht, daß es sehr gut aussehenden Frauen so gehen muß, wenn sie auf der Straße langgehen. Jeder starrt ihnen hinterher. Das hab' ich mittlerweile, glaub' ich, zumindest ansatzweise auch erlebt. Ich werd' plötzlich auf der Straße angesprochen, was 'ne neue Erfahrung ist. Und das mußte ich erst mal verarbeiten. So auf einmal für die Leute nicht als Person, sondern als Figur von Interesse zu sein – weil man irgendwas repräsentiert, was die Leute fasziniert oder interessiert oder sonst was. Ja, und daraus resultierend sind dann eben die allermeisten Begegnungen mit den Leuten eigentlich ziemlich klischeeartig. Ich krieg' meine Standardfragen gestellt, und ich geb' meine Standardantworten.

Was ich darüber hinaus erlebt hab', ist eben, daß ich 'ne ganze Reihe von sehr, sehr netten Leuten kennengelernt hab'. Ich bin eben drauf angewiesen, auf die

Leute zuzugehen, denn die meiste Zeit, in der ich unterwegs war, war's ziemlich kalt. Zu kalt, um draußen zu schlafen. Wenn ich zum Beispiel drauf angewiesen war, 'nen Schlafplatz aufzutreiben für die Nacht, dann mußt' ich mich an irgendwelche Leute wenden. Das hat ziemlich gut geklappt. Das war 'ne ganz schöne Erfahrung.

Es gab keine einzige Nacht, in der ich nirgendwo untergekommen bin. Es gab Abende, an denen ich Schwierigkeiten hatte, was zu finden, an denen ich länger dafür gebraucht hab'. Aber es gab eigentlich nie 'ne Situation, wo ich gezwungen war, draußen zu schlafen, mir die Nacht irgendwie in Kneipen um die Ohren zu schlagen oder sonst was. Die Abende, die in der Beziehung zäh verlaufen sind, die waren natürlich erstmal nicht so schön. Aber so im nachhinein kann man natürlich sagen: Es ist schön, daß ich immer noch irgendwie was aufgetrieben hab'.

Die Idealsituation ist dabei die in Kneipen, wenn man eben ins Gespräch kommt mit den Leuten. Also, ich setz' mich dann meistens auch an den Tresen, so einigermaßen demonstrativ eigentlich – so, daß man sieht, daß ich damit praktisch auch etwas signalisieren will: Ich will jetzt nicht irgendwo allein in der Ecke sitzen in der Kneipe, sondern ich will mich unterhalten, mit den Leuten ins Gespräch kommen. Einerseits ist der Hintergrund natürlich, daß ich 'nen Schlafplatz brauche, das ist ganz klar. Aber auf der anderen Seite ist's auch so: Wenn ich den ganzen Tag gelaufen bin, und mich nur irgendwelche Kuhköpfe dumm angelabert haben, dann hab' ich auch Lust, mich abends auch noch vielleicht 'ne halbe Stunde oder 'ne Stunde mit irgendjemand zu unterhalten. Also, es ist nicht nur nur zweckdienlich, wenn ich versuche, mich mit den Leuten irgendwie in Verbindung zu setzen. Und das klappt auch sehr oft. Oft ist es so, daß sich dann über diese Standardfragen „Ach, Du bist doch auf der Walz" oder: „Ach, das sieht man ja selten", die man dann die ersten zehn Minuten über sich ergehen zu lassen hat, doch manchmal auch noch richtige Gespräche entwickeln. Und es war auch ein paarmal so, daß sich aus diesen Gesprächen heraus dann wie von allein auch der Schlafplatz für mich ergeben hat. Irgendwann kommt man an den Punkt, daß die Leute fragen: „Und wo schläfst Du denn heute Nacht?" Dann sag ich natürlich sowas wie: Ja, zum Beispiel bei Dir. Das klappt dann auch, manchmal. Es gab natürlich auch schon Abende, an denen ich zwar sehr gut mit irgendwelchen Leuten geredet hab', die hatten aber dann keinen Platz, keine Lust oder sonst was. Und dann mußt' ich von Tisch zu Tisch gehen – das ist schon 'ne wesentlich unangenehmere Situation. Dann muß man wirklich mit der Tür ins Haus fallen sozusagen, das ist oft ziemlich schwierig.

Am Anfang hatt' ich manchmal dabei das Gefühl von Zeitvergeudung, da dacht' ich vor einer neuen Etappe: Meine Güte, jetzt muß ich woanders hin, ich muß mir 'nen neuen Schlafplatz suchen! Aber inzwischen hat das so oft geklappt, daß ich eigentlich keine großen Sorgen mehr damit habe.

Das gibt auch 'ne ziemlich große Sicherheit, Souveränität, daß man sich damit keine großartigen Probleme macht.

Wenn ich ohne Kluft unterwegs wär', dann wäre das sicherlich insofern anders, als daß ich halt weniger beachtet würde. Also, daß ich eben nicht wie ein bunter Hund angestarrt würde in Fußgängerzonen. Oder auch auf'm Dorf, oder sonst wo, ist ja egal – ist ja überall das gleiche, nicht? Ich weiß aber von früher, als ich relativ oft mit dem Fahrrad unterwegs war, daß die Leute eigentlich grundsätzlich immer dazu bereit sind, einem 'nen Schlafplatz zu überlassen, wenn man entsprechend auf sie zugeht. Ich glaub', daß hängt nicht allein an der Kluft, daß man gut durchkommt. Sicher spielt das oft schon 'ne gewisse Rolle, denn man wird eben interessanter durch die Kluft. Die Leute werden eben dadurch auch neugierig und denken sich: Ja, das mach' ich jetzt vielleicht, dann krieg' ich von dem auch was Interessantes zu hören. Oder sie sagen sich: Das ist ein ehrbarer Handwerker, der wird mir schon nichts tun und mir das Haus nicht anstecken. Ich glaube, es würde auch ohne Kluft gehen, so zu reisen. Das machen andere Leute ja auch.

Ne, also daß die Kluft das Reisen leichter machen würde, war eigentlich überhaupt kein Grund, warum ich auf die Art losgegangen bin. Ich bin ja auch nicht aus der Motivation losgegangen, weil ich reisen wollte und 'ne Möglichkeit gesucht hab', wie ich das nun mach'. Sondern ich bin schon von Anfang an mit dem Hintergrund losgegangen: Ja, ich geh' los als reisender Handwerker.

Inzwischen bedeutet das für mich ein bißchen was anderes, als es anfangs bedeutet hat. Anfangs war das eben so'n bißchen auch ein Sich-in-kaltes-Wasser-stürzen. Ich wußte eigentlich nicht genau, was mich erwartet; ich hab' damit angefangen, weil ich irgendwas anderes machen wollte. Inzwischen hab' ich auch versucht, mich so'n bißchen darüber zu informieren, wo die ganze Sache herkommt und was das für Wurzeln hat. Und inzwischen bedeutet Tippelei für mich, daß ich schon nach Möglichkeit versuche, so'n bißchen auf den Spuren von den Leuten zu wandeln, die eben vor hundert, hundertfünfzig Jahren oder vor noch längerer Zeit gewandert sind. Auch mein Beruf spielt 'ne wichtige Rolle. Ich hab' auch schon die Erfahrung gemacht inzwischen, daß ich sehr viel dazugelernt hab' in der Zeit. Ich hab' beruflich Sachen gemacht, die mir bestimmt nie untergekommen wären, wenn ich dageblieben wäre. Es gibt eben diese regionalen Arbeitsweisen. Diese Unterschiede gibt's also tatsächlich noch. Die sind zwar bestimmt weniger geworden in den letzten Jahrzehnten, aber es gibt sie noch. So hab' ich zum Beispiel im Wendland kürzlich Fenster gebaut für'n Fachwerkhaus, die direkt an den Fachwerkhölzern angeschlagen wurden. Also ohne Blendrahmen, was man ja normalerweise an 'nem Fenster dabeihat. Auf so 'ne Idee wär' ich von allein gar nicht gekommen. Es ist total einfach, aber 'ne tolle Sache. Oder ich hab' in Lübeck 'ne große Tür gebaut, die ich in der Form wahrscheinlich in einem Berliner Betrieb nie

hätte bauen können. Das war natürlich nichts Weltbewegendes, diese Tür – aber es ist immerhin 'ne Massivholztür gewesen, die geschweifte Friese hatte. Der Auftraggeber, der war Bäcker, und der hatte 'ne Vollkornbäckerei. Er hatte da in seinem Haus 'ne alte Tür aus dem sechzehnten Jahrhundert, die hatte auch diese Form. Er wollt' dahinten 'ne Ladentür haben, die in den Proportionen und im Profil dieser Tür entspricht. Sowas kriegt man im normalen Betrieb als Jung-Geselle eigentlich nie vorgesetzt. Da hab' ich auch festgestellt, daß die Arbeit bis zu einem gewissen Grad die Sachen ersetzen kann, die einem eben abgehen auf Tippelei: Ein Zuhause und solche Sachen, die das Gefühl von Behaglichkeit oder von Zufriedenheit vermitteln. Und von Sicherheit auch.

Ich hab' das nun zwei- dreimal erlebt, daß ich mich so total in die Arbeit reinversenkt hab', daß mir fast schon alles andere, was drum rum war, ziemlich egal war – wie ich gewohnt hab' zum Beispiel, und auch, wie sonst die ganzen Rahmenbedingungen waren. Das ist 'ne sehr schöne Erfahrung. Das geht eben nicht, wenn man nix als null-acht-fuffzehn Fenster herstellt. Das muß dann schon Arbeit sein, hinter der man steht, und die fachlich auch interessant ist. Ich denke, das ist ein ganz wichtiger Faktor, wenn man längere Zeit unterwegs ist. Solche Sachen stehen eben, um das pathetisch auszudrücken, wie Felsen in der Brandung. Auf sowas kann man dann immer wieder zurückgreifen, hinterher. Wenn's vielleicht mal nicht so gut läuft, dann weiß man: Das hat's gegeben, das kann's auch immer wieder geben, also wird's das auch immer wieder geben. Und das ist ziemlich unabhängig davon, wie die Sachen drumrum eben ablaufen.

Ja, und auf den Spuren von den Leuten von früher zu wandeln, so weit das möglich ist, bedeutet für mich eben auch inzwischen einen zusätzlichen Grund, warum ich zu Fuß gehe. Ich hab' so das Reisetempo von damals. Die Leute sind ja vor allem zu Fuß gegangen. Der Unterschied ist bloß der, denk' ich, daß die nichts lieber getan hätten, als irgendwo mitzufahren. Wenn denen jemand angeboten hat, mit der Kutsche mitzufahren oder mal zu reiten, dann haben sie das ganz bestimmt gemacht. Das ist eben heute insofern anders, als du ja trampen kannst. Du kannst an einem Tag hunderte von Kilometern zurücklegen, und das wird dadurch dann zu 'ner ganz anderen Sache. Es gibt so Momente, wo ich mich dann frage: Also was soll das eigentlich alles – warum lauf' ich hier durch die Gegend – durch dieses ja teilweise langweilige Land? Vor allem, wenn ich mal länger an 'ner Straße entlanglauf', wo ein Auto nach'm andern vorbeifährt. Wenn man über einen Waldweg geht, dann kommt man auf solche Ideen natürlich nicht so schnell. Das kommt aber auch auf's Wetter an – wenn's dann regnet oder schneit, dann komm' ich auch leichter auf solche Gedanken. Aber dann denk' ich: Wenn ich mir nicht selber dieses Limit gesetzt hätte, daß ich prinzipiell nur laufe, dann wär' es schwer, die Grenzen zu ziehen. Dann ist man sehr schnell dabei, daß man nur noch durch die Gegend trampt. Ich für meinen Teil denke eigentlich, daß das dann nur noch relativ wenig mit dem zu tun hat, was die Leute früher gemacht haben.

Eine Sache, die für mich schwer nachvollziehbar ist, ist, daß die Leute früher auf ihrer Wanderschaft durch Gegenden gekommen sind, in denen sie nie vorher in ihrem Leben waren und in die sie wahrscheinlich auch nie hinterher gekommen sind. Das ist heute auch was, was zumindest für mich schwer vorstellbar ist. Ich komm' zwar auch an Stellen, die ich sonst wohl nie besucht hätte, aber ich weiß eigentlich immer so ungefähr, was mich erwartet. Zumindest in den Gegenden, in denen ich mich im Moment bewege, weiß ich eigentlich schon vorher ganz gut, wie dieses Land aussehen wird. Ich bedaure das auch irgendwie. Ich würd's für 'ne tolle Sache halten, wenn's mir irgendwie möglich wäre, zu Fuß wirklich in Gegenden zu kommen, wo ich nicht weiß, was mich erwartet, oder wo ich das nur aus vagen Schilderungen kenne. Na ja, aber das sind eben Sachen, die sind vorbei. Das ist auch nicht zu schaffen für mich.

Aber ich denke, daß es trotzdem die beste Art zu reisen für mich ist, rigoros zu Fuß zu gehen. Nach meinen bisherigen Erfahrungen bestätigt sich das jedenfalls immer wieder. Ich hab' jetzt fünfhundert Kilometer ungefähr geschafft. Oder mehr? Ich bin nicht sicher. Ich bin kreuz und quer gelaufen, und an der Nordsee hoch und an der Ostsee wieder runter. Luftlinie sind's wohl so vierhundertfünfzig Kilometer. Es wird also wohl doch ein bißchen mehr sein, was ich so getippelt bin. Vielleicht sind's sechs- oder siebenhundert gewesen – ich weiß es nicht. Ein Paar Schuhe hab' ich bisher durchgelatscht, aber komplett!

Ich bin übrigens nicht aus Prinzip alleine unterwegs. Daß ich bislang alleine getippelt bin, hat einen ganz einfachen Grund. Ich hab' nämlich beim Wintertreffen niemand gefunden, der bereit war zu tippeln. Jedenfalls nicht da zu tippeln, wo ich das gerne wollte. Und ich war nicht dazu bereit, Abstriche zu machen von der Route, die ich eigentlich im Auge hatte. Aber das hat auch seine Vorteile. Ich krieg' dadurch, daß ich allein unterwegs bin, vielmehr mit von den Gegenden, durch die ich komme, und auch von den Leuten. Weil ich nicht die Möglichkeit hab', mich auf jemand anderen zu verlassen und denjenigen praktisch als Schutzschild zu verwenden gegen die neuen Sachen, die so auf mich zukommen.

So'n Kumpel würde einem natürlich doch so'n Stück Heimat ersetzen. Man nimmt so'n Stück Heimat mit, wenn man 'nen Partner mitnimmt. Darum ist es auch, denk' ich, 'n Stück anstrengender, alleine unterwegs zu sein. Alle Sachen, die einem so passieren, schlagen viel mehr durch. Wenn's mal schlecht läuft, ist das eben gleich erheblich gravierender. Wenn man zu zweit oder dritt ist, kann man das eben leichter wegstecken.

Es ist aber kein Dogma, daß ich allein reisen will. Aber es ist schon schwieriger, sich zum Links- oder Rechtsabbiegen zu entscheiden, wenn man zu zweit ist.

Daß ich irgendwo nicht wieder wegwollte, ist mir noch nicht passiert. Ich war ja nur zweimal länger an einem Ort, einmal im Wendland und einmal in Lübeck. Das war eher so, daß ich gegen Ende der Zeit mehr weg wollte als am Anfang. Das war 'ne Sache, die mir auch neu gewesen ist. Ich wußte nicht, daß es sowas in mir gibt: So einen Reisetrieb. Jedenfalls hab' ich dann gegen Schluß hin immer sehr sehr schnell die Arbeiten zu Ende gemacht, an denen ich gerade dran war, und bin dann wieder gegangen. Einmal nur haben mich private Bande ein bißchen gehalten. Aber das wär wahrscheinlich 'ne Geschichte, die hier nicht unbedingt reingehört ... Aber eine wichtige Sache fällt mir dabei ein: Ich will in der Lage sein, wenn ich irgendwo bleiben will, dann da auch zu bleiben. Ich will nicht irgendwann so weit sein, daß ich mich selber vergewaltige, indem ich sage: Ich muß jetzt weiter, weil meine Zeit, die ich bleiben darf, abgelaufen ist. Also diese zwei Jahre Reisezeit, die man sich da vornimmt, das ist 'ne gute Sache. Aber wenn da irgendwas passiert, was einen davon abhalten würde, diese zwei Jahre zu Ende zu reisen, dann sollte man das auch tun, finde ich. Man sollte das nicht unbedingt mit Gewalt durchziehen. Aber das ist 'n bißchen schwierig zu sagen, daß man dem ganz und gar entgehen kann. Ich glaub', wenn man sich auf Tippelei einläßt und erstmal 'ne gewisse Zeit hinter sich gebracht hat, besteht schon die Gefahr, daß man sich irgendwann sagt: Ja, den Rest zieh ich jetzt auch noch durch, irgendwie. Aber ich hoffe eigentlich, daß das bei mir nicht der Antrieb sein muß, irgendwann.

Ich überleg' mir immer noch, ob ich mich bei Axt&Kelle erwandern lassen will. Axt&Kelle ist ein Schacht, der mir von seinen Grundsätzen her eigentlich sehr sympathisch ist, muß ich sagen. Und es gibt nichts bei denen, wozu ich sagen würde: Damit bin ich nicht einverstanden. Aber ich weiß nicht genau, ob die Art, wie ich im Moment reise, in das Gefüge von einem Schacht überhaupt reinpaßt. Ob das nicht 'ne Sache ist, die ich für mich allein mache. Das widerspricht zwar nicht grundsätzlich der Mitgliedschaft in 'nem Schacht, aber ich glaub', daß es gerade bei Axt&Kelle so ist, daß der Schacht sehr stark davon lebt, daß die Reisenden auch was für den Schacht tun. Und ich glaub', je mehr Leute da eben wandern, die nur zu den Treffen zureisen und sonst nichts damit am Hut haben, desto schlechter ist das für den Schacht.

Im Moment überlege ich mir also noch, ob das für mich und den Schacht sinnvoll wär', wenn ich mich wirklich erwandern lasse. Mein Aspiranten-Status bedeutet ja 'ne Probezeit – sowohl für mich, als auch für den Schacht. Ich überleg' mir, ob ich endgültig in den Schacht will, und die überlegen sich, ob sie mich wirklich wollen. Es ist so, daß man sich nur zu den zwei großen Treffen erwandern lassen kann, also entweder im Winter oder im Sommer. Und man sollte ein halbes Jahr unterwegs gewesen sein, bis man erwandert wird. Bis zum nächsten Treffen werd'

ich mir das überlegen. Dann wär' ich zwar schon ein ganzes Jahr auf Tippelei, aber sowas ist nicht ungewöhnlich.

Zur Zeit hab' ich keine konkreten Zukunftsvorstellungen, jedenfalls keine, die ich irgendwie formulieren könnte. Ich versuch mich davon allerdings auch frei zu halten. Ich hatte keine, als ich losgegangen bin, und in der Zeit, die ich jetzt unterwegs bin, haben sich keine gebildet. Ich versuch' nach Möglichkeit, das eben als mein Leben zu betrachten, und nicht als Übergangsstadium zu irgendwas anderm. Das wär, glaub' ich, auch nur schwer durchzustehen dann – wenn man das praktisch als mehrjährigen Urlaub betrachten würde. Das würde mir zumindest ziemlich schwer fallen. Tippelei ist einfach das, was ich jetzt mache. Es ist wohl noch lange hin, bis ich absehen kann, daß ich was anderes machen will. Im Moment mach' ich das auch so gerne, daß ich auf solche Zukunftsfragen eigentlich höchst selten verfalle. Und ohne Resultat in der Regel.

Das hat mir am Anfang Kopfzerbrechen bereitet, besonders noch bevor ich losgegangen bin – ob ich den Sprung schaffe, das jetzt nicht als Ferien zu sehen.

Ich wander' jetzt nicht durch die Gegend, um da Urlaub zu machen oder so. Sondern das ist eben das, was ich mache. Was anderes gibt's nicht, was anderes ist auch nicht unmittelbar in Aussicht. Probleme damit habe ich nur ganz am Anfang gehabt.

Das einzig wirklich Schwierige auf Tippelei für mich ist der Umgang damit, daß ich für viele Leute ein lebendiges Klischee verkörpere.

Ich hab's mir ein bißchen poetischer vorgestellt

Ich bin Steffen, Zimmerer-Geselle, und reise bei den Rechtschaffenen Fremden. Der Gedanke, auf Wanderschaft zu gehen, fing bei mir im ersten Lehrjahr an. Da hab' ich 'nen Film gesehen im Fernsehen über reisende Gesellen, der lief 'ne Viertelstunde. Der war, jetzt so im nachhinein betrachtet, ein bißchen kitschig. Aber damals hat es mir imponiert, weil ich ja gar keine Ahnung hatte, daß überhaupt noch Gesellen reisen. Das war Anfang der Achtziger, da war noch nicht soviel los wie heute. Naja, ich hab' den Film dann erstmal wieder vergessen – ich hab' das wohl gleich als tolle Sache betrachtet, aber ich war grad' am Anfang der Lehre, und da denkt man an sowas noch nicht so intensiv. Obwohl mir der Gedanke eigentlich doch gleich recht sympathisch war, mal auf Tippelei zu gehn.

Und dann hab' ich durch Zufall in der Berufsschule ein Plakat gesehen von den Rechtschaffenen Fremden, bei denen ich jetzt auch reise. Da war 'ne Kontaktadresse mit drauf, und die hab' ich dann antelefoniert. Das war die vom Altgesellen zu Flensburg, und der hat mich dann auch gleich eingeladen, zum Gesellenabend mal vorbeizukommen. Ich sollte mir das also wirklich neutral angucken, ohne jetzt irgendwelche Verpflichtungen einzugehen. Das hat mir schon mal von Anfang an behagt. Ich hatte vorher Bedenken, daß ich jetzt als Lehrling vielleicht nicht anerkannt werden würde, aber die Gesellen haben da keine Unterschiede gemacht. Bei unserer Bruderschaft ist die Qualifikation eigentlich völlig unwichtig: Ob man Meister, Geselle oder sonstwas ist, das spielt alles keine Rolle. Das merkte ich gleich, und das war ausschlaggebend für mich. Ich wußte: Mensch, die sind ganz in Ordnung, bei denen kannst du was machen.

Das war im zweiten Lehrjahr. Und dann hab' ich so hin und wieder mal vorbeigeschaut, hab' auch mal Reisende getroffen und viel mit den Einheimischen über die Tippelei geredet. Die haben dann von früher erzählt. Für mich war damals auch einigermaßen gleichgültig, daß es noch andere Schächte gibt. Ich wußte wohl, so im Nebeldunst, da sind noch andere – aber ich hab' mich für die eigentlich nie weiter interessiert, weil es zu der Zeit für mich nur diesen einen Schacht gab. Naja gut, dann hat das alles so seine Wege genommen. Ich hab' dann ausgelernt, und hatte auch vorher schon nur auf das Ziel drauf zugearbeitet, endlich loszugehen. Zu Hause hab' ich auch schon mal angeklopft und gesagt: Ja, Wertsachen und so weiter braucht ihr mir nicht mehr zu schenken, die brauch' ich eh nicht mehr, ich will auf Reisen gehen. Ich hab' mir auch selbst möglichst wenig angeschafft, damit sich da gar nicht erst noch so 'ne starke Bindung entwickelt.

Das war so ein richtiger innerer Drang. Ich bin großgeworden in 'ner Kleinstadt, in 'ner norddeutschen Kleinstadt. Hab' da viele Freunde gehabt und war wirklich nicht kontaktarm, aber das war irgendwie nicht alles, was ich wollte. Vor allem konnt' ich mich nicht mit dem Gedanken anfreunden, nach der Lehre ganz normal als Geselle zu arbeiten. Ich sah das ja in meiner Firma und auch in anderen Firmen, wie abhängig man vom Chef oder vom Meister ist, und in welcher Situation man steckt. Man steht auch immer unter diesem Druck, voll power zu arbeiten, weil die Arbeitsmarktlage so schlecht ist – wenn Du da nur einmal versagst, dann ist praktisch dein Job gefährdet. Und diesen Druck, den hätt' ich zwar vertragen, aber ich wollte den einfach nicht mitmachen.

Naja, aber sicher gehört da auch noch 'ne rege Phantasie zu, um auf Tippelei zu wollen. Ich hab' mir darunter auch die tollsten Sachen vorgestellt, die sich dann nachher natürlich so nicht ereignet haben. Aber ich hab' trotzdem 'ne fixe Zeit bis jetzt gehabt!

Ich hab's mir teilweise aber auch viel schwieriger vorgestellt, Arbeit zu kriegen. Das lag daran, daß ich echt falsche Vorstellungen aus Norddeutschland hatte: Da ist es eben nicht so einfach, Arbeit zu finden. Aber jetzt hab' ich gemerkt, daß mir auf Tippelei fast die Arbeit hinterherläuft.

Und dann hatt' ich noch die Vorstellung, einfach schnell viele fremde Länder zu sehen. Nun bin ich bisher wegen der vielen Arbeit noch nicht allzuweit rumgekommen. Hab' zwar schon vieles gesehen, aber auslandsmäßig noch nicht so viel. Das ist mir aber jetzt nicht etwa peinlich, weil ich einfach in Deutschland auch unheimlich viele nette Leute kennengelernt hab'. Die Zeit will ich auch nicht missen.

Von den Erlebnissen her hab' ich mir das früher sehr abenteuerreich vorgestellt. Wenn man erstmal auf Tippelei ist, lernt man schnell auch andere Dinge schätzen. Was zum Beispiel ganz toll ist: daß man jeden Tag neue Leute kennenlernt. Das ist mir so zum Beispiel in Tübingen passiert, direkt vor 'nem Wochenende: Ich hatte grad' noch fuffzig Mark auf der Tasche, und es war tiefster Winter – minus 20 Grad. Wirklich arschkalt! Ich hatte zur Tippelei überhaupt keine Lust mehr. Und in Süddeutschland, da hatte ich weder Verwandte noch sonst irgendwelche Bekannte, war auch noch nicht so lange unterwegs. Gerade so ein halbes Jahr, und noch ein bißchen grün hinter den Ohren. Zudem bin ich auch alleine gereist, und mußte mir alleine helfen. Arbeit finden wollte ich auch, und vor allem ein schönes warmes Zimmer mit Ofen! Da hatte ich großen Bock drauf. Und dann bin ich losgegangen, und hab' Arbeit gesucht. Erstmal „Gelbe Seiten". Da Adressen rausgesucht, und dann hab' ich die abgeklappert. Na ja, und nachher bei der fünften Firma, da hat es geklappt für ein paar Wochen. Blieb nur das eine Problem: die hatten keine Übernachtungsmöglichkeit. Die mußt' ich mir dann also auch noch suchen, und darum bin ich wieder in die Stadt zurück. Die Krauterei lag nämlich auf'm Kaff, so ungefähr fünf Kilometer weit draußen. Ich hatte vom Schmalmachen grad' noch so einen winzig kleinen Charly mit Fressalien.

Im Winter wird's ja auch früh dunkel, ich war so um sieben in der Stadt und bin ziellos rumgeirrt. Ich hab' einfach gedacht: Irgendwas wirst du schon finden. Viel Kies hatt' ich ja nicht mehr. Zur Not geh' ich dann mal in die Jugendherberge, aber die verlangen ja auch immer jede Menge Geld. Und es lag jetzt noch ein ganzes Wochenende dazwischen, bevor ich mit der Arbeit anfangen konnte und finanzieller Nachschub in Sicht war. Um nach Vorschuß zu fragen, war ich damals nämlich noch zu schüchtern.

Ich bin dann schließlich in 'ner Sackgasse geendet, buchstäblich. Das war so ein großer Vorhof, und dahinter lag ein altes großes Haus mit Springbrunnen. So richtig idyllisch, und da liefen viele relativ junge Leute rum, im Studentenalter eben. Da hab' ich mich an den Brunnen gesetzt und meinen letzten Kram aufgegessen. Zehn Minuten später kamen zwei auf mich zu, die kamen gerade vom Abendessen. Die sprachen mich dann an, und es stellte sich raus, daß ich durch Zufall in einem theologischen Stift der evangelischen Kirche gelandet war. Die beiden waren, dacht' ich erst, so 'ne Art Pfaffen. Aber ich merkte gleich, daß die echt gut drauf waren. Jedenfalls gaben die mir gleich alles, was sie sich selbst noch vom Abendessen mitgebracht hatten, und sagten: Hier, kannst du haben. Zwei Minuten später kamen sie wieder an und fragten, ob ich denn schon wüßte, wo ich schlafen würde heut nacht. Sagte ich: Nee, eigentlich weiß ich das nicht ... Ja, dann haben sie mich eingeladen. Ich war dann ein paar Tage im Stift, im Gästezimmer. Das fand' ich echt ganz fix, weil da eigentlich Gäste nur für ein oder zwei Tage erlaubt waren. Aber die haben sich einfach immer abgewechselt mit der Gästeliste – sie haben mich immer wieder neu eingetragen, und ich durfte da wohnen. Das ging natürlich nicht auf Dauer so, ich mußte mir nachher was anderes suchen. Aber so für die Übergangszeit war das echt in Ordnung.

Ich mein', da kann man ja nie ganz sicher sein, daß man so was findet im letzten Moment. Das war schon so eins der positiven Erlebnisse, die ich auch nie vergessen werde.

Ich mußte auch schon mal draußen knacken, und davon hab' ich wahrscheinlich auch meine rheumatischen Beschwerden in der Schulter. Also, das war zwar im Sommer, aber es war nicht besonders warm. Da war ich erst ein, zwei Wochen unterwegs. Und da hab' ich dann ohne Schlafsack im Wald geschlafen. Naja, zwischendurch hat's mal kurz geregnet, aber das hab' ich nicht gemerkt. War auch wohl ein bißchen beschickert. Hab' auch schlecht gelegen, auf 'ner Wurzel. Jedenfalls hatt' ich danach dann erstmal 'ne Woche lang Rheuma. Das hab' ich jetzt immer wieder, sobald es kalt wird: Schmerzen in der Schulter. Muß eben immer einen dicken Pullover anziehen, wenn's kalt wird.

Dann hab' ich mal auf Fehmarn das genaue Gegenteil von Tübingen erlebt, hinsichtlich des Umgangs mit anderen Leuten. Ich kam von Dänemark zurück, im

Sommer. Ich bin die ganze Nacht durchgetippelt, von der Fähre aus über die ganze Insel, weil mich beim Trampen keiner mitgenommen hat. Ich bin schließlich in so einem Kaff gelandet, es war so um Mitternacht. Naja, da hab' ich im Gasthof noch Licht gesehen und da vorgesprochen wegen Übernachtung. Ich wollte jetzt gar nicht mal ein Bett haben, sondern einfach ein Dach überm Kopf, damit ich nicht dem Wetter ausgesetzt war. Schlafsack hatte ich dabei, ich hatte ja schon dazugelernt. Da wurde ich dann abgewimmelt mit der Begründung, ich hätte eben früher kommen müssen, dann hätt' ich auch ein Zimmer gekriegt. Ich fand' das ziemlich daneben; die waren noch am Tresen zugange, es war noch lange nicht Feierabend – und die meinten, ich sollte früher kommen! Dabei hätt' mir der Dachboden ja gereicht. Aber das haben die irgendwie nicht eingesehen.

Naja, Bauern waren da nicht so viele, und die, die's gab, haben alles abgeschlossen gehabt, sonst hätt' ich vielleicht in 'ner Scheune geschlafen. Letztendlich bin ich auf'm Friedhof gelandet und hab' da geschlafen. Die waren auch alle recht ruhig da …

Ich bin jetzt eineinhalb Jahre unterwegs und die großen Vorstellungen, die ich vorher hatte, haben sich ein bißchen relativiert. Ich hab's mir ein bißchen poetischer vorgestellt, ich hatte da ein paar Luftschlösser gebaut. Einige Dinge sind zum Teil eingetroffen, andere nicht. Aber so, wie's jetzt läuft, bin ich voll damit zufrieden. Ich werd's auch weitermachen. Jetzt werde ich erstmal ein bißchen das Abenteuer Ausland in Angriff nehmen. Mit meinem Schweizer Kameraden zusammen will ich mit der transsibirischen Eisenbahn los Richtung Asien. Da gibt's viele extrem gute Handwerker – was die da alles allein aus Bambus machen, das glaubt man gar nicht! In ein paar Tagen geht es los.

Von manchen Gesellen wird es ja immer noch als einzig zünftig angesehen, nur im deutschen Raum zu reisen. Aber heutzutage sind die Reisemöglichkeiten fast unbeschränkt. Das wird bei uns auch von vielen Gesellen gefordert, daß man die Gelegenheit ausnutzt. Andere reden dann von Jet-Set-Gesellen, wenn man auch mal einen Flieger nimmt oder eben die Transsib. So was find' ich eigentlich schade. Nur weil die Gesellen früher nicht die Möglichkeit hatten, so weit zu reisen, müssen wir das heute doch noch lange nicht genauso machen! Die von früher würden das ganz gut verstehen, wenn wir uns heute ein bißchen mehr von der Welt angucken.

Ich werd' jetzt flügge

Ich heiß' Elke. Ich bin Schreinerin, seit 2 Jahren Gesellin. Ich habe in einer kleinen Schreinerei in Süddeutschland bei Stuttgart gelernt und arbeite seit zwei Jahren in der Schreinerei einer Behindertenwerkstatt. Jetzt habe ich vor, auf Tippelei zu gehen. Es ist schwierig, so im Nachhinein genau zu sagen, wie ich auf die Idee gekommen bin. Es kommen immer mehr Gründe zusammen, und irgendwann setzt sich das im Kopf fest und läßt einen nicht mehr los. Es sind viele persönliche Sachen. Mich hat das eigentlich schon länger gereizt. Wenn ich so ab und zu mal reisende Gesellen gesehen hab', haben sie mich immer fasziniert. Aber auf die Idee, daß ich das vielleicht selber machen könnte, bin ich lange nicht gekommen, und nun ist es für mich das Beste, was ich machen kann.

Was dagegen sprach? Da sind ziemlich viele Ängste, Sicherheiten zu verlassen und auch Menschen ... Das ist ein Prozeß, mich loszueisen von irgendwelchen Bedenken, die ich in allen möglichen Richtungen habe. Für mich ist es ein innerer Kampf, eine Entscheidung zwischen Sicherheit und Freiheit gewesen. Das ist ja ein Absprung vom normalen Leben, und wenn man das noch nicht über eine längere Zeit mal gemacht hat, kann man sich das überhaupt nicht richtig vorstellen, wie das ist. Also gut durch's Leben zu kommen, ohne daß man auf die Schnauze fliegt. Und zum Beispiel solche Bedenken wie: Ach je, wenn du mal irgendwo hängst und bist allein – vielleicht geht's dir dann doch nicht so gut – das sind lauter so Kleinigkeiten, die mir ab und zu mal in der Vorüberlegung im Kopf herum gingen. Mir ging's so, daß ich dachte: Jetzt oder nie! – Wenn ich das jetzt nicht mach', dann bleib' ich in dem Alltagseinerlei hängen.

Auch von der Arbeit her war's für mich jetzt einfach der Zeitpunkt, an dem ich dachte: So, das hast du jetzt zwei Jahre lang gemacht, in der Werkstatt gearbeitet, das kennst du jetzt, da kommt nichts Neues mehr. Es wird immer öder, ich lerne nichts mehr dazu, fühle mich nicht mehr gefordert. Alle Energie wird vom Alltagskleinkrieg aufgefressen. Ich hatte immer mehr das Gefühl, in Zwänge und Enge eingesperrt zu sein. Die Angst, dabei mein Leben zu vergeuden, war stärker als die Angst vor der Ungewißheit. Also hab' ich mich entschieden. Auch die Lust, mal von dem Ort, wo ich seit bald neun Jahren lebe, wegzukommen, wuchs. Vor zwei Jahren bin ich das erste Mal alleine losgezogen und das auch zu Fuß. Ich hab' eine lange Wandertour in den Alpen gemacht. Ich war dermaßen begeistert, daß ich mir dann gesagt hab': Also gut, nächstes Jahr noch mal und noch länger und noch weiter. Da wurde dann die Dimension immer größer für mich, was machbar ist. Das waren sozusagen Vorübungen, die mir eine Stärke gegeben haben: Ich pack's gut alleine. Doch zu der Zeit habe ich noch nicht an die Walz gedacht. Erst ein Jahr später. Da war es schon der nächste Weg, auch Kontakte zu suchen, mit Leuten –

eben Axt&Kelle – mit vielleicht Gleichgesinnten. Ich bin Diplom-Pädagogin, laut Papier, und bevor ich in die Lehre gehen konnte, hab' ich mal hier, mal da und dann auch auf'm Bau 'rumgejobbt bei Bekannten. In der Zeit hab' ich auch 6 Wochen in 'ner Zimmerei gearbeitet, bei der auch Axt&Kelle-Leute vorbeigekommen sind. Ich hab' zwar mit denen keinen näheren Kontakt gehabt, kriegte aber vage mit, daß sie reisende Gesellen von eben diesem Schacht sind. Ich wußte damals nicht, daß auch Frauen unterwegs sind. Ja, und dann war im Frühsommer '87 bei uns in der Gegend ein Reisender, den hab' ich einfach mal angesprochen, das war eine ganz spontane Sache: So, da hast du mal einen näher dran, und den kannst du ein bißchen fragen. Er war über zwei Monate bei uns. Es hat sich ergeben, daß wir uns öfter mal getroffen haben. So brachte es der Zufall – wenn's den denn gibt –, daß ich mehr davon erfahren habe. Jetzt kann ich's kaum abwarten, bis ich die Zelte abbrechen kann.

Ob es für Frauen besonders schwierig ist, auf Tippelei zu gehen? Ja, die Frage kommt immer wieder auch für mich selber. Es ist eigentlich eine Sache, die noch relativ frisch ist, daß Frauen ins Handwerk gehen. Bei den Schreinern ist das inzwischen ein bißchen mehr eingebürgert, daß Frauen eine Lehre machen, aber nach der Lehre ist dann Essig. Ich kenne ganz wenig Schreinerinnen, die dann tatsächlich als Gesellinnen in einem Betrieb arbeiten. Und auf der Walz, klar, da überlegt man sich vorher schon: Du wirst vielleicht blöd angemacht oder kommst in irgendwelche dubiose Situationen, suchst irgendwie was zum Schlafen und gerätst an irgend eine krumme Type. Die Gedanken mach' ich mir schon, aber das ist eigentlich für mich keine besonders große Sache, weil ich durch meine Wandertouren gemerkt hab', daß das gar nicht so wild ist, wie die meisten Leute meinen. Ich denke, es kommt auch darauf an, wie man sich selber dazu verhält. Du kannst den Eindruck machen, daß du unsicher und verängstigt bist – sozusagen: An die kann man leicht ran – oder du hast ein bißchen härteres Auftreten. Ich habe jedenfalls bisher keine besonders schlechten Erfahrungen gemacht, als Frau alleine unterwegs. Daß ich als Frau etwas Besonderes, etwas Unnormales bin in der Situation, wird mir lästigerweise aber von außen immer wieder angetragen. Das nervt schon. Und mit den anderen Schächten? Also das ist ganz lustig manchmal. Ich hab' auch mit einigen geredet, so quer durch die Schächte. Da gibt's Jungs, die sind ganz gut drauf, die sagen: Ja, ich find' das zwar auch blöd, daß Frauen bei traditionellen Schächten nicht reisen können, aber vielleicht in 50 Jahren kommen sie bei uns auch drauf. Das sind dann persönliche Meinungen, die nicht unbedingt mit den Schächten und Statuten übereinstimmen. Aber wenn sie tatsächlich anders darüber denken, könnten sie ja auch versuchen, was in Bewegung zu setzen.

Eine langfristige Perspektive? Nee, denk' ich überhaupt nicht dran. Ich hab' zwar so Sachen im Kopf, aber das kann sich total ändern, das steht jetzt auch nicht an.

Die nächsten zwei Jahre mindestens sind ausgefüllt, und was danach kommt, das weiß ich nicht.

Ein halbes Jahr später trafen wir Elke wieder – nun ist sie seit vier Monaten auf Tippelei. Wir fragen sie nach ihren neuen Erfahrungen:

Ja, das läßt sich sehr schwer so kurz sagen. Es ist in einigen Monaten sehr viel passiert, was mir an Grundsätzlichem dazu einfällt. Ich hab' das Gespräch vom Winter jetzt ja gerade noch mal gelesen. Diese ganzen Bedenken, die man so hat, die haben sich als völlig unberechtigt für mich 'rausgestellt. Ich kann nur sagen, es war alles wirklich überraschend gut für mich. Da waren auch Anstrengungen und Stressituationen, aber insgesamt habe ich keine Minute bereut. Ich hatte mich entschlossen, in Richtung Norden zu gehen, weil ich den Norden noch nicht kenne. Ich bin dann losgegangen mit meinem sogenannten Exportgesellen. Wir sind zu Fuß von Stuttgart Richtung Heilbronn losgelaufen und dann in den Odenwald rein, haben auch zwischendurch gearbeitet. Und dann sind wir zum Ersten-Mai-Treffen von Axt&Kelle in Duisburg. Ich bin von dort aus eine Woche nach Hamburg, danach auf eine Gesellenbaustelle in Schleswig-Holstein.

Das war für mich der Zeitpunkt, wo ich gemerkt hab': Ich werd' jetzt flügge – ich möchte jetzt allein für mich entscheiden. Die Gesellenbaustelle war für mich 'ne sehr gute Zeit. Wir haben 'ne alte Scheune renoviert; war fast schon ein Neubau. Es war für mich Grundausbildung in Zimmerei, kann man sagen. Wir haben sehr viel Neues dazu gelernt, und es hat mir sehr viel Spaß gemacht. Es war insgesamt sehr positiv, auch zwischenmenschlich. Von dort aus bin ich dann einige Tage zu einem Fest von einheimischen Axt&Kelle-Leuten auf die sogenannte Pampa [eine Bude von Axt&Kelle]. Und von dort aus nach Norwegen, zu 'ner Baustelle, wo schon zwei andere Gesellen waren, mit denen ich mich verabredet hatte. Dort haben wir auf ein altes Blockhaus Isolierung, Dach- und Außenverschalung gemacht und Fensterlaibungen. Die Verständigung war in Norwegen ziemlich problemlos, weil dort viele Leute gut Englisch können. Es war Juni/Juli. Ich war insgesamt fünf Wochen in Norwegen. Wir sind dann auch noch ein bißchen 'rumgereist zusammen. Da kam noch ein vierter Geselle dazu. Wir haben dann auch noch mal beim Krauter gearbeitet, weil uns das Geld nur so aus den Händen floß. Norwegen ist sehr teuer. Es ist nicht einfach, dort zu reisen, weil's wirklich nicht so geht wie hier: Trampen ist schwierig, fast unmöglich zeitweise. Und die öffentlichen Verkehrsmittel, die wir ja eigentlich nicht benutzen, aber da zwangsweise benützen müssen, weil man sonst nicht vorwärtskommt, die kosten Geld. Dann bin ich von dort aus mit einem Gesellen wieder zurück nach Deutschland, und wir sind hier auf's Gesellentreffen zugereist. Mit den täglichen Schwierigkeiten – ja, das ist genau das, was man sich vorher eben nicht vorstellen kann. Wie einfach das sein kann. Es öffnen sich einem Türen – so unerwartet und so einfach, das hätte ich nicht gedacht. Gerade die Sache von wegen: Wo pennst du denn heute Abend? – was eigentlich für jeden, der nie so unterwegs war, eine Frage ist. Das war meist alles sehr einfach. Man kommt irgendwo hin, und dann spricht man vielleicht mal beim Krauter vor, oder es ergibt sich etwas durch Privatkontakte. Und man lernt Leute kennen und spricht Leute an, fragt mal in der Kneipe, oder es ergibt sich einfach so. Man wird sogar auf der Straße angehauen: „Hey, wo kommt ihr her, und wo bleibt ihr denn heute?" „Ja, wissen wir noch nicht." Und dann kommt einer auf einen zu und sagt: „Hey, ihr sucht doch noch was? – Ihr könnt zu mir kommen." Daß ich mal draußen schlafen mußte, ist eigentlich nur in Norwegen passiert. Es waren zwei Nächte, in denen wir nicht in einem Ort angekommen sind, wo man dann auch übernachten konnte. Inzwischen hab ich die Erfahrung gemacht, daß es manchmal gar nicht so gut ist, wenn man immer was vor hat und immer Termine hat. Ich hatte bisher immer wieder was vor Augen: Ja, da willst du jetzt hin, und da kommt die Baustelle, da kommt das Treffen. Und jetzt hab' ich mir einfach vorgenommen, daß ich mal alles offen lasse. Ich habe zwar sehr viele Ideen, aber ich weiß im Moment noch nicht, was ich letztendlich machen werde. Wie lange ich unterwegs sein will, da denke ich eigentlich überhaupt nicht drüber nach, weil's für mich völlig klar ist, daß ich reise, daß ich weiter reisen möchte. Und es ist eher so, daß ich manchmal merke: Hoppla, die zwei Jahre, die werden wahrscheinlich sehr schnell herum gehen.

Im Moment fehlt mir eigentlich nichts, also gar nichts. Ich hab' bisher unterwegs immer das gehabt, was ich brauche, sei's sogar mal ein Zimmerchen für mich alleine oder sonstige Dinge, von denen man eigentlich nicht erwartet, daß man die mal hat.

Stein – das hat mich schon immer fasziniert

Ich heiße Uwe und komm' aus einem kleinen Dorf, Gudensberg heißt das. Da bin ich geboren und aufgewachsen.

Warum ich Steinmetz geworden bin? Diesem unbändigen trotzigen Material weiche, liebe Formen zu geben, das hat mich schon immer fasziniert. An allen Steinhäusern, Kirchen oder Rathäusern, Burgen, egal wo: Stein – das hat mich schon immer fasziniert.

Also, warum ich mit dem Beruf Steinmetz und dem Leben doch recht zufrieden bin? Es gab 'ne recht lange Zeit mit 'ner ziemlich heftigen Krise für mich. Das Hauptproblem war so eine Haltlosigkeit; ich hatte immer dieses Gefühl von der Haltlosigkeit und Illusion des Lebens. Und diese Illusion irgendwie zu füllen, oder was Bleibendes, was Darstellendes über das eigene Leben hinaus zu schaffen, das hat mich eigentlich schon immer bewegt. Das hat mich auch immer traurig gemacht, daß so etwas nicht existiert – etwas, das besteht über mein eigenes Leben hinaus. Und daß, wenn ich tot bin, alles vergessen ist. Ich hab' es einfach nie geschafft, 'ne andere Wertsetzung zu kriegen, die für mich okay wäre. Mittlerweile hat sich das zwar gewandelt, das ist jetzt anders geworden; aber zu der Zeit war das nicht so. Ich habe das erst später realisieren können, was das Arbeiten mit Steinen bedeutet. Für mich ist es ein Manifestieren, ein Manifestieren von Gefühl, von Gedanken, ein Ausdrucksmittel, das bestehen bleibt, auch nach mir. Ich bin mir zwar im Klaren, daß das eine Illusion ist, das mit dem ‚Nach-mir' – aber auch gerade diese Illusion, diesen Traum der Menschen: den möchte ich darstellen.

Vorher hab' ich mich durch die Schule gekämpft, so weit wie es ging. Weil ich ständig besoffen war, konnte ich auch kein Abi fertigmachen. Ich bin dann ausgezogen, hab' die Schule gewechselt und 'ne Menge gemacht: 'ne Menge Flucht, 'ne Menge probiert, um irgendwie klarzukommen, um neue Werte zu setzen für mich oder für mein Leben. Aber das hat alles irgendwie nicht funktioniert. Und das Handwerkliche, das war für mich schon immer etwas Grundlegendes. So eine sitzende Tätigkeit, büromäßig, in irgendeiner anderen Art und Weise Maschine, immer der gleiche Handgriff: Zack, zack, dum, dum, zack, zack – das wäre für mich die Sinnlosigkeit hoch zehn gewesen. Es mußte also etwas Sinnvolles sein, um überhaupt ein bißchen Halt für mich darzustellen. Ich weiß, Handwerk hat für mich schon irgendwo einen Sinn dargestellt, weil es 'ne Möglichkeit ist, was zu schaffen, Sachen umzuwandeln und was darzustellen, neue Formen zu machen. Und ich denke mir, beeinflußt bin ich da auch von meiner Mutter, die unheimlich viel handwerkliche Sachen gemacht hat. Mit der hab' ich auch 'ne ganze Menge zusammen gemacht, mit meiner Ma. Daß es die Möglichkeit gibt, Steinmetz zu werden, das ist mir nie klar gewesen. Ich mußte da schon irgendwie mit der Nase drauf gestoßen werden. Ich hatte mich eigentlich anders orientiert. Ich hab' einen Freund gehabt, der hat mit andern Leuten zusammen so 'ne Alternativschreinerei gehabt, mit Massivholz. Die wollten das ein bißchen vergrößern, wollten das aufziehen mit 'nem Meister und wollten Ausbildung machen. Da wollte ich eigentlich einsteigen und Schreinerei machen. Und der Wolfgang von der Schreinerei kam zufällig aus einem Ort, wo in der Nähe der Steinmetz-Betrieb ist, in dem ich dann gelernt hab'. Der hat mir davon erzählt, einfach erzählt, was das für Leute sind und was die arbeiten. Und irgendwann ging mir das Licht auf, daß es das ist, was mich von klein auf fasziniert hat: Formen in dieses unheimlich widerspenstige Material zu bringen. Schon als Kind hab' ich lieber Burgen aus Steinchen gebaut als Burgen aus Sand, und hab' da rumgepickert und rumgemeißelt. Hab' halt auch vor solchen Gebäuden immer gestanden – mit offenem Mund, völlig fasziniert. Das Gleiche in Holz hätte mich nie so fasziniert. Stein hat mich fasziniert. Wo man Stein heute sehen kann, das sind alte Sachen. Das sind Sachen, die' ne lange Geschichte haben, die 'ne ganz bestimmte Wirkung, 'ne ganz bestimmte Ausstrahlung haben. Wenn da ein Plattenweg ist, der zweihundert Jahre alt ist, wo dann irgendwann mal ein Baum drüber gewachsen ist und den auseinander gerissen hat, das ist einfach eine Manifestation von Zeit, von Geschichte, von Erleben, von viel Erzählen. Und ein verwilderter Friedhof, wo umgestürzte Steine liegen, das sagt viel. Das ist immer eine Geschichte. Das ist immer irgendwie märchenhaft. Und das sind für mich die Aspekte, die mich daran faszinieren.

Also: Auf Tippelei gehen wollte ich schon, bevor ich die Lehre angefangen hab'. Ich weiß gar nicht, wie ich darauf gekommen bin – weiß ich wirklich nicht mehr. Aber das war für mich, seitdem ich die Lehre begonnen hab' klar, daß ich das machen will, auf die Wanderschaft gehen.

Jetzt bin ich sieben oder acht Wochen unterwegs. Ich bin noch ganz frisch. Aber ich glaube, ich hab' bis jetzt schon ein ziemlich vielseitiges Spektrum mitbekommen. In Kassel bin ich los. Wir sind zu einer Frau am Bodensee gereist, das war 'ne Tischlerin. Die ist einheimisch geworden, auch eine Frau von Axt&Kelle, die ist drei Jahre gereist. Die hat da 'ne Feier gemacht, 'ne Einheimischenfete. Wir sind am Freitag los, und am Samstag war die Fete, und dann sind wir halt runtergetrampt, das ist klar. Dann sind wir 'n paar Tage am Bodensee gewesen, zwischendurch haben wir noch jemand abgeholt, die Sabine, eine Holzbildhauerin. Wir sind dann nochmal in den Odenwald, in die Nähe von Michelstadt Steinbach. Da ist ein Steinmetzkollektiv, da haben wir 'reingeschaut. Das sind auch Leute von Axt&Kelle, aber da ist auch einer von den Freiheitsbrüdern dabei. Wir sind ein paar Tage am Bodensee gewesen, und dann haben wir uns entschieden, daß wir 'ne Tippelei machen. Nach Ulm. Das haben wir dann auch gemacht, soweit wie es ging. Es war, glaub' ich, über die halbe Strecke. Ich weiß jetzt nicht mehr, wieviel Kilometer es

bis Ulm sind. Wir sind bis Rietlingen gekommen, und schon die ein, zwei Tage vorher war es anstrengend, weil die Füße kaputt gelaufen waren – Blasen, alles hat wehgetan. Das Kreuz hat wehgetan, weil der Beutel zu schwer war. In Rietlingen haben wir dann Arbeit gefunden. Wir wollten noch weitertippeln, wir wollten ja nach Ulm. Da sind wir dann auch hin. Da haben wir dann in der Münsterhütte geguckt, haben 'ne Adresse gekriegt. In Ulm haben wir uns dann in der Münsterhütte mit den Leuten unterhalten, und die haben uns erzählt von einer recht neugegründeten Hütte, die nicht staatlich ist, sondern privat in Konstanz. Da sind wir wieder nach Konstanz gejettet, haben uns in Konstanz ein bißchen umgehört. Da war aber auch nichts. Dann haben wir noch die Tage verbracht, und sind wieder zurück an den Bodensee. Da sind wir dann gesegelt, das war echt angenehm. Später hatten wir unsern Termin in Rietlingen. Und ich hab' da angefangen zu arbeiten. Die erste Woche hab' ich nur Scheiße gemacht, genau das. Ich hab' mir eigentlich geschworen, als ich aus meinem Lehrbetrieb 'raus bin, daß ich nie mehr in so einen Laden gehe, wo solche idiotischen Arbeiten laufen, wie ich's da wirklich zweieinhalb Jahre lang gemacht habe. Und ich komm' da rein und mach' die absolute Idiotenarbeit. Da ist einfach mit Preßluft Granit gestockt worden. Was Schlimmeres gibt es nicht. Es gibt einfach nichts Schlimmeres. Dann hab' ich trotzdem eine Woche lang Blockstufen gestockt, eine Treppe. Und nach vier Tagen dachte ich mir: Nee, kein Bock mehr, ich gehe. Aber ich brauchte Geld, also blieb ich.

Aber dann gab's auch wieder Momente, wo's gut war. Ich hab' einen Freund besucht, das heißt, ich wollte einen besuchen, der war nicht da. Da hab' ich halt ein paar Tage gewartet. Als er endlich kam, mußte er dann unbedingt nach Rotterdam. Da bin ich halt mit ihm nach Rotterdam. Am Meer, da war's schön. Von da bin ich dann Richtung Heiningen durch ein Dorf durch, da standen ein paar Leute auf dem Marktplatz, die haben Franzosen von 'nem befreundeten Dorf erwartet. Ich hab' mir das angeguckt und bin mit jemand ins Gespräch gekommen, mit jemand vom Dorf, und hab' den angesprochen auf den Brunnen, der vor dem Rathaus stand, was mir halt an diesem Brunnen aufgefallen war. Er hat grad' von einem Sanierungsprogramm, das im Dorf läuft, erzählt und er hat mich gefragt, wo ich Arbeit herkriege und so, da das halt in seiner Vorstellung ein Problem war. Da hab' ich ihm das genau erzählt. Wir standen also grad' vor diesem Brunnen und der war völlig kaputt. Der stand auf Spalt, der Brunnen, der Stein, die Säule, nicht, wie sich's gehört, auf'm Lager. Er war im Hochrelief gearbeitet in den Symbolen von der Stadt. Die waren völlig verwittert und abgeplatzt, und da hab' ich ihm erzählt: Wenn ich jetzt hier Arbeit suchen würde, ich würde zum Bürgermeister rennen und dem erzählen, was er sich eigentlich erlaubt – was für 'ne Frechheit das wär', seiner Bevölkerung, er als Ortsvorsteher, so einen Anblick zu bieten. Na klar, nicht mit den Worten. Ich würde ihm halt ein Angebot machen, würde ihm einen Kostenvoranschlag machen, würde ihm da eine fertige Sache auf den Tische legen, daß man das wieder angucken kann. Ich denke, der rennt da jeden Tag zwanzig Mal vorbei und sieht das nicht – von daher hat er auch gar nicht das Bedürfnis. Man muß einfach immer das Bedürfnis erwecken, und die freuen sich dann auch drüber.

Ich glaube, daß ich unterwegs neue Erfahrungen mache, in den verschiedenen Techniken der Steinmetzarbeit. Denn ob ich neue Techniken lerne, neue Arbeitsweisen, das liegt ganz an mir: Ich muß der Aktive sein, muß in einen Betrieb 'reingehen, von dem ich genau weiß: Der macht das und da kann ich das lernen. Auf jeden Fall hab' ich ein unheimlich starkes Interesse, handwerklich in traditionellen Arbeiten 'ne ganze Menge zu lernen. Ich weiß, wie es aussieht, ich weiß auch rein theoretisch, wie es zu machen ist, aber hab's einfach nie gemacht in meinem Betrieb, oder halt ganz selten. Ein, zwei Steine. Es gibt Betriebe, die hauptsächlich mit Hand arbeiten, da sind ganz andere Techniken gefordert, das sind halt auch Tricks. Das gibt's schon alleine hier auf dem Gesellentreffen: es sind ein paar Reisegesellen-Steinmetze hier gewesen, auch von Axt&Kelle. Die Heidi zum Beispiel, bei der geht so was schneller als bei mir und ich guck' mir das an und guck', wie sie das macht und seh', aha, stimmt genau, sie hat recht – wieso komm' ich da nicht auch selber drauf oder so. Wir haben hier 'ne Wand vorgefunden, 50 cm, 'ne doppelt gemauerte. Die Aufgabe war, einen Durchbruch zu machen und in diesem Durchbruch dann die Laibung und einen Bogen neu zu mauern, daß es 'ne Tür gibt von ein Meter achtzig Höhe und ein Meter dreißig Laibungsabstand. Der Stein ist Sandstein. Zuerst haben wir ein Gerüst gebaut, dann angezeichnet, von innen nach außen gezeichnet. Das war lustig: Du weißt ja nicht, wenn Du innen stehst in der Etage, wo ist das jetzt draußen, wenn Du auf dem Gerüst stehst. Aber man kann da irgendwie hoch zum Dachbalken messen und draußen wieder vom Dachbalken runter und rechts und links und Schichthöhen und so, es war auf jeden Fall richtig, es hat geklappt. Es hat hingehauen. Natürlich, da gingen zwar die Meinungen auseinander, daß die äußere und die innere Schichthöhe der Steine unterschiedlich war. Ich hab' immer gesagt, die haben die gleiche Fugenebene, und das hat auch gestimmt.

Und nun – also erstmal hab' ich einen Termin in Zwiefalten. Da führ' ich mit Freunden, mit denen ich 'ne Theatergruppe gemacht hab' – in meiner Lehre noch – ein Stück auf, zum dritten oder vierten Mal. Dann begeb' ich mich entweder allmählich wieder hier hoch, weil ich halt zwar keinen Termin, aber hier 'ne Arbeit hab' in L. Oder ich such' halt da unten Arbeit, das weiß ich noch nicht. In L. verdien' ich halt nicht so tierisch viel Geld. Hier war schon Sozialbaustelle, die Geld gekostet hat, man mußte Geld mit herbringen, um zu arbeiten. Die Arbeiterei war

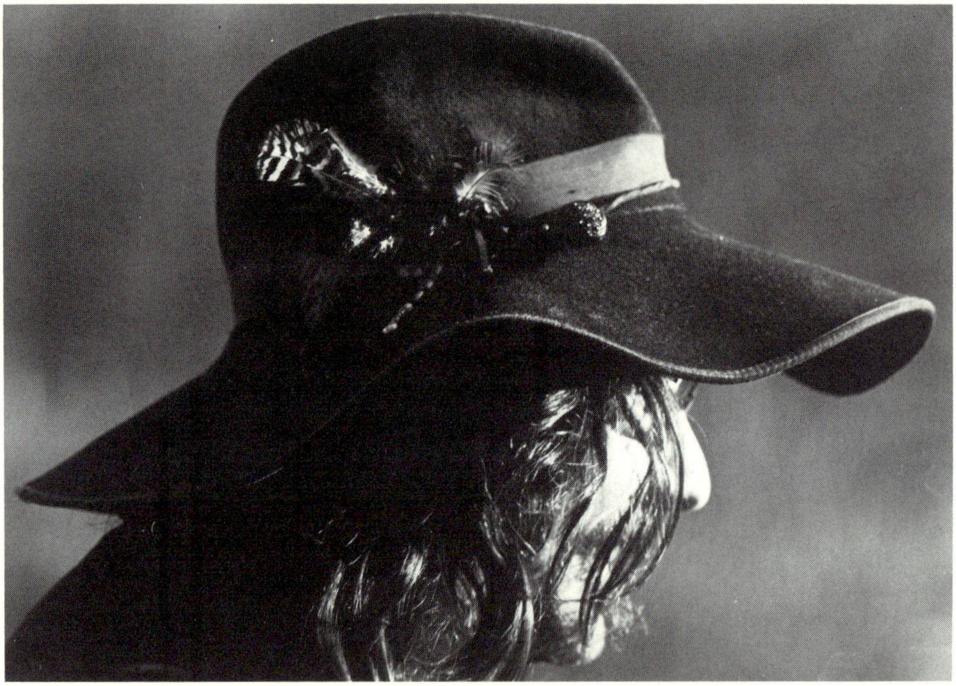

ein Geschenk für die Gruppe hier, für das Projekt. Und in L. wird halt nach dem dortigen Tarif gearbeitet, und das sind fünfzig Mark bar auf die Hand für den Tag, acht Stunden Arbeit und Kost und Logis. Ich meine, klar, das ist ein bißchen Geld, das ist acht Mark Stundenlohn, den ich da krieg': Das ist nicht so die Hölle, aber das ist halt wieder toll – es schreibt Dir keiner vor, wie und wann Du zu arbeiten hast. Und es sind tolle Leute, mit denen man sich unterhalten kann, und es liegt einfach total schön. Also für mich ist es das wert, für diesen Preis da zu arbeiten. Das ist für mich gar keine Frage, ich würde da auch für fünf Mark arbeiten. Es geht mir nicht darum, Geld zu verdienen, es geht mir um diese Aufgabe, den Bogen zu machen, das ist für mich 'ne Aufgabe. Wenn Du am Bogen den Bogenanfänger wegnimmst, dann macht es taktaktak und der ganze Bogen kommt 'runter. Den Bogen abzustützen und dann diese Riesensteine zu bearbeiten, diese Riesensteine, 300 – 400 Kilo-Steine wieder zu versetzen – das ist einfach für mich ein Ansporn, das zu machen! Ich freu' mich auf diese Arbeit und es ist für mich ein Lernen, es ist für mich nicht in dem Sinne eine Arbeit – es ist kein Auftrag nach Plan, den ich zu absolvieren hab', in der und der Zeit und es ist halt was anderes!

Ich bin losgegangen mit dem Wissen, daß ich losgehen muß. Auch weil es mir die Möglichkeit gibt, bewußt 'ne ganze Menge zu lernen. Das ist für mich ein Weg, mich bewußt zu konfrontieren mit Lebensängsten, mit Unsicherheiten allgemein. Das ist die Unsicherheit pur, Tippelei. Weil Du jeden Abend neu abchecken mußt, wo Du pennst. Das streßt einfach tierisch, wenn Du jeden Hinz und Kunz um irgendwas bitten mußt, weil Du keine Knete hast. Das ist für mich eine bewußte Konfrontation, um meinen Ängsten und Befürchtungen, meinem Mangel an Vertrauen im Leben zu begegnen. Im Sommer zum Beispiel hab' ich noch eine Woche in Goslar an einer Kirche gearbeitet, und dann drei Monate in Köln am Dom – das war wirklich die Krönung. Ich hab' da einfach vorgesprochen, aus Interesse an der Arbeit, und die haben mich sofort genommen. Ich war der erste reisende Steinmetz, der da war – sonst waren da viele französische Steinmetzen aus Straßburg. Zuerst habe ich einen Stein für eine Brüstung gemacht, für den äußeren Umgang. Aus Basaltlava – als Ersatz für die verwitterten, umweltgeschädigten Sandsteine.

Wenn ich nun merke, in 'nem halben Jahr, das hab' ich alles geschnallt, oder ich hab' für mich eine Möglichkeit gefunden, oder ich hab' für mich die Angst verloren, dann gibt's also aus diesem Grund keinen Ansporn mehr, weiter zu tippeln. Außer ich will weiter tippeln, und find' aus ganz anderen Gründen Gefallen an Tippelei.

Es ist nicht immer nur Sahne

Ich heiße Cay, bin jetzt schon fast zwei Jahre unterwegs, und mach' es eigentlich ganz gerne. Ich bin noch mit Freude dabei, und ich glaub', meine Wanderschaft wird noch länger dauern.

Ich hab' ziemlich spät mit meiner Zimmererlehre angefangen und bin ziemlich bald nach der Ausbildung auf Reisen gegangen. Mein Großvater war auch Zimmerer, und so ein bißchen mit Handwerk hatte ich immer schon zu tun. Im Schiffbau hab' ich auch mal gearbeitet. Also, ich hab' vorher ja einiges schon unternommen gehabt – bin auch mal vom Handwerk abgekommen, hab' nichts Handwerkliches gemacht, sondern bei der Post gearbeitet. Aber ich hab' gesehen, daß das nicht befriedigend war. So ein Handwerk ist für mich schön: Man hat einen Plan, man denkt sich was aus, und man kann etwas bauen oder etwas schaffen, was meistens doch alle brauchen können. Oder etwas, was besteht. Ich war vorher auch mal Jugendgruppenleiter und hab' Sozialarbeit gemacht. Zwar hat man den Leuten geholfen und hat vielleicht auch was Gutes gemacht und gedacht, das ist vielleicht auch sinnvoll, aber Resultate hat man nie sehen können. Das war für mich ein bißchen unbefriedigend. Aber im Handwerklichen, da hat man einen Plan, da überlegt man sich was, und dann entsteht was – das gefällt mir. Man lernt Häuser zu bauen. Auf'm Bau tätig zu sein, das ist ja 'ne Sache, die wird überall gebraucht. Es hat jeder das Bedürfnis, ein Dach über'm Kopf zu haben. Egal, ob ich nun in Frankreich bin, in Spanien oder Amerika oder sonstwo – überall wird so was gebraucht, und ich kann mich nützlich machen. Ich kann überall leben, ich kann überall was verdienen, ich komm' überall zurecht.

Angefangen hat alles in Hamburg. Dort hab' ich fremdgeschriebene Gesellen getroffen, und mit einem hab' ich zusammen gearbeitet. Wir haben einen Laden ausgebaut, und diese Baustelle dauerte zwei Monate. Die gemeinsame Arbeit und die Gespräche, die wir hatten, haben einen tiefen Eindruck bei mir hinterlassen: Danach bin ich mit ihm losgegangen. Vierzehn Tage sind wir zusammen gereist. Ich habe dabei vieles über Wanderschaft erfahren, eben nicht nur durch einen theoretischen Vortrag, sondern durch die alltäglichen Situationen und Probleme, die wir gemeinsam durchlebt haben.

Ab dieser Zeit bin ich alleine weitergezogen. Für mich stand es damals nicht an, jetzt gleich in einen Schacht zu gehen – weil ich von Vereinsmeierei nicht allzu viel halte. Für mich ist Wanderschaft eine Sache, die ich speziell für mich mache. Und dazu brauch' ich keine anderen. So bin ich ungefähr ein Jahr oder ein bißchen länger frei gereist, habe mich aber nach der Zeit dann doch entschlossen, dem Schacht Axt&Kelle beizutreten. Denn ich hatte da einige kennengelernt, und zwar Leute, die mir gefielen. Es waren persönliche Kontakte da, und an sich sehe ich

schon einen Sinn darin, daß man sich solidarisch verhält, mit anderen eine Gemeinschaft bildet, zusammen etwas baut, entwickelt und nicht nur immer als Einzelkämpfer durch die Gegend rennt. Ich bin zwar weiterhin fast ausschließlich alleine gereist, aber ich habe schon eine starke Bindung an den Schacht. Ich bin auch eingetreten, weil ich mir davon einiges versprochen hab', speziell von Axt&Kelle. Es ist so, daß zwar handwerkliches Können und das Reisen von Wichtigkeit ist, aber genauso diskutieren wir politische Inhalte. Es ist doch ganz gut, wenn man Gesellen hat, mit denen man darüber reden kann. Und seinen politischen Willen zu äußern, das ist machmal ehrenvoller und machtvoller, wenn man es solidarisch tut.

Der, mit dem ich zu Anfang gereist bin, das war ein Axt&Kelle-Mensch. Von daher gab es eine Beziehung zu dem Schacht. Beim Reisen hab' ich natürlich auch andere Schächte kennengelernt, oder wenigstens Reisende aus anderen Schächten. Zu den meisten hatte ich eigentlich sehr guten Kontakt. Wenn ich alleine reise, dann ist es schön, jemanden zu treffen, der das gleiche Schicksal hat. Man erzählt sich was, aber dann trennen sich die Wege auch immer wieder.

In der ersten Zeit fing es für mich schön an: Ich bin in die Schweiz gezogen und hab' da gleich die ersten Erfolgserlebnisse gehabt. Das hat mir das Wandern leicht gemacht, und wenn's später mal ein bißchen härter wurde, oder nicht so schön war, hab' ich mich immer gerne daran erinnert, an die erste Zeit in der Schweiz. Das gibt einem dann wieder Auftrieb. Man hat einen Höhepunkt gehabt zu Anfang – das währt natürlich nicht das ganze Reisen. Es ist ja nicht immer nur Sahne, sondern es gibt auch Augenblicke, wo ich traurig bin, alleine bin, ja die gleichen Probleme hab', wie man sie auch hat, wenn man einheimisch ist und zu Hause wohnt. Als Fremder muß ich mich ja alleine damit zurechtfinden, und das hab' ich dann auch gelernt. Ich hab' überhaupt in der Reisezeit sehr viel von mir erfahren. Die Menschen waren vielfach ein Spiegel für mich – ich hab' ein gewisses Verhalten gebracht, und die Leute haben reagiert. Und die Menschen haben gewechselt, aber sie haben alle ähnlich reagiert. Da hab' ich für mich natürlich den Spruch draus gemacht: Das bin ich, ja immer ich. Ich bringe ein Verhalten, und die Leute verhalten sich immer identisch. Wenn ich letzten Endes da eine Rolle bekomme, die mir nicht gefällt, dann bin ich das auch. Dann muß ich bei mir was ändern. Wenn irgendwie 'was anders wird, wenn ich anders drauf bin, mich anders verhalte, eine Situation anders probiere – dann krieg' ich auch das Feedback von den Leuten. Ich hab' immer die Möglichkeit, neu anzufangen.

Als ich noch zu Hause war, hab' ich in einem Wohnprojekt gelebt. Das hab' ich mit aufgebaut, da wohnten wir mit 100 Leuten zusammen. Da hab' ich auch Verantwortung übernommen und das mit mehreren organisiert. Ja, da hatte ich sehr schnell eine Rolle und war ein bißchen festgenagelt. Auf Wanderschaft gehen, ist eben eine Chance. Ich kann eben immer neu anfangen, kann immer 'ne neue Möglichkeit für mich schaffen, ein bißchen experimentieren. Die Leute kennen mich nicht, und dann ist das egal, ob du mal daneben bist. Ich kann mit meinem Verhalten experimentieren, und das ist 'ne spannende Sache.

Ich bin viel alleine gereist, und da hat man natürlich Gefühlsschwankungen. Man ist mal traurig, und es ist dann nicht unbedingt jemand da, der einen in den Arm nimmt, der einen tröstet oder der einem zuhört. Mit so einer Situation muß man dann auch fertig werden. Das ist mir denn auch gelungen. Ich hab' das Rezept entwickelt, daß ich viel zu Fuß gehe. Ich wander' einfach und wander'. Die Zeit vergeht, man wandert und trifft andere Menschen. Man kriegt andere Eindrücke, man wird von dem eigentlichen Problem 'n bißchen abgelenkt, man wird wieder lockerer, und es passieren dann auch wieder schöne Sachen. Ja, man wird zuversichtlicher – also, ich bin eigentlich Optimist geblieben.

Ich hab' mal in Kopenhagen mit mehreren Gesellen zusammengearbeitet, und dann auch noch mal 'ne Baustelle gemacht, auf der auch andere Reisende waren. Aber so die Wanderschaft, das Umherziehen, tippeln hab' ich eigentlich immer alleine gemacht, weil das Zusammenreisen mit jemand auch 'ne schwierige Sache ist. Zu zweit oder zu dritt, da mußt du viel Kompromisse machen. Das verfälscht auch alles, da macht man Sachen, zu denen man eigentlich gar keine Lust hat. Wo man sagt: Naja gut, du mußt dich nicht immer durchsetzen, jetzt hat der andere mal den Vorrang.

Also man reist nicht nur um des Reisens willen, sondern die Arbeit spielt auch 'ne Rolle. Man liebt seinen Beruf, macht 'n bißchen auf Idealismus. Man will ja auch beruflich weiterkommen. Auf der Tippelei ist auch mein Selbstvertrauen erheblich gewachsen. Durch die Zeit habe ich Routine bekommen. Die anfängliche Angst – schafft man's, oder schafft man's nicht – wich. Ich bin nirgends rausgeflogen, ich habe meine Arbeiten immer zu Ende geführt. Mit jeder Arbeit, die man auch komplett zu Ende macht, wächst man auch fachlich und man traut sich mehr zu.

Da bin ich mal in einem Betrieb gelandet, in dem ich einen Monat war, das war in der Schweiz, im Kanton Aargau in der Nähe von Zürich. Da wurde ein Kirchturm gebaut, den hab' ich mit dem Meister und noch zwei Gesellen abgebunden und auch gerichtet. Das war ein tolles Bauwerk: also ziemlich hoch, so nach alten Gesichtspunkten, wie das auch früher konstruiert war. Und 'ne schöne Sache, an die ich mich gerne erinnere, war das Richtfest. Zu einem anständigen Bauwerk gehört auch ein schönes Richtfest, und bei so einem Richtfest spricht halt der Zimmermann einen Richtspruch. Dann hab' ich mir ein bißchen Zeit genommen und ein langes Gedicht gemacht, zum Bauwerk und zur Situation: Die Kirche war abgebrannt gewesen, und da gab's Streit mit Juristen. Das hab' ich dann alles schön in

Versform gebracht, dann noch mal aufgeschrieben auf schönem Papier mit Tinte, und dann ist dieser Richtspruch in die Kugel an der Kirche gekommen, direkt an der Spitze vom Turm. Das ist ein ideeller Wert, es ist ein schöner Gedanke, daß man irgendwas gemacht hat, was vielleicht noch länger existiert.

Der Kirchturm, ja das war auch eine gute Erfahrung vom Handwerklichen. Das ist eine große Sache, so ein Kirchturm – aber setzt sich aus vielen kleinen Teilen, aus kleinen Elementen zusammen. Und das Komplizierte ist eigentlich, daß viele kleine Sachen ein Großes machen.

Naja, es gab nicht nur die Schweiz. Ich bin sowohl nordwärts als auch südwärts gezogen, mal gab's mehr Arbeit, mal weniger. Wo's mir auch gut gefallen hat, war Skandinavien. Also besonders Dänemark, da liegen mir die Menschen eigentlich mehr. Sind vielleicht ein bißchen toleranter als bei uns. Kann vielleicht auch täuschen, und es war nicht repräsentativ, was ich erlebt habe. Aber für mich war das schon ganz gut. Ich hab' in Kopenhagen gearbeitet und auf Jütland mal im Kollektiv, mal in 'ner normalen Firma im Handwerksbetrieb. Das wechselt sich übrigens sehr ab auf der Wanderschaft, ob man im Betrieb arbeitet, im Kollektiv, sich die Arbeit frei sucht, oder ob man auf der Straße angesprochen wird und die Arbeiten gleich ausführt.

In Padborg hatte ich zwei Tage in einer Zimmerei gescheniegelt. Der Einbau einer Decke klappte auch recht zügig, und die waren damit zufrieden. Die hatten mir gesagt, sie würden mich wohl 'ne Woche nehmen. Aber dann passierte mir am selben Tag noch ein Unglück: Wurde mit 'nem Kollegen abgerufen, so 'ne schwere Glasscheibe einzusetzen, 'ne Thermopanescheibe. Und kräftig wie ich bin, pack' ich zu – die Scheibe geht kaputt. Es entstand sehr schnell ein Schaden von 6000 Kronen oder so. Das Teil war nicht versichert, und dann dachte ich: Naja, jetzt kann ich meine Papiere nehmen und gehen. Aber die Reaktion war irgendwie total unerwartet – man sagte mir: Das kann ja jedem passieren, uns ist das auch schon mal passiert, mach dir da man keine Gedanken. Und ich konnte weiterarbeiten! Ich hab' dann da noch sechs Wochen gescheniegelt und hab' mich sehr wohl gefühlt in dem Betrieb. Das Betriebsklima war anders, als ich das aus dem deutschen Lehrbetrieb kenne, aus dem ich kam. Das Verhältnis zum Chef war anders, und die Leute arbeiteten vielleicht ein bißchen selbständiger. Es funktioniert nicht so mit Druck, und die gewerkschaftliche Seite im Betrieb ist auch anders als bei uns. Dort waren sie fast zu 100% organisiert, und das bedeutet auch, daß der Arbeitsschutz wesentlich besser ist. Wenn da Probleme erkannt werden, dann ist 'ne starke Gewerkschaft da – und dann werden eben gefährliche Stoffe sehr schnell aus dem Verkehr gezogen. Das passiert in der Bundesrepublik eben nicht so schnell.

Es gab natürlich, besonders anfangs, auch Zeiten, wo's hart war. Aber den Umgang mit Problemen, den hab' ich jetzt gelernt. Wenn ich keine Arbeit und kein

Geld habe, weiß ich mittlerweile, wie ich damit umgehen kann. Ich hab' Hunger, ich hab' keine Arbeit, hab' kein Geld – was mach' ich also? Ich brauch' was zu essen, gut, dann frag' ich jemand. Wenn ich lerne, meine Bedürfnisse zu artikulieren und das anzusprechen, dann passiert es fast immer, daß die Leute Ja sagen. Wenn ich Hunger hab', krieg' ich was zu essen. Und wenn ich Arbeit brauche, unbedingt brauche, dann klappt es auch. Sei's, daß man nur für einen Tag oder so beschäftigt wird, aber wichtig ist, daß man sich öffnet und sagt, was mit einem los ist. Gedankenlesen können andere Menschen nicht, die gucken nicht in einen rein.

Ja, was versteh' ich unter Tradition? Sagen wir mal so – erstmal die Äußerlichkeiten, die einen Reisenden ausmachen. Da hab' ich es eigentlich so gehalten: ich hab' mich einmal entschieden, loszureisen; und da ich das zuerst freireisend getan hab', hab' ich gesagt: ich paß mich den Regeln der anderen Schächte an. Darüber hab' ich mich auch informiert, und ich wurde auch von einigen Reisenden belehrt und unterwiesen. Nachdem ich einmal die Entscheidung getroffen hatte, eine ganz traditionelle Kluft zu tragen, hab' ich gesagt: Gut, ich geh' auf Wanderschaft, hab' diese Entscheidung getroffen, hab' meinen Haushalt aufgelöst, mein Bündel gepackt und hab' Ja dazu gesagt. Das stelle ich bis heute eigentlich nicht in Frage, und das macht es für mich ganz einfach. Wenn man irgendwie Zweifel hat – ist es nun richtig, daß ich traditionell reise und daß ich die Kluft hab'? – dann reibt man sich in Selbstzweifeln auf. Ich hab' das erstmal so für mich hingestellt: Ich mache das so, in der Form, und dann zieh' ich das durch. Dadurch hab' ich irgendwie Freiheit und meine Gedanken sind frei für andere Sachen, die so passieren.

Meine Tippelei hat sich bis jetzt auf Europa beschränkt, aber ich möchte auch noch weiter reisen, nach Amerika. Ich war vorher auch schon mal in Amerika, in Südamerika. Da hab' ich auch gesehen, daß es viel Fremdes gibt. Und warum sollte ich das nicht auf Tippelei noch mal auffrischen und da weitermachen, wo ich schon mal war? Meine Reisen von damals und heute werden sich sicherlich unterscheiden, weil ich damals mehr Tourist war. Hatte mein Geld im Sack, bin hierhin und dahin gejettet, aber mit der Bevölkerung hatte ich eigentlich weniger zu tun. Wenn man jetzt als Geselle reist, ist es doch schon ein bißchen anders. Man hält sich in der Regel länger in einem Ort auf, man legt häufiger Stationen ein, und da entstehen schon intensive Kontakte – auch dadurch, daß man arbeitet, vielleicht in 'ne Familie reingerät oder in einen Betrieb, wo man auch wohnt.

Easy Living

Ich bin Nico, Zimmerer aus Lübeck. Ich bin jetzt seit einem Jahr auf Tippelei und gerade erwandert worden. Das heißt, daß ich den Aspirantenstatus, den ich vorher hatte, eingetauscht hab' gegen den als Vollmitglied. Es ändert sich nichts Großartiges. Du erzählst auf dem Handwerksaal, was du die Zeit gemacht hast und warum du bei Axt&Kelle wandern willst. Dann kommen zwei Gesellen, die machen den Fürsprecher für dich, und damit bist du erwandert. Also losgegangen bin ich nach 'nem Gesellentreffen vor einem Jahr. Und von da aus bin ich dann nach Freiburg gegangen und hab' da bei den Anthroposophen scheniegelt. Dann bin ich nach Basel gegangen, hab' da in 'ner Firma scheniegelt und in 'nem besetzten Haus gewohnt, und das wahr echt die wertvollste Erfahrung für mich bislang auf Tippelei. In einem besetzten Haus zu wohnen: Naja, hast halt 'nen sozialisierbaren Kühlschrank, weil du ziemlich viel Geld verdienst in der Schweiz.

Als das zu Ende war, bin ich ziemlich schnell wieder hochgetrampt zum Wintertreffen. Und hab' dann noch zwei Gesellen getroffen, die auch nach Gomera und da überwintern wollten. Dann haben wir uns halt gesagt, das ist 'ne kleine Insel, wir treffen uns da schon irgendwie. Und dann bin ich bis nach Madrid getrampt und dann mit dem Flieger rüber nach Gomera. In Gomera hab' ich auch die beiden Gesellen wiedergetroffen. Und da haben wir für Spanier und auch für Deutsche scheniegelt. Wir haben ein Dach für jemanden gemacht, der schon seit einem Jahr auf 'n ortsansässigen Zimmermann gewartet hat, und die Mauern schon längst stehen hatte – aber das Dach kam eben nicht. Dann haben wir ihm das Dach darauf gesetzt, und dafür hat er uns ein Haus gegeben, was wir über drei Monate bewohnen konnten, so'n extra Haus für uns.

Und den letzten Monat hab' ich noch in der Stadt gearbeitet für zwei Holländer, zwischendurch dann auch noch mal für 'nen Spanier. Aber, wenn du davon leben wolltest, daß du für die arbeitest, dann müßtest du total straight arbeiten, also auch alles machen. Ich habe Steine gekloppt und Lasten geschleppt und mehr oder weniger auch'n bißchen gemauert. Überhaupt keine Zimmererarbeit gekriegt. Und das gibt halt so fuffzig Mark am Tag. Da kannst du nicht großartig von leben.

Das ist 'ne witzige Art, da zu arbeiten, weil die 'nen andern Lebensstil draufhaben. Dieses mañana – also morgen, morgen – das funktioniert da. Und das funktioniert für alle eben. Da leben alle mit, und da arbeiten auch alle mit. Ja – irgendwann wird dann auch mal was fertig. Es dauert halt irrsinnig lange, und, ich mein': es ist natürlich auch schwierig, auf die Weise vernünftig zu arbeiten. Es waren viele Experimente, die ich grad' für die Holländer gemacht hatte. Das waren auch so Putz- und Mörtelarbeiten. Und da hätte ich schon hier 'n bißchen Schwierigkeiten gehabt, dafür die Materialien zu besorgen, aber in Spanien gibt's zum Beispiel so manche Sorten Putz gar nicht. Rigips-Putz, der total einfach zu verarbeiten ist, den kennen die nicht. Die kennen noch den alten Kalkmörtel, den mußt du innerhalb von zehn Minuten ganz schnell verarbeiten. Oder, wie mir ganz zum Schluß ein spanischer Arbeiter verraten hat: Da mischst du 'n bißchen Sulfat mit rein. So streckt sich die Zeit, in der's verarbeitbar ist, um gut eine halbe Stunde. Aber das sagen die dir auch erst, wenn du abreist. Also, die ersten zwei, drei Wochen haben wir eh kaum gearbeitet, weil das so lange gedauert hat, bis das Holz für das Dach da war. Ein großer Sparren, der mußte extra aus Teneriffa kommen, und da hab' ich das zum erstenmal kennengelernt: mañana, mañana.

Also, das ist'n easy living: So um neun fängst du an zum Kaffeeshop hinzugehen, trinkst da erstmal 'nen Kaffee, dann kommt dein Arbeitgeber da angerannt und dann: „Hey, los komm, laß uns mal gehen." Dann wird erstmal 'n Joint geraucht, und dann wird 'n bißchen gearbeitet und dann wird noch 'n Joint geraucht, und dann ist es auch bald zwölf, und dann wird drei, vier Stunden Pause gemacht. Siesta – dann liegst du drei, vier Stunden am Strand und um vier gehst du eben wieder zur Arbeit. Und dann wird so bis sieben, acht gearbeitet, wenn was fertig werden muß. Manchmal bis sechs, wenn du halt kein' Bock mehr hast. Das ganze immer in Kluft, also Klufthose, Staude und Mütze auf. Da haben uns auch viele Urlauber drauf angesprochen. Aber deshalb trägst du ja Kluft, damit du als Handwerker erkennbar bist und die Leute dich darauf ansprechen können. In Deutschland ist es da einfacher. In Spanien mit einem großen Hut zu reisen – die lachen sich kaputt. An allen Ecken und Enden. Ich bin da auch zu Fuß gewandert, über Teneriffa vom Flugplatz zum Fährhafen. Und das war echt heavy: „Hey, Cowboy, Cowboy!" riefen die Lütten immer. Das hat mich schon genervt. Als ich dann auf Gomera war, hab' ich erstmal meinen Charlie ausgepackt und da hatte ich halt meine kleine Mütze drin, und damit läuft das lockerer.

Ob ich zwei Jahre und einen Tag reisen werde? Ich glaube länger, das wird wohl 'n bißchen länger sein. Das heißt, jetzt hab' ich auch schon den Gedanken gehabt, daß man ja auch ganz einfach als Geselle reisen kann, indem du halt ein ganz normaler reisender Geselle in Jeans und so bist, mit Auto und Werkzeug drin. Das kann man auch machen, und deshalb denk' ich, daß es für mich auch so sein kann, wenn ich genügend Erfahrungen im normalen Reisen gesammelt hab'. Wenn mir das nicht mehr soviel bringt, dann werd' ich das mal probieren – aber dafür muß ich mich halt einheimisch melden.

Was mir fehlt unterwegs – klar, das ist 'ne feste Beziehung mit 'ner Frau. Die fehlt dir auf jeden Fall. Und das Gefühl, daß du nach Hause gehen kannst, die Anlage anschaltest – und ein Auto manchmal. Das sind halt Sachen, auf die du verzichten mußt in der Zeit. Das weißt du auch vorher. Ich meine, das war mir schon vorher klar, daß das so sein würde.

Ich komm' mit Tippelei auch gut alleine zurecht

Ich bin die Karin, freireisende Korbflechterin. Tippelei und Wandergesellen – bis vor zwei Jahren wußte ich eigentlich gar nicht, daß es Wandergesellen in Deutschland überhaupt noch gibt. Ich war dann höchst erstaunt, als ich von einer Freundin gehört hab', daß sie 'ne Schreinerin kennt, die jetzt bald auf Tippelei geht. Und – dann fing's bei mir so ein bißchen an mit der Suche nach Leuten, die so unterwegs sind. Ich hab' 'ne Zeitlang rumschauen und rumforschen müssen, bis ich an die erste Adresse gekommen bin, von Axt&Kelle-Gesellen. Ich war gerade im zweiten Jahr meiner Korbflechterlehre, und bei mir gab's die Überlegung, nach der Lehre eine Zeitlang unterwegs zu sein, zu reisen, auf diese Art und Weise viel vom Handwerk mitzubekommen. So nach ein paar Wochen hab' ich dann auch die Kontaktadresse von Axt&Kelle herausbekommen. Zwischendrin sind mal ein paar Gesellen bei uns an der Korbflechterschule aufgetaucht und so nach und nach hab' ich immer mehr davon gehört. Hab' auch mitgekriegt, daß seit ein paar Jahren Frauen unterwegs sind und hab' mir dann von Axt&Kelle die Selbstdarstellung vom Schacht schicken lassen. Die Reiseberichte von Frauen haben mich natürlich besonders interessiert. Vor anderthalb Jahren war ich dann zum ersten Mal als Aspirant in spe auf dem Axt&Kelle-Sommertreffen in Huntlosen. Das hat mich begeistert, die Leute kennenzulernen und zu erleben. Ich hab' gesehen, daß das ein großer, bunter Haufen ist, wo Leute in all ihrer Unterschiedlichkeit ihren Platz haben. Für mich war dann der Gedanke, nach Beendigung meiner Lehre selbst loszugehen, immer näher gerückt. Ich hab' mir überlegt, noch ein viertel oder ein halbes Jahr in einem Betrieb zu arbeiten, um mehr handwerkliche Sicherheit zu bekommen. Zu dem Zeitpunkt hatte ich überhaupt nicht viel Ahnung vom historischen Reisen der Korbflechter. Ich wußte, daß Korbflechter auch irgendwann mal unterwegs waren, wenn auch auf andere Art und Weise. Für mich war das auch erstmal nicht so wichtig; für mich erschien das Wandergesellendasein eine Möglichkeit zu sein, Reisen, Arbeiten und Lernen zu verbinden und dabei eine Lebensform zu finden, die auch sehr viel Selbsterfahrung, Selbstfindung bringt.

Ja, so die erste Anlaufschwierigkeit war dann, daß Axt&Kelle ein Schacht für Bauhandwerker ist. Das war zu dem Zeitpunkt der einzige für Frauen, aber eben auch nur für Frauen im Bauhandwerk. Und ich war dann die zweite Frau, die aus einem anderen Beruf kam und angefragt hat, wie's denn ausschaut, ob ich bei Axt&Kelle mitreisen kann.

Ja, dann gab's erstmal 'ne kurze Diskussion auf dem Handwerkssaal, wie denn das nun ausschaut mit baufremden Berufen. Konsens war dann wohl, daß Axt&Kelle Leute aus anderen Berufen wohl auf Tippelei bringt, aber daß diese Gesellen da nicht erwandert werden.

So ungefähr ein dreiviertel Jahr, nachdem ich das erste Mal auf einem Gesellentreffen war, hat für mich dann auch festgestanden, daß ich losdüse, daß ich auf jeden Fall losgeh', erstmal unabhängig davon, ob ich nun in dem Schacht mitreisen kann oder will, oder alleine losgehe.

Für mich hat Tippelei im Hinblick auf Korbflechterei auch noch einen anderen Aspekt bekommen. Korbflechterei ist ein aussterbendes Handwerk in Deutschland und Tippelei erscheint mir als gute Möglichkeit, alten Handwerken ein Stückweit nachzuspüren und von alten Handwerken noch etwas mitzubekommen, bevor sie aussterben. Und wie es früher für die Gesellen aus wirtschaftlichen Gründen notwendig war, zu wandern, erscheint mir das heute, ebenfalls ein Grund dafür zu sein.

Korbflechterei ist in Deutschland heute ein schlechtbezahlter Beruf. Für Leute, die aus der Berufsfachschule für Korbflechterei kommen, gibt es oftmals keine Möglichkeiten, eine Stelle zu finden, vor allem eine Stelle, in der man ein Stückweit von dem realisieren kann, was man sich unter Korbflechterei vorstellt: kreatives Arbeiten von Körben und Möbeln. Solche Stellen in Deutschland zu finden und dann noch angemessen bezahlt zu werden, ist fast unmöglich. Öde Fabrikarbeit – ja, das wäre 'ne Möglichkeit, aber das ist bei mir nach zwei Tagen Anschauen klar gewesen, daß ich das nicht möchte.

Letzten Sommer dann, nach Beendigung meiner Lehrzeit – im Juli hab' ich Gesellenprüfung gemacht – wurde es dann auch wirklich klar, daß ich im Herbst losgehe. Bin dann nach Lutter zum Gesellentreffen zugereist, auch um mir jemand zu suchen, der mit mir losgeht. Und das war so eine von den ersten größeren Hürden, die ich auf Tippelei zu nehmen hatte: jemanden zu finden, aus 'nem ganz anderen Beruf, der bereit war, seine Tippelerfahrungen mit mir gemeinsam zu machen. Ich wurde dann ziemlich oft auf den Freien Begegnungsschacht verwiesen, gerade von den Frauen von Axt&Kelle, die meinten: „Du als Korbflechterin, was willst du bei uns?“ Und grad von Frauen hat mich eine solche Zurückweisung doch am meisten getroffen, weil ich immer noch so 'n Stückweit die Idee von Frauensolidarität hatte. Grad' in so 'ner Sache wie Tippelei, die Frauen sich auch erkämpfen mußten. Ich hatte gehofft, von anderen Frauen da auch so'n Stück Rückendeckung zu bekommen. Ich bin dann ziemlich enttäuscht und geschafft vom Lutter-Treffen wieder gefahren; es hatte sich nichts Konkretes ergeben mit jemandem, der mit mir losgehen konnte. Es waren zehn bis fünfzehn Aspiranten da, meistens Schreiner und Zimmerer, die alle mehr oder weniger auf Exportgesellen-Jagd waren, und irgendwann hab' ich gemerkt: Nee, das ist jetzt nicht der Platz, jemanden zu suchen. Gleichzeitig wurde mir auch klar, daß ich nicht mit den Elefanten reisen wollte, daß ich es mir nicht vorstellen konnte, mich sofort beim Losgehen auf drei Jahre Reisezeit zu verpflichten.

Ja, und so beschloß ich dann, mir jemanden zu suchen, der auch als freireisender Geselle oder Gesellin unterwegs ist – wenn ich auch den etwas abfälligen Begriff ‚Speckjäger' in meinem Kopf hatte. Angeschrieben hab' ich dann zwei Frauen, die ehemals bei Axt&Kelle unterwegs waren, von denen ich wußte, daß sie beide jetzt als freireisende Schreinerinnen wandern. Eine von ihnen – Simone – hat sich dann auch 'ne Woche später bei mir gemeldet und gemeint, ja, sie hätte Lust mich auf Tippelei zu bringen. Ja, gekannt haben wir uns so ganz flüchtig und haben uns dann 'ne Woche später getroffen und beschlossen, daß wir Mitte November losgehen, daß sie mich in Coburg abholt und wir versuchen werden, 'ne Zeitlang gemeinsam zu reisen und zu scheniegeln.

Eine andere Überlegung war für mich auch noch die Kluftsache: Bevor ich losgegangen bin, hab' ich versucht, im Korbflechtermuseum und in alten Büchern etwas über reisende Korbflechter und auch über die Kleidung von Korbflechtern zu finden. Aber ich hab' nichts entdeckt und im Gespräch mit alten Korbflechtern hab' ich dann auch gehört, daß es sowas wohl nie gegeben hat, 'ne richtige alte Korbflechterkluft. Und dann hab' ich beschlossen: Ich trag' die Reisekluft der Gesellen, die eigentliche Zimmererkluft, vielleicht mit ein paar kleinen Abänderungen. Ich hab' dann versucht, mir eine Kluft zusammenzustellen, die auch 'ne Reisekluft für 'ne Frau ist. Was mich an dieser Kluft oft gestört hat, wenn ich sie bei Frauen sah: daß das 'ne Männerkluft ist, sie ist auf Männer zugeschnitten. Aber mich als Frau in diese Sachen zu zwängen, in diese geraden Hosen, geraden Westen ohne Taille und engen Jacketts – das erschien mir einfach unpassend. Ich wollte, wenn ich schon keine Hinweise auf eine Korbflechterkluft gefunden hatte, dann zumindestens die offizielle Reisekluft tragen, aber so, daß ich mich wohl darin fühle. Zusammen mit Simone hab' ich dann einer Schneiderin im Odenwald den Auftrag gegeben, uns 'ne Kluft zu schneidern. Simone war zwar schon 'ne Zeitlang unterwegs, wollte aber auch ein paar neue Sachen. So habe ich mir einfach Schnitte besorgt für eine Hose, die halbwegs bequem ist und nicht drückt, 'ne Weste, die eher tailliert ist anstatt gerade runtergeschnitten. Und auch meine Jacke finde ich recht bequem, sie ist so geschnitten, daß sie Frauen eher angepaßt ist. Das sind Sachen, in denen ich mich wohlfühle.

Ja, Mitte November ging ich dann los. Die Zeit vor dem Losgehen, das war eine recht intensive Zeit, grad' so mit den Leuten, mit denen ich zu tun hatte und mit dem Gedanken, das jetzt alles für zwei Jahre zu verlassen. Ich hab' gemerkt, wie sich meine Erwartungen an mich und andere Leute veränderten.

Gut vier Monate bin ich jetzt unterwegs. Was mir am wichtigsten war in dieser Zeit: das Zusammenreisen mit anderen Gesellen, viele intensive Begegnungen, oft kurz und trotzdem sehr eindrücklich. Mein Handwerk – ich weiß es nicht. Die erste Zeit hab' ich mit Simone in der Nähe von Heidelberg in 'ner Schreinerei gearbeitet.

Es war recht interessant für mich, Einblick in ein anderes Handwerk zu bekommen. Ich war dann wieder auf einem Gesellentreffen, war dann noch 'ne Woche lang mit einem Zimmerer von Axt&Kelle auf Tour, und dann hab' ich gemerkt: Jetzt wird's wirklich Zeit für den ersten Alleingang. Endlich: Korbflechtereien aufsuchen. Flechten, Weiden in den Fingern spüren, in meinem Handwerk weiterkommen, was dazulernen.

Ganz schön Bammel hatte ich schon vor dem ersten Schritt. Weil doch kein Mensch weiß, daß es in Deutschland überhaupt reisende Korbflechtergesellen wieder gibt. Und grad' in meine handwerklichen Fähigkeiten hatte ich am Anfang nicht so viel Vertrauen. Grad' so Leute von der Fachschule haben doch den Ruf: Naja – können recht viel und recht nette Sachen, aber gute Handwerker sind sie deswegen noch lange nicht. Ja, mit den ganzen Gefühlen im Kopf und im Bauch bin ich dann nach Oberschwaben gereist und hatte auch guten Erfolg. Hab' bei verschiedenen Korbflechtern scheniegelt, oft nur für 'ne Woche oder ein paar Tage, aber ich hab' das erreicht, was mir erstmal wichtig war: anfangen zu flechten, in verschiedene Werkstätten zu kommen, den Arbeitsprozeß mal von dieser Seite zu erleben. So die ersten drei Wochen danach war ich mächtig stolz auf mich: Ich hab's geschafft, ich bin unterwegs und kann soviel in meinem Handwerk, daß ich davon auch unterwegs leben kann. Ich hatte gute Kontakte zu den Leuten bekommen, bei denen ich gearbeitet hatte, so gut, daß mich ein Korbflechter bat, doch für drei Wochen Urlaubsvertretung bei ihm zu machen, während er in Frankreich war. Ich war dann nochmal 'ne Zeitlang mit einem anderen Gesellen unterwegs, auf Sylt. Und dann hab' ich wieder eine Scheniegelei festgemacht für April/Mai: ein paar Wochen Strandkörbe flechten.

Die ersten Wochen des Viel-Umherreisens und Viel-Unterwegsseins, der Neugierde auf viele Begegnungen, auf Sich-Erleben in der Rolle und in der Kluft des Handwerksgesellen war dann erstmal vorbei. Dann ist auch mein handwerklicher Ehrgeiz zum Vorschein gekommen: ich wollte zulangen, weiterkommen, Erfahrungen sammeln.

Im Moment reise ich alleine und hab' auch noch vor, das 'ne Zeitlang zu tun. Am Anfang meiner Tippelei war es wichtig, Kontakt zu Gesellen zu bekommen, mit ihnen auch gemeinsam zu scheniegeln. Im Laufe meiner Tippelzeit trat das immer mehr in den Hintergrund. Ich habe gemerkt, daß es mir wichtig ist, in meinem Handwerk zu lernen, und daß ich mich auch auf das Reisen, auf die Begegnungen mit den Menschen, mit den Situationen viel intensiver einstellen kann, wenn ich alleine unterwegs bin. Für mich ist das auch ein Stückweit Mir-Beweisen-Wollen: Ich komm' mit Tippelei auch gut alleine zurecht.

Da fluchte Mister Saba

Moin, moin, ich bin der Gerfried und komme aus Winsen an der Luhe. Von Beruf Zimmerer, dreieinhalb Jahre gereist bei den Freiheitsbrüdern, vor ein paar Monaten einheimisch gemeldet.

Wie kam es eigentlich zu dem Beruf Zimmerer? Das hat schon mit Tippelei zu tun. Es war anno 1982, als ich mal im STERN einen Bericht gelesen habe über die reisenden Gesellen. Wanderschaft – das hat mich irre interessiert: Also, diese Gestalten, die da in Schwarz durch die Lande tippeln und sich Land und Leute anschauen. Ja, da wußte ich eigentlich noch gar nicht, was ich werden wollte von Beruf. Und ich denke, Mensch – Zimmerer, das wäre ja eigentlich 'ne schöne Sache; mit Holz arbeiten. Holz ist irgendwie ein warmer Werkstoff, und du kannst es nach deinem Willen schon mehr oder weniger formen und dolle Sachen bauen. Naja und mein Glück war, daß ich gleich nach der zweiten Bewerbung eine Lehrstelle hatte. Ja, dann habe ich erstmal das BGJ [Berufs-Grundbildungs-Jahr] gemacht und die Lehrstelle dann 1983 angetreten. Und ich habe dann doch erstmal wie jeder andere Jugendliche, der das Glück hat, eine Ausbildungsstelle zu haben, ganz normal meine Lehre gemacht. Das wär's denn auch eigentlich gewesen. Ich wär' dabei geblieben, wenn ich nicht dieses Bild im Hinterkopf gehabt hätte, das ich mal in 'ner Illustrierten gesehen hatte. Das war so ein doppelseitiges Bild eines reisenden Zimmerer-Gesellen, der in Genf schafft und oben auf dem Dachstuhl 'nen Dachsparrennagel einhaut. Im Hintergrund, da waren diese blauen Berge, die Weite, und das hat mich wirklich irre fasziniert. Dieses Foto, das war das einzige, was ich aus diesem Bericht in Erinnerung behalten hatte. Dann war es auch so, daß sich während der Lehre vier angehende Gesellen aus den Lehrklassen zusammengefunden hatten und irgendwie mit der Idee spielten, auf Wanderschaft zu gehen. Das fing dann an im letzten halben Jahr vor Lehrschluß, da kümmerten wir uns so langsam drum. Ich ließ kümmern, ich hab' da eigentlich nicht soviel beigetragen; mich nicht um Adressen gekümmert und darum, wie man an diese Gesellen eigentlich 'rankommt. Adressen oder sowas hatten wir zuerst überhaupt nicht. Naja, und dann schließlich hatten wir Anschriften in Hamburg 'rausgekriegt. Hamburg, da ist ja eigentlich das Zentrum der reisenden Gesellen. Da triffst du zumindest immer welche. Naja, und dann sind wir mal bei den Schwarzschlipsen gewesen, und bei den Rolandsbrüdern in Norderstedt, und bei den Kellies auch. Ja, und bei den Freiheitsbrüdern waren wir. Was ich bei den Freiheitsbrüdern besonders gut fand: da war Harry Prengel, ein altes Hamburger Original, ein alter Maurermeister. Und in seinem schietendicken Sausebrand hat er sich neben mich gesetzt, so wie ich da saß, in meinen Kuhkoppklamotten: „Ach, du bist mir ja der Sympadischste." Das hat er jedem erzählt, jedem Vogtburschen: „Du bist mir ja der Sympadischste."

Er mir erstmal so'n dicken Schmatzer auf die Wange gedrückt. Dann hat er mir aber auch gesagt: „Schau dich um, es gibt auch noch andere Gesellenvereinigungen, wir sind nicht die einzigen." Naja, und irgendwie hat es mir schon von allen Schächten da am besten gefallen auf dieser Bude. Im April war dann die Freisprechung, und anderthalb Monate später war ich auf einmal eingebunden. Da ging das dann los. Wir sind tatsächlich alle vier bei den Freiheitsbrüdern gelandet, witzigerweise; zwei von uns sind später losgezogen, aber der Spaddel und ich, wir sind am 15. Juni unter mysteriösen Umständen auf der Bude von den Freiheitsbrüdern aufgetaucht. Dann dauerte es. Es wurde zehn – es wurde elf – es wurde zwölf. Und wir haben da irgendwie doch mit dem Herz in der Hose gesessen. Der Faßgeselle, der fürs Bier gesorgt hat, der kam schon mit glasigen Augen hoch und beruhigte uns: „Ihr kommt bald dran." Naja, und dann kam zuerst Spaddel, na und dann kam ich. Was dann auf dem Handwerkssaal gelaufen ist, kann ich euch ja nu' nicht sagen.

Dann gab's erstmal 'nen Zug über Reeperbahn und Fischmarkt, und dann ging es auch schon in die Fremde. In die Ferne nach Hannover, was ja nun echt 'n Katzensprung ist – aber für mich war das der Beginn des Reisens und Abenteuerlebens. Ich weiß auch nicht, was ich da für Vorstellungen gehabt hab'. Ich hab' eigentlich vor der Wanderung mit wenigen Gesellen, mit wenigen Reisenden gesprochen, eigentlich mehr mit den Einheimischen. Die haben einem dann nette Geschichtchen erzählt, die du als normaler Typ, als Kuhkopp, unglaublich findest. Naja, und dann haben wir in Hannover gleich Arbeit gekriegt.

Überhaupt – Wenn mich Kuhköppe anhauen: „Äh, wie kriegste 'ne Arbeit oder so?", dann hab' ich dafür nur ein müdes Lächeln über. Die Arbeit läuft dir praktisch hinterher. Es ist ja tatsächlich so, daß du nichtsahnend irgendwo die Landstraße hinunterläufst und dann quietschen die Reifen, und du hast einen Auftrag für drei, vier Wochen oder eben eine kleine Sache zu machen. Meistens heißt das nur ‚kleine Sache', und hinterher entpuppt sich das dann als komplette Baustelle. Naja, wie ging es dann weiter: Von Hannover tippelten wir – oder trampten, muß ich sagen – dann zu unserem einheimischen Maurer Martin Reimers, runter gen Hagen und dann weiter ins Allgäu. Da haben wir dann noch für drei Tage gearbeitet. Am vierten Tag mußten wir abbrechen, oder besser: haben gar nicht erst angefangen – da waren wir schietendick. Das war aber auch das einzige Mal, daß ich blau gemacht habe auf der ganzen Wanderschaft. Das war auch ein seltener Fall. Da hatten wir ein paar Leute getroffen und mit denen noch mal kräftig gefeiert. Und dann am anderen Morgen bin ich noch recht pflichtbewußt aus dem Bette gehüpft mit total dicken Augen und schaute, ob unser Abholerwagen da war. War er aber nicht. Da habe ich mich gleich wieder ins Bett gelegt und bin dann erst wieder am Mittag von den Toten auferstanden.

Ja, wie ging's weiter? Ich meine, man erlebt während der Wanderschaft zum Teil wunderbare Sachen. Wir haben im Allgäu, in Immenstadt – da waren wir zu dritt – die alte Liebe eines Freiheitsbruders kennengelernt. Die haute uns an: „Kennt ihr den und den?" – Ja, von dem hatten wir schon gehört. Und das hat sie derartig nett gefunden, daß sie uns dann einen nach dem anderen ausgegeben hat und wir waren ihre liebsten Leute diesen Abend. Das endete dann auch in einem kleinen Fiasko.

Das war ein richtig bayrisches Urviech, kann man sagen, so'n Riesenroß halt. Und die beiden anderen Gesellen landeten dann wegen einer Hauerei bei der Polizei, und sie wollte uns doch unbedingt noch das Sonthofener Nachtleben zeigen, das wahrscheinlich auch nicht sehr dolle war. Aber sie wußte da ein nettes Plätzchen, da hätte sie uns liebend gerne mit hingeschleppt. Naja, die beiden Gesellen haben bei der Polizei gesessen und versucht, die ganze Schlägerei auseinanderzuwuseln in Daten und Fakten, und wann wer wem ein Auge ausgehauen hat.

Da bin ich halt allein mit ihr losgezogen und durch den Alkohol beschwingt – Schluck für Schluck kam man sich näher – fing dann erst die kleine Schmuserei an, und dann hob ein großes Schmusen an. Und für mich als jungen Fremden, der vorher eigentlich nichts mit Mädels zu tun gehabt hat, war das schon ein sehr komisches Erlebnis, als sie mich dann nach Haus gefahren hat und heulte wie ein Schloßhund. Und ich konnte das gar nicht verstehen. Ich wollte bloß wieder am anderen Tag arbeiten, aber damit war es dann ja auch nichts. Am Freitag haben wir uns dann noch unsere Kohle abgeholt. Der Krauter, der entschuldigte sich noch vielmals, daß uns der Abholer nicht abgeholt hatte, weil der nebenbei in der Landwirtschaft zu tun hatte. Der war gerade am Heumachen gewesen. Uns fiel natürlich so ein riesen Gebirgsbrocken vom Herzen, daß wir nicht an dieser Blaumacherei schuld waren. Ja, und er schenkte uns noch einen Apfel und schon ging's wieder ins nächste Städtchen, nämlich gen Schweiz.

In der Schweiz angekommen, stellten wir fest, daß die Bude gerade dicht hatte. Die war von einem Gesellen auf'n Bolzen gebracht worden, der hatte da in einem tierischen Sausebrand 'rumrandaliert. Das kommt halt mal vor bei Reisenden, klar, die sehen das dann alles nicht so eng. Nur, daß dann hinterher nicht wieder Gesellen kommen können und sagen: „Ja, hier sind wir." Wir wollten da halt zureisen, und der Kneiper, der sagt natürlich: „Nö."

Das nervte uns nun. Die Schweiz, das ist ja für uns jenseits der sieben Berge gewesen. Da haben wir die erste Nacht in einem Festzelt geschlafen und haben dann am nächsten Tag tatsächlich auch gleich Arbeit gekriegt.

Der Krauter hat sich 'n Loch in'n Bauch gefreut und sagte: „Ihr seid sofort engagiert." Und wir hatten dann eine sehr nette dreimonatige Baustelle, die wir praktisch alleine gemanagt haben. Ich mein', da war ich grad' drei Monate unterwegs.

Das ist schon ein Wahnsinn – du kommst von der Lehre, und da gehst du los, und dann hast du gleich 'ne komplette Baustelle am Hals.

In der gleichen Zeit hatten wir noch'n nettes Erlebnis. Da sind wir nach Leipzig zu zweit, der Spaddel und ich. Da haben wir ja auch noch 'ne Bude, so'n Treffpunkt. Wir hatten uns die fixe Idee in den Kopf gesetzt, wir trampen jetzt in die DDR hinein. Ich hatte schon vorher DDR-Reiseerfahrung und dachte mir, das klappt nie. Aber da hat uns schon ein bißchen der Wahnsinn gepackt, und wir wollten halt versuchen, so reinzukommen. Und wir stellten uns bei Hof an die Raststätte und ich malte noch so'n nettes Schildchen: Leipzig, da woll'n wir hin. Die Leute, die haben dann nur ein Lächeln für uns über gehabt: „Da kommt ihr ja nie hin, das schafft ihr nicht", und so. Da haben wir auch prompt fünf Stunden gestanden, ohne daß was gelaufen ist. Am Abend haben wir uns auf so ein abgeerntetes Getreidefeld gepackt, 'nen schönen Strohhaufen zurechtgemacht, über uns der pralle Vollmond, und die DDR-Wachhunde haben uns dann in den Schlaf gebellt. Am nächsten Tag haben wir da noch 'ne schöne Brotzeit gemacht, da kam so'n altes Mütterchen über'n Berg, und wir grüßten sie freundlich – Hallo, halli – und sie schaute schnell weg. Dann sind wir in den Ort gegangen und haben so 'nen kleinen Tante-Emma-Laden gefunden und uns mit dem Nötigsten versorgt. Und die haben uns dann gefragt: „Seid ihr die gewesen, die auf dem Berg übernachtet haben?" – Jaja, klar – „Oh, die alte Dame hat erzählt, da lägen Räuber im Stroh!"

Wir sind dann an die Grenze gegangen und haben gefragt: Wie ist denn das hier, kann man sich hier mal hinstellen, ihr Grenzer? „Ja, ihr könnt euch da hinstellen." Und tatsächlich – 'ne halbe Stunde später hatten wir unseren Lift. Die Grenzer hatten uns nämlich noch geholfen und fragten jeden Autofahrer, der da durchkam: „Fahren Sie nach Leipzig?" Als der erste „Ja" sagte, meinten die gleich: „Dann fahren Sie mal bitte da vorne rechts ran!" Der hat gleich 'ne hochrote Birne gekriegt, was er da nun verbockt hätte. „Ja, nehmen Sie mal diese beiden Herren da mit!" Hat er denn auch gemacht. Nobel im Mercedes sind wir dann also nach Leipzig gefahren worden. Er hat uns locker vor'm Leipziger Hauptbahnhof abgesetzt. Ja, und in so 'ner wildfremden Stadt – kein Schnall, wo hier die Bude sein könnte – haben wir uns dann halt durchgefragt bei Vopos und sonstigen Leuten, wo denn hier die Soundso-Straße sein könnte. Und dann waren wir auf einmal auf der Bude. Da saß ein Haufen Gesellen – und naja, der Rest ist eigentlich schnell erzählt: ein schietendickes Kennenlernen! Der Herbergsvater war ehemals ein Dachdecker gewesen. Naja, und er bewunderte immer unsere Ohrhänger. Und weil er sehr zünftig drauf war, wollte er auch einen haben. Nun war das Problem, daß er noch kein Ohrloch hatte. Ob seiner Zünftigkeit klärten wir ihn aber auf, daß ein Ohrloch nur mittels eines achtziger Nagels ein richtiges Ohrloch ist. Er willigte auch sofort ein. Durch den Korn und das Bier beschwingt, ging diese Sache dann auch sehr

schnell vonstatten. Zünftig wäre es ja gewesen, wenn wir sein Ohr auf der Theke gelocht hätten. Aber da dieser Tresen aus Edelstahl bestand, wurde kurzerhand ein Klavier auserkoren, um als Nagelbrett herzuhalten. Er hat dann auch zünftig geblutet: wie ein Schwein... Fand er aber eben zünftig. Wir auch!

Und dann gab's da ein kleines Problem. Einer fragte ihn: „Wo is' denn hier die Zange?" Er: „Welche Zange?" Da hatte natürlich keiner dran gedacht – wir konnten ihn ja nun schlecht mit dem Latthammer losmachen, sonst wär das Ohrläppchen breit gewesen ... Dann war ein Riesen-Tohuwabohu um das Klavier: Wie kriegen wir jetzt den Herbergsvater los? Wie wir ihn schlußendlich losbekommen haben, weiß keiner mehr so genau. Er hat's jedenfalls überlebt und wird auch weiterhin unser Herbergsvater bleiben.

Ja, in der Schweiz wieder angekommen von diesem Wochenendausflug, beendeten wir dann auch unsere Baustelle. Und was macht jetzt Klein-Gerfried? Klein-Gerfried war ja so jung, hatte noch nicht die richtige Reiseerfahrung. Und wußte noch nicht, was in der großen Welt für schlechte Menschen auf ihn warten. Das heißt, ich hab' mich dann von Spaddel getrennt. Ich hatte einen Deutschen auf dieser Baustelle kennengelernt, der bei Schaffhausen wohnte. Der hat mich da in die dörfliche Szene eingeführt, da lernte ich dann auch ein paar nette Leute kennen und habe da vor Weihnachten meine Runden gedreht. Es ist komisch, ich war noch sehr häuslich. Wenn ich irgendwo an einem festen Ort war, dann habe ich meist in der Butze gehangen und wußte nicht, was los war. So auch hier. Eigentlich war ich doch froh, als ich dann wieder Richtung Norden gestartet bin. Da habe ich dann nochmal meine Eltern getroffen, mit denen Weihnachten gefeiert – natürlich bei meiner Großmutter, welche außerhalb der 50-Kilometer-Zone lebt –, und habe dann meinem Bruder im Januar einen Monat lang auf der Pelle gehangen. Das war schon ein bißchen blöde, ich bin tatsächlich nicht raus aus dem Haus und hab' so ein richtiges Fremdenleben raushängen lassen. Dann gab's da aber ein paar familiäre Problemchen, und ich mußte gehen.

Da dachte ich mir: Du bist ein Arschloch, wenn du nicht endlich mal richtig zeigst oder testest, was in dir steckt! Und dann bin ich halt von Kiel nach Hamburg getippelt, und weiter nach Schneverdingen. Diese Tippelei hat für mich selber ziemlich viel gebracht. Ich hab' fünf Tage gebraucht, um von Kiel nach Hamburg zu laufen. Und was ich in dieser Zeit erlebt hab', das ist sehr prägend gewesen. Da habe ich mich auch nicht mitnehmen lassen. Autofahrer haben zwar ab und zu noch mal angehalten, was ich schon überraschend fand. Du läufst da, hast nicht mal den Daumen rausgehalten, und dann halten die Leute an und wollen dich mitnehmen. Ja, und du willst einfach nicht. Du willst laufen, bist ja 'n Wandergeselle. Die Leuten zeigen dir 'nen Vogel! Ich wollte also mal richtig schön durch den winterlichen Wald tippeln und sehen, was man da so erlebt.

Das nächste war dann, daß ich auf 'ner Baustelle von Hochtief vorgesprochen hab' und mal antesten wollte, wie das so klappt. Ich hab' also den Bauführer in seinem gutgeheizten Bürocontainer zu schnappen gekriegt, und der Preis und Lohn dieser Mühe war ein Lübecker Tor, sprich fuffzig Mark! Das fand ich schon irgendwie merkwürdig. Du kommst da als wildfremder Mensch hin, und dann empfangen dich die Leute schon mit 'ner gewissen Herzlichkeit und fühlen sich dir sehr verbunden, weil sie das vielleicht früher selbst gern mal gemacht hätten. Und dann kommt sowas dabei raus.

Der Schnee lag reichlich hoch, und es war auch ein ziemlich kalter Winter. Am ersten Abend kam ich in so ein Kaff 'rein, Eisendorf, und da denke ich: Mensch, da sprich'ste mal beim Krauter vor. Vorsprechen war für mich damals noch 'ne abenteuerliche Sache. Wenn ich 'nen Gummihammer gekriegt hätte, also der Krauter „Nee" gesagt hätte, dann wäre ich wahrscheinlich am Boden zerstört gewesen.

Aber den ich da angehauen hatte, der rückte dann auch gleich zehn Mark raus. Ich frag' ihn: „Mensch, wie is'n das, 's wird jetzt langsam Abend und ich brauch' was zu Schlafen" – und ob er nicht was wüßte, oder selber etwas hätte? – der hatte nämlich so'n riesen Bungalow da, und 'ne große Zimmerei auch – und da sagt er: Nee, geheizt hätte er seit Weihnachten nicht mehr und ich könnte da nicht einfach so schlafen. Er hätte zwar auch ein Haus, aber ach nee, das ginge auch nicht, da hätte er alles vollgestellt. Aber ein paar Straßen weiter, da würde einer wohnen, der selbst mal gereist ist. Ich denk: Oh, das ist ja interessant, da geh'ste mal hin und guckst, was der so schnackt. Und da habe ich gleich seine Frau zu fassen gekriegt und ihr die Lage erzählt. Naja, und der Alte, der kam nun auch gleich um die Ecke gefegt. Ich rechnete schon mit einem Einvernehmen, denn Reisende oder ehemals Gereiste, die müssen doch zusammenhalten. Naja, und dann stellte sich heraus, daß der 'n Schietlappen gewesen ist, der irgendwann in den fuffziger Jahren unterwegs war. Ich war dann da quasi eingeladen, löffelte mein Abendbrot, aber es kam kein reges Gespräch auf. Und dann frag' ich – es war sieben – wo ich denn meine Klamotten hinlegen kann? So ganz vorsichtig. „Was heißt hier Klamotten hinlegen? Ich bin in den fuffziger Jahren fünf Jahre gereist und nie bei Privatpersonen gewesen!" Wo wir denn da hinkommen würden, er hätte immer in der ‚Herberge zur Heimat' geschlafen, und bei ihm liefe nix. Da habe ich gleich gemerkt, woher der Wind weht, und bin gleich wieder raus. Ich hab' mich dann mit der letzten nervlichen Kraft von Bauernhof zu Bauernhof geschleppt. Naja, getippelt war ich den ganzen Tag und hatte Blasen an den Füßen. Was man so hat als junger Wandergeselle, diese Zipperlein, die einen noch quälen. Ja, die Bauern meinten, ich würde ihnen das Stroh abfackeln, und da liefe auch nichts. Dann kannst du betteln und betteln – da geht nix. Und dann kam ich ins nächste Kaff, Nortorf, und da sehe ich ein nettes Schildchen: Polizei 300 Meter. Und denk: Oh Mann, da geh'ste jetzt hin und guckst, ob die 'ne Zelle frei haben. Und wenn die dich nicht da reintun, dann schlägst du solange Radau, bis sie dich für eine Nacht beherbergen!

Da komm' ich noch an so einem Häuschen vorbei, und erkenn' das gleich als evangelisches Gemeindehaus. Mit Kirchens konnte ich eigentlich immer gut, und kriegte auch prompt noch den Pastor zu fassen und schilder' ihm meine Lage. Und der sagt dann: „Warte mal!", kam gleich wieder, hatte ein Telefongespräch geführt. Ich sollte mal zum Haus Holstein gehen. Ich dachte: Haus Holstein, das ist bestimmt so eine Pennerabsteige. Mensch, das wolltest du ja eigentlich nie machen! Was da für Gestalten rumlaufen – da schläftst du halt in der Nacht den Schlaf des Gerechten, und am anderen Morgen wachst du nur noch mit der Unterhose auf, weil sie dir alles abgenommen haben. Aber an dem Abend wär' mir das eigentlich auch egal gewesen.

Ich komme also da so um die Kirche herum und sehe schon: Hotel Haus Holstein. Ich denke, das ist ja nun auch nicht das Wahre, aber wenn es denn sein muß. Ich hatte natürlich schon noch Geld auf der Seite, aber ich wollte mich so knauserich wie möglich halten. Zu dem Zeitpunkt war ich noch nicht so drauf, daß ich das Geld da eingenommen und hier wieder ausgegeben hab'. Ich wollte eigentlich noch sparen. Und ich tippel' da die Stufen hoch zu dem Hotel und mach' auf. Oben steht dann schon die Bedienstete, die kam mir vor wie eine gute Fee aus einem Märchen – drei Wünsche hast du frei! Die bimmelte schon mit den Schlüsseln in der Hand. Ich frage: Was kostet das denn hier so, die Übernachtung? – „Ja, was heißt hier: Was kostet das? Das ist doch schon bezahlt von der Kirchengemeinde." Ich denke, das ist ja eine gediegene Sache. Dann habe ich da auf Kosten der Kirchengemeinde Nortorf eine Nacht lang geschlafen. Am anderen Morgen hab' ich in meiner Bescheidenheit noch mein selbst mitgebrachtes vertrocknetes Brot aufgezehrt, obwohl wahrscheinlich auch noch ein Frühstück drin gewesen wäre.

Dann bin ich weitergetippelt, und die nächste Übernachtung hatte ich in einem ganz kleinen Kaff. Da dachte ich, das fängst du genauso an, da gehst du gleich zum Pastor und schilderst ihm deine Lage. Und dann soll er was draus machen. Da war denn eine Frau, das war die Frau Pastorin. Ich schilderte in sehr einprägsamen Worten, die ich mir ja nun schon vorher zurechtgelegt hatte, was mich bedrückt und was ich wollte – nämlich ein Bett. Naja, und sie schlug mir gleich vor, mich nach Itzehoe zu fahren, da gebe es ein Pennerasyl. Nee nee, sagte ich, das ist nicht das, was ich will. Naja, ich konnte dann meine Klamotten erstmal dalassen und habe dann 'ne kleine Tippelei durch das Dorf gemacht und bin dann in die Kneipe rein. Wollte ein Bierchen trinken, und da kamen dann gleich die Kuhköppe: „Du bist doch ein Hamburger Zimmermann – wo übernachtest du denn?" Ja, sagte ich, ich bin da bei der Pastorin. „Au ja, die hat noch keinen abgekriegt." Also, die war schon 57 oder so. Die hätte keinen abgekriegt, und die solle ich mir mal

warmhalten. Ich komme dann also wieder, und sie wartet schon auf mich – und was ich denn essen wollte? Da hat sie mir dann Bratkartoffeln aus der Dose gemacht. Naja, und dann hat sie mir einen netten Tee gemacht, und hinterher gab es noch hochlöblicherweise ein Bier. Habe mich dann noch sehr gut mit ihr unterhalten und dann im Gemeindehaus Platte gerissen.

Irgendwie habe ich während dieser Tour dann gemerkt, daß Tippelei eigentlich nur das ist, was du selber daraus machst. Das hat mich schon sehr geprägt. Du mußt einfach auf die Leute zugehen und nicht abwarten, daß sie auf dich zugehen.

Die nächste Strecke war dann Richtung Itzehoe. Durch die Elbmarsch, da hatte ich das nächste Erlebnis. Zwei Radfahrer, ein Ehepaar, überholten mich und meinten: „Oh, daß es das noch gibt, 'n Hamburger Zimmermann!" Naja, das hörst du dann ja auch jeden Tag und denkst, da kommt nicht mehr viel nach. Aber die fragten denn gleich, ob ich einen Schluck Kaffee wollte. Den Tag über war ich schon wieder gut getippelt, und die ganze eine Gesichtshälfte war vereist. Mir war kalt, und da fragte ich nur: Wo? „Ja, gleich auf dem nächsten Bauernhof." Da freute ich mich schon, kam dahin und hab' mich gleich an den Tisch gesetzt. Da kam der Bauer an und sagte: „Wir sind ja hier alle von der CDU" – und schlug einen etwas gestrengen Ton an. Und da dachte ich, oh Mann, wo bist du denn hier hin geraten! Dann sagte der, „Nee nee, wir sind hier alle grün." Über die Deichkante konnte man so ein bißchen das Atomkraftwerk Brokdorf sehen. Diese Leute haben mich dann ausgeschenkt bis zum Geht-Nicht-Mehr. Selbstgebackenes Brot, die gute Kuhmilch und selbstgemachte Butter. Ich sagte: Ist ja schon lange wieder am Dunkelwerden ... Ob sie denn nicht irgendwas wüßten, wo man hier schlafen könne. Und die haben die gute Einrichtung ‚Ferien auf dem Bauernhof' gehabt – da haben sie mir ein komplettes Ferienhäuschen für eine Nacht gestellt. Ich konnte tun und lassen, was ich wollte. Da hab' ich mir schön eingeheizt und eine wunderbare Nacht gehabt.

Was gibt's denn noch Interessantes zu erzählen? Mir fällt da eine sehr nette Sache ein: die Reise nach Irland. Die war dadurch zustande gekommen, daß zwei von unseren Gesellen im Jahr zuvor in Irland einen Deutschen kennengelernt hatten. Dieser Deutsche hatte die dann angehauen: Er wollte ein neues Dach auf sein altes Cottage haben. Was die ihm dann auch zusagten, aber das sollte erst im kommenden Jahr stattfinden. Sie hatten unglücklicherweise gesagt, dieses Dach, das würde zwei, zweieinalb Wochen in Anspruch nehmen mit allem inklusive. Wir trafen uns dann Ende Mai '87. Zu dritt waren wir. Drei Gesellen: zwei Zimmerleute, ein Dachdecker. Wir trafen uns in Köln bei dem guten Bauherrn, und es ließ sich auch alles recht positiv an. Wir düsten mit Betonmischmaschine, Kind und Kegel und was man sonst noch für eine Baustelle braucht, in seinem VW-Bus gen Fähre. Dann mit der Fähre hinüber, und weiter ging's im Sauseschritt gen englisch-irische

Fähre. Dort hatten wir dann einen sehr netten Abend: Da wurden wir nämlich mit dem mehr oder weniger spießbürgerlichen Charakter des Bauherrn konfrontiert. Er ist noch ein recht junger Typ gewesen; mußte seine Frau heiraten, weil was unterwegs war. Und lebten frank und frei im Haus ihrer Eltern. Er war Abiturient, hatte wohl ein abgebrochenes Studium hinter sich und dann eine Tischlerlehre angefangen. Bekam alles Mögliche von vorn und hinten reingeschoben. Naja, und hatte schon recht spießbürgerliche Ansichten. Wir hatten uns an diesem Abend, als wir auf die Fähre nach Dublin warteten, erstmal ein Guiness genehmigt, um schon mal die irische Brise zu schmecken. Wir lernten dann auf dem Zug durch die Gemeinde einen abgedrehten Engländer kennen, der unsere good vibrations testen wollte. Was dann aber nicht so ganz klappte. Er schmiß alles Mögliche in seinen Mikrowellenherd, um uns bei Laune zu halten und kredenzte uns dann einen Whiskey nach dem anderen. Aber bei uns waren die vibrations an diesem Abend ganz negativ. Dann sind wir wieder zur Fähre getippelt, und in Erwartung und Frohsinn des Kommenden trommelten wir dann alle möglichen deutschen Touristen, die auch rüberwollten, aus ihren Autos. Die Fähre war auch schon da und es entstand ein bißchen Ärger. Der Bauherr wies uns also wie die Schuljungen zurecht und meinte, daß wir das zu unterlassen hätten – und was die Leute denn denken sollten!? Das war das erste Drama mit ihm.

Dann ging die Reise weiter. Am anderen Morgen wachten wir dann mit dem entsprechenden Dröhnekopf auf und hatten schon Dublin in Sicht. Wir kamen dann am Sonntag auf seiner Baustelle an – die war so ziemlich im mittleren Irland am River Shannon. Der nächste Pub war acht Kilometer entfernt von der Baustelle, was ein kleines Manko war für reisende Gesellen. Die haben denn schon gerne mal ein Bierchen. Und im Ausland wollen sie schon noch testen, wie die dortigen Biere sind … Das gehört schon zur Gesellenkultur.

Dann ging es den ersten Abend, es war der Sonntag, noch recht entspannt zu, und abends dann: Pub. Ich war nach dieser Fahrt mordsmäßig kaputt und bin mit dem Bauherren auch gleich wieder nach Hause. Die beiden anderen Gesellen, Baby und Carsten, die wollten noch dableiben und mit ein paar Engländern feiern, die tierisch abgedreht waren und 'ne Wahnsinnsfete abzogen. Während dieser Fete hatten sie noch eine Deutsch-Engländerin kennengelernt, die perfekt Deutsch sprach und sich mit der so einigermaßen bekanntgemacht und angefreundet. Die sind dann am kommenden Tage noch in ihrem kleinen Mini um den See 'rumgedüst. Ich machte auf der Baustelle schon ein paar Vorbereitungsarbeiten, Böcke bauen und Platz aufklaren. Der Bauherr fing schon am frühen Morgen an zu fragen, wo denn die Gesellen nun wären, es sollte doch losgehen. Der erste Tag! Ja, wo bleiben die bloß? Ich sagte: Ja, Mensch, die tauchen schon irgendwann auf, mach mal keine Panik draus! Ich arbeitete da vor mich hin; er ist wie ein Tier um sein Haus geschlichen und hat wahrscheinlich schon rot gesehen. Was er mir dann nachher auch kund tat: „Also, wenn die nicht bald auftauchen, dann könnt ihr ganz abhauen. Die Baustelle schaffe ich auch alleine." Hätte er wahrscheinlich nicht geschafft, aber er hat halt mächtigen Terror gemacht. Abends sind die Gesellen dann frohgelaunt eingetroffen. Er hat ein heiliges Donnerwetter auf uns herabgehen lassen und erklärte uns nun noch mal seine Einstellung zu diesem Bau. Er hatte wahnwitzige Ansprüche! Dabei war er 'n Messebautischler – das bedeutet, daß die Sachen, die er am Anfang der Woche aufbaut, am Ende der Woche wieder abgerissen werden.

Er hatte wahrscheinlich solche böswilligen Gerüchte vom blauen Montag am Bau gehört und für bare Münze genommen. Man kennt ja den Schnack. Montags wird halt gesagt: Ach, machen wir blauen Montag, Mensch Leute! Und morgens früh ist man immer verkatert. Das ist natürlich nur Schnackerei, aber das konnte er mit seiner Einstellung nicht vereinbaren. Wir hatten eben keine Verpflichtungen wie Haus, Hof und Kind – und das hat er nicht verstehen können.

Die Baustelle hat dann tatsächlich viereinhalb Wochen gedauert und über die Zeit kamen solche Fragen auch immer wieder bei ihm durch: Wieso könnt ihr eigentlich nur so und so sein und wie läuft das? Und wenn wir ihm dann mal Geschichten erzählten von schietendicken Abstürzen, und wie wir dann da am nächsten Tag ganz schnell abgereist sind – dann fand der das überhaupt nicht toll. Auf Tippelei machst du dir halt nicht viel aus Abhängigkeiten. Aber ich denke mir mal, insgeheim hat er die Sache bewundert.

Es stellte sich dann zum Schluß aber raus, daß er 'n Arschloch war. Wir sind mit ihm nicht auf einen Nenner gekommen. Man macht ja solche Baustellen nicht nur, um die Kohle zu verdienen, sondern auch, um Spaß an der Arbeit zu haben ...

Nur die kleine Tochter von ihm, die war der aufmunternde Punkt in dieser ganzen Zeit. Immer, wenn wir schwere Balken über den Platz schleppten, dann kam sie zu uns, die Hanna – die war vier oder fünf – und sagte: „Woll'n wir spielen?" Die hat 'nen total guten Schnack draufgehabt vom Kindergarten. Wenn wir mittags mit muffigem Gesicht um den Essenstisch 'rumsaßen, dann mußte jedesmal, wie sie es auch im Kindergarten gelernt hatte, kommen: „Piep, piep, piep, wir haben uns alle lieb!" Naja, das lockerte die ganze Sache dann enorm auf. Dann gab's noch einen tierischen Streß, weil die Baustelle immer länger und länger dauerte. Die andern Gesellen hatten dem Bauherren gesagt: zwei Wochen. Und es dauerte bei uns halt viereinhalb Wochen. Das war auch schneller nicht zu machen. Das Wetter hat am Tag zwanzigmal gewechselt, und da können auch die besten Gesellen nichts gegen machen. Und dann mußten wir zuerst die eine Dachseite einreißen und dann komplett fertig machen – und dann die andere. Letzten Endes war diese ganze Baustelle echt für umsonst. Weil der Bauherr halt ein Arschloch war.

PARADIES

Naja, so schön, so gut. Seiner Tochter hatten wir ein paar Tage vor unserer Abreise dann noch erzählt: Ja, du kommst mit auf unserer Tippelei durch Irland. Und das hatte sie wohl sehr verinnerlicht. Als wir nun endlich los wollten, brachte er uns noch ein paar Kilometer raus – nicht, daß er nur wegen uns gefahren wäre: nein, er hatte sowieso die Richtung. Naja, und beim Abschied weinte Hanna nun Krokodilstränen, weil sie nun doch nicht mitkommen konnte. Er war natürlich wieder mal böse auf uns, weil wir Hanna sowas erzählt hatten. Das arme Kind.

Frohgemut sind wir dann weitergezogen. Wir sind losgetippelt, und im ersten Ort, in dem wir landeten, kam gleich die Polizei und erzählte uns, wir hätten den Verkehr behindert. Irland ist ja nun ein mit Leuten dünn besiedeltes Land. Ab und zu haben wir halt mal den Daumen rausgehalten. Und da war wohl ein Wagen gewesen, der auf die andere Straßenseite gewechselt hatte – nur wegen uns. Wir haben uns nicht groß was bei gedacht. Da kam dann aber der Sheriff mit seinem Colt und seinen Handschellen und sagte: „You obstract the traffic." Da haben wir uns dann belehren lassen.

Dann sind wir weitergetippelt und haben in einem alten, verlassenen Bauernhof in 'ner alten Heuscheune übernachtet. Das war eine herrliche Nacht! Es regnete mal wieder, wie das für Irland ja nun typisch ist – und wir lagen wie in Abrahams Schoß!

Am nächsten Tag weiter. Wir sind getrampt und getrampt. Aber wenn uns bloß mal ein Auto entgegen kam, in dem ein Mäneken saß, dann freuten wir uns schon. Verkehrsdichte war fast null. Dann tauchten auf einmal vier, fünf Kinderköpfe von den Rücksitzen auf, drehten uns lange Nasen und freuten sich, daß da so merkwürdige Gestalten rumtippelten. Und wir tippelten weiter.

Dann sind wir aber doch noch von einem Pick-up mitgenommen worden Richtung Galway, wo wir dann auch am selben Abend noch landeten. Von der einheimischen Bevölkerung in einem Pub wurde uns bedeutet, daß wir doch gerade einen deutschen Millionär verpaßt hätten. Der könnte uns doch bestimmt Übernachtungsmöglichkeiten geben. Naja, wir haben uns schon gefreut und sind dann in den nächsten Pub gewechselt. Da haben wir dann auch einen Deutschen aufgetan, mit dem wir dann in Kontakt kamen. Jener Mann sagte uns, daß wir bei ihm schon ohne weiteres schlafen könnten und sollten. Er würde ein bißchen außerhalb wohnen, zehn Meilen. Wir könnten aber mit ihm fahren. Wir sind dann in einen total kübeligen Citroën eingestiegen. Die Scheibenwischer hingen schon auf halb acht, und die Scheiben gingen nicht mehr rauf oder runter und die Türen auch nicht mehr richtig zu. Mit diesem Vehikel düsten wir dann Richtung Cottage. Als wir ausstiegen, standen wir nicht vor einem Cottage, sondern vor einem riesen Herrensitz, einem Landsitz mit fuffzig, sechzig Räumen. Und da durften wir 's uns dann gemütlich machen. Er sagte nur, wir sollten ihn in Ruhe lassen, ihn nicht nerven. Aber wir konnten während dieser einen Woche – eine Woche sind wir dann da geblieben – tun und machen, was wir wollten. Das war eine phantastische Sensation! Wir haben dann mal nicht ganz fachgerecht scheniegelt. Wir haben in der Gartenmeditation gearbeitet. Gartenmeditation, das war unsere eigene Wortschöpfung: Bei strahlend blauem Himmel zupften wir den biologischen Anbau von Unkraut frei und fütterten dann damit die Freilandhühner. Ein Pumpenhäuschen bauten wir dann auch noch – inklusive kleinem Richtfest.

Dann weiter Richtung Shannan-Airport. Dieser Ort ist Anfang der siebziger Jahre aus dem Boden gestampft worden. Da besuchten wir das Mädel, das Baby und Carsten ganz am Anfang kennengelernt hatten. Die wohnte da nämlich. Wir fragten, ob sie schon mal von ihrem kleinen Mini getrennt worden wäre? Schlußendlich wurde sie dann von uns zur Arbeit gebracht, und wir kajohlten dann mit dem Minicooper durch irische Lande. Ganz witzig fand ich das besonders, als wir am O'Connor-Paß waren. Da stapfte eine Pfadfinderhorde auf Sommergroßfahrt den Paß hoch. Wir hielten an und interviewten die dann – kamen wohl aus Berlin. Naja, und die reisenden Handwerksgesellen, die ja sonst normalerweise ohne Auto und auf Schusters Rappen durch die Lande fegen, die düsten da nun mit dem Mini den Pfadfindern vor der Nase rum.

Okay, von dort wollten wir noch weiter zu einem internationalen Tanzfestival in Cobh, also Südspitze Irlands. Und da merkten wir dann, daß dieses Tanzfestival rein kommerziell aufgezogen war. Das kostete richtig gut Kies, wenn man da hinwollte. Da dachten wir, ehe wir dafür unsere guten irischen Pfunde verschwenden, wollen wir doch lieber Kultur pur genießen – und zwar in Gestalt von etlichen Pints Guiness. Kamen dann auch entsprechend schnell mit der Bevölkerung wieder in Kontakt. Und siehe da, auf unsere Kluft angesprochen und gefragt, was sie bedeutet, und was wir eben für Journeymen sind – so hießen da früher die irischen reisenden Handwerker, die gab's auch mal – kam dann einer von diesen Leuten auf die Idee: Ach, er hätte ja gerade noch ein offenes Dach und ob wir nicht Lust hätten, bei ihm zu arbeiten. Wir haben uns die ganze Sache angeschaut und für gut befunden. Wir haben da nochmal zwei Wochen gearbeitet, bei diesem guten Mann. Er war leider auch ein Arschloch, wie der deutsche Bauherr. Zahlte wenig Kohle, 'n bißchen Verpflegung, und war dafür recht boomkantig zu uns. Was wir bei ihm verdient haben, haben wir auch prompt wieder in irisch-dunkle Kultur umgesetzt.

Jetzt kommt eine recht Gesellen-typische Geschichte: Am Ende dieser zwei Wochen zog es Carsten und mich dann schon fort. Baby wollte noch dableiben, weil er connections in weiblicher Hinsicht hatte, und auch noch Anschlußaufträge. Als die Leute im Dorf gesehen hatten, was wir für Arbeit ablieferten, da kamen sie dann langsam an und wollten auch richtig Kohle bezahlen. Aber Carsten und mich hat es wieder Richtung Kontinent gezogen. Wir wollten eigentlich erst Richtung Dublin auf's Fährschiff. Aber das erschien uns zu normal: Als reisender Geselle will man ja auch ein Abenteuer erleben. Und da dachten wir: Naja, gehen wir nach Cork und holen uns da 'n Frachtschiff.

Die Geschichte lief so: Fünf Uhr nachmittags sind wir in Cork eingetrudelt mit dem Zug. Dort sind wir gleich zum Hafenmeister gegangen und sagten: Hafenmeister, wir sind zwei Handwerksgesellen und suchen ein Frachtschiff zum Kontinent. Wohin, das war uns eigentlich ziemlich egal. Und da sagte er uns: Zehn Minuten vorher, da wäre ein deutsches Frachtschiff gewesen. Das hätte uns bestimmt mitgenommen, dachten wir. Das wäre doch nett gewesen. Wir dann schon wieder niedergeschlagen. Aber er vertröstet uns und sagt: „Heute abend, da kommt nochmal ein Holländer rein." Den sollten wir doch mal anhauen. Wir tippelten dann auch raus – das war drei Kilometer außerhalb von Cork – und warteten auf dieses Frachtschiff. Das Schiff lief ein, und der holländische Käpt'n bedeutete uns sofort – nee, läuft nicht hier, er nimmt keine mit. Da waren wir erstmal mit unserem Latein am Ende. Was machen? Ach, tippeln wir erstmal wieder in die Stadt. Die erste Kneipe war dann natürlich uns're – noch schnell vor Polizeistunde ein Guiness in uns hineinstürzen. Naja, der Kneiper guckte ganz interessiert, was wir denn nun für Gestalten wären. Ganz besonders hatten es ihm unsere großen Hüte angetan. Dann fragte Carsten, ganz diplomatisch: Ob er nicht eine Idee hätte, wo man hier in der Nähe schlafen könnte. Ob er nicht einen schönen Park oder eine Grünanlage wüßte. Und da sagte er, er hätte oben noch zwei freie Räume, wir könnten da ja schlafen. Hocherfreut gingen wir auf sein Angebot ein. Das hatte natürlich wieder einen ganz klitzekleinen Haken: Er meinte gleich zu uns, da wir ja reisende Handwerker wären und Zimmerleute – er hätte noch seine Kneipe auszubauen ... Das sagten wir ihm indirekt zu; wir könnten ihm schon seine Kneipe ausbauen. Sollten 'n paar Regale bauen, einen neuen Tresen und was sonst noch so dazu gehört, wahrscheinlich auch Möbel. Sagten ihm halt, wir würden uns jetzt ein Frachtschiff nehmen wollen, aber wenn es nicht klappen würde, dann könnten wir das schon bewerkstelligen. In dieser Kneipe – die hieß Oriental-Bar – waren wir strategisch ganz günstig postiert, relativ stadtnahe. Wir dachten also, daß wir unsere connections zur christlichen Seefahrt nun mal ein bißchen intensivieren müßten. Sind dann also morgens nicht mehr zum Hafenmeister, sondern gleich zu einer Frachtagentur und sagten: Ja, wir sind reisende Handwerksgesellen und wir suchen ein Schiff zum Kontinent. Die haben das sofort gerafft und sagten, na klar, kommt doch erstmal rein und was wir denn genau wollten – ja, irgendwo halt zum Kontinent, ist uns egal, wohin das Schiff geht. Okay, wir haben unsere Pässe dann da gelassen, und die würden sich drum kümmern. Ich traute dem Frieden eigentlich noch nicht so ganz, weil die Iren doch schon 'n bißchen so'n lazy Volk sind:

Komm' ich heut' nicht, komm' ich mañana oder übermorgen. Oder es klappt überhaupt nicht. Aber es war ein Versuch, und das waren auch ganz sympathische Leute.

Das Ende vom Lied ist, daß wir dann noch drei Tage in Cork verbracht haben, statistisch gesehen ein- bis anderthalbmal pro Tag zur Bank gelaufen sind, um unsere D-Mark oder Schweizerfranken in irische Pfunde zu tauschen, um die dann weiter in Guiness umzuwechseln. Ich glaube, wir haben in diesen drei Tagen genausoviel Geld ausgegeben, wie wir gebraucht hätten, wenn wir von Dublin ein Fährschiff 'rüber nach England genommen hätten, dann durch England durchgetrampt wären und von Harwich zum Kontinent mit der Fähre gedüst wären. Mit zielstrebiger Sicherheit haben wir das Geld ausgegeben, was wir sonst für eine ganz normale Überfahrt verbraucht hätten. Am Ende der drei Tage hat uns dann der gute Mann von der Agentur angerufen. Ich schickte Carsten runter – ich war noch ziemlich im Sausebrand: Carsten, du kannst besser Englisch, geh mal runter. Und denn habe ich aber doch schon gewußt, das kann nur klappen. Das war auch ein Wetter zum Heldenzeugen an dem Morgen. Die Sonne hat geschienen, strahlend blauer Himmel, was ja ziemlich selten ist in Irland. Carsten kam dann auch wieder und sagte, wir hätten ein Schiff erwischt. Naja, wir haben uns mittags eingefunden bei der Agentur, und die haben uns dann noch 'n Lift zum Schiff 'raus gegeben. Dann kamen wir da auf das Schiff – die Crew war irgendwie ganz merkwürdig drauf, total boomkantig – „Legt eure Sachen erstmal hin, wir haben hier noch ein bißchen was zu tun, stört uns nicht weiter." Naja, das war uns auch nur recht. Haben uns noch ein bißchen die Beine vertreten in einer Kneipe. Das letzte Guiness in Irland haben wir dann noch ausgegeben bekommen. Wir waren nämlich am Tage zuvor in der Zeitung gewesen, mit Bild. So ein Typ hat uns dann irgendwie erkannt und ausgeschenkt. Naja, das letzte Guiness und der letzte Whiskey, die kamen denn also von einem Iren.

Die Fahrt – abends sind wir dann ausgelaufen – gestaltete sich dann ganz einfach so, daß es wunderbar gewesen ist. Was besseres gibt es für einen Reisenden gar nicht. Wir hatten zwei warme Mahlzeiten am Tag. Wir mußten zwar für diese Überfahrt arbeiten, morgens früh aufstehen, um sieben. Aber das konnte ja auch nicht schaden. Alles wunderbar: Zweimal am Tag warm essen, mit dem Käpt'n oben auf der Brücke geschnackt, wie das alles funktioniert, das ganze Schiff zu steuern, und über seine Problemchen geschnackt, und mit dem ersten Steuermann geschnackt – der hat auch seine Problemchen, und hat uns Geschichten erzählt: wie er ein Schiff kaufen wollte und er dann den Dealer reingelegt hatte, um es am Schluß doch nicht zu kaufen. Bier konnten wir auch trinken, gegen Bezahlung. Ach so, ja, der Käpt'n, der hat dann noch höchstpersönlich unsere ureigenste Wäsche in die bordeigene Waschküche reingestopft, und wir hatten saubere

Klamotten am Ende der Fahrt. Wir konnten uns warm duschen und hatten ein warmes Bett außerdem – das war herrlich!

Die Perversität hoch drei: Mitten auf hoher See habe ich mir dann Moby Dick auf Video reingezogen.

Nach zweieinhalb Tagen sind wir dann in Antwerpen gelandet. Da hatten wir noch eine kostenlose Hafenrundfahrt, natürlich auf unserm Schiff, der „Jessica S“. Die Kuhköppe auf ihren weißen Ausflugsdampfern, welche für diese Fahrt schwere Kohle berappen mußten, die winkten uns zu, wir winkten natürlich zurück.

Und denn wurden wir da rausgelassen und, was machen? Naja, irgendeinen Lkw schnappen. Also ging es wieder quer durch den Hafen, diesmal zu Fuß. Wir fanden und fanden nichts.

Wir haben dann einen Holländer aufgetan am späten Nachmittag. Dem haben wir erstmal geholfen, seinen platten Reifen zu wechseln. Fünf Kilometer sind wir dann auch Richtung Deutschland mit ihm gedüst – da war der gerade gewechselte Reifen schon wieder geplatzt. Wir ihm nochmal geholfen. Spätabends um zwölf, halb eins, waren wir dann in der Nähe von Düsseldorf. Da wollte ich jemanden besuchen, und wir sind ausgestiegen. Und von da ging es dann weiter.

Im Winter '86/87 wollten wir von Kreta aus 'rüber nach Alexandria und Ägypten-Tippelei machen. Danach wollten wir dann auf 'n Sprung nach Israel. Auf dem Schiff hatten wir ein Mädel kennengelernt und 'nen Typ, die 'nen Lkw in Zentralafrika vertickern wollten. Gekauft hatten die den aus alten Bundeswehrbeständen und dann aufgemöbelt. Sylvester verlebten wir dann mit einem wüsten Wüsteneintopf, der durch die tatkräftige Unterstützung der reisenden Gesellen geschnippelt und gekocht wurde. Naja, in Kairo angekommen, war es dann so, daß uns die Tour so gut gefallen hatte, daß wir fragten, ob sie uns denn nicht noch weiter mitnehmen würden. Das war also eine sehr gediegene Tramptour insgesamt. Wir sind dann nochmal zusammen 1500 Kilometer durch die Wüste über die dortige Oasenstraße mitgenommen worden. Hatten echt absolut tolle Erlebnisse – mit Baden in heißen Quellen und den eiskalten Nächten.

Naja, dann am Ende der Tramptour haben wir uns in Asjut getrennt von diesem vorzüglichen Lift, mit dem wir anderthalb Wochen gereist waren. In Asjut angekommen: Ja, was machen? Die Touristen machen eigentlich immer einen großen Bogen um diese Stadt – es gibt nicht viel zu sehen, und was sollen sie denn sonst da? Naja, und dann haben wir einen Typ getroffen, einen Ägypter, den Mister Saba. Dieser Mister Saba ist nun ein Sprachgenie, kann alle möglichen Fremdsprachen: Französisch, Englisch, Italienisch. Und der fragte mich dann auf Englisch, was wir denn wären und was wir machen würden. Wir erklärten ihm das. Da hat er schnell geschaltet und sagte, ja er hätte ein paar Möbel zu bauen. Da hatten wir schon unsere Arbeit. Wir hatten einen nervenverzehrenden Streß mit ihm – bis dahin kannten wir die orientalische Seele noch nicht so sehr genau. Aber ich hatte natürlich Karl May gelesen und ahnte zumindestens, was da so auf uns zukommen würde – von wegen der orientalischen Seele … Viel Brimborium um heiße Luft.

Wir haben dann also drauflos gearbeitet, und Mister Saba schien permanent am Explodieren zu sein. Also, wir haben uns, bildlich gesehen, bald in den Hintern getreten. Wir hatten ihm gesagt, wir würden gegen Kost und Logis arbeiten. Er hat uns am ersten Tag auch ein paar Mohrrüben gebracht, und dazu ein paar Kartoffeln: Davon sollten wir uns dann eine Suppe kochen. Da haben wir ihm gesagt: So läuft das nicht! – und haben zünftigen Terror veranstaltet. Wie das bei Reisenden so üblich ist; da gibt es ja den nicht ganz ernstgemeinten Schnack: Scheiß dem Krauter vor's Kontor, und dem Nächsten auch davor! Wir haben ja nichts zu verlieren. Und der Krauter auch nicht, wenn er uns 'raussetzt. Nach diesem Motto haben wir ihm dann Bescheid gesagt. Und dachten: Den sehen wir jetzt nie wieder. Aber fünf Minuten später, da kam der Mister Saba mit einer riesigen Reisschüssel zurück – mit den besten Gewürzen und allem drum und dran. Wir haben uns das schmekken lassen, und da war alles wieder gut.

In dieser Krauterei, in dieser sogenannten, da waren sonst Gesellen beschäftigt, die sechs bis zwölf Jahre alt waren – also noch Kinder. Das ist da was ganz Normales in Ägypten. Die Kinder machen da einen zehn- bis zwölf-Stunden-Tag wie die Großen. Es gibt dort keine Versicherungen, klar. Eins von den Kindern, das hatte die Zimmererkrankheit – hatte sich also schon einige Finger an beiden Händen abgerichtet. Während dieser Woche hat er schon wieder einen neuen Verband gehabt. Er zeigte uns den dann ganz stolz, er war echt happy.

Und wir arbeiteten in chaotischen Zuständen. Die Späne, die lagen einen halben Meter hoch. Die hatten schon gute Maschinen, aber die waren schlecht gewartet. Und da, in diesem Haufen und Wuseln und Nerven der Kinder, versuchten wir, einigermaßene Möbel hinzukriegen. Was uns dann auch gelungen ist. Aber der Mister Saba, der hatte die Angewohnheit, alles, was man mit ihm abgesprochen hatte, irgendwie in die falschen Wege weiterzuleiten. Zum Beispiel hatten wir ein kleines Meeting mit dem Polsterer, der Polster für diese Möbel schneidern sollte. Wir erklärten ihm, wie hoch die Sitzfläche sei und die Maße dieser Möbel. Aber der hat das wohl überhaupt nicht gerafft.

Eines Abends waren wir gerade wieder bei unserem wüsten Wüsteneintopf, als ich auf den Schrank schaute und sagte: Oh Gesellen, schaut mal da oben auf den Schrank, was da liegt! Die Gesellen machten große Augen. Ich zog sofort mein Metermaß – und dann waren diese Sitzkissen, die, wie wir uns das gedacht hatten, eigentlich nur fünf Zentimeter hoch sein sollten, dann zwanzig Zentimeter hoch. Also total verschnitten. Naja, und denn sagten wir dem Mister Saba am anderen Tag, daß das ja nun überhaupt nicht hinhauen würde. Da fluchte Mister Saba und

war schon wieder am Explodieren und Theatermachen, aber wir ließen uns eigentlich nicht weiter stören durch seine Mätzchen. Wir kannten das ja nun bereits und hatten uns auch schon drauf eingestellt.

Das Ende des Liedes war – wir hatten sechs oder sieben Tage gearbeitet – daß der Mister Saba uns dann fragte, ob wir die Möbel jetzt auch eigenhändig von der Tischlerei zu seiner zukünftigen Wohnung transportieren wollten. Er hatte kein Vertrauen zu seinen eigenen Landsleuten und glaubte nicht, daß die vorsichtig genug damit sein würden. Das wollten wir nicht. Wir wollten aber auch keinen Streß mehr mit dem guten Mann haben und sagten einfach mal jaja. Mittlerweile hatten wir durch unser gutes Metermaß auch festgestellt, daß die Bank gar nicht durch die Tür passen würde. Und Mister Saba, der hatte seine Wohnung im achten Stock. Also hätten wir das gute Stück wohl über den Balkon hochziehen müssen.

Wir konnten ja nun schlecht warten, bis Mister Saba kommt, und dann sagen: Tschüß, Mister Saba! – und keine Möbel in die Wohnung schleppen. Am anderen Tag jedenfalls – hast du nicht gesehen – haben die Gesellen fix ihre sieben Sachen zusammengepackt und sind auf den Bahnhof geeilt ... Naja, das war's dann. Mister Saba wird wohl mal wieder tierisch geflucht haben.

Mir fällt jetzt noch eine kleine Geschichte ein. Naja, was heißt klein – bei mir wird das ja immer etwas länger... 'ne Geschichte aus dem kalten Deutschland anno 1987. Da haben wir einen abgeholt, den wir auf Tippelei bringen wollten. Das war der Butz, der wohnte nördlich vom Bodensee. Wir hatten von einem anderen reisenden Freiheitsbruder gehört, er wäre mal auf der Singener Polizeiwache gewesen, und da würde es einen Übernachterschein geben für Durchreisende und Landstreicher. Warum nicht auch für Gesellen? Dann sind wir dahin gegangen und sagten dem Polizeimann hinter'm Diensttresen, was unser Begehren war. Wir wären eben zur Zeit noch arbeitslos und hätten keine Mäuse mehr im Beutelchen. Und bräuchten halt vier Betten. „Ja", sagt der, „das können wir schon machen."

Aber dann wollte der Polizeimensch erstmal unsern Kies sehn, und wir zeigten ihm unsere mehr oder weniger gefüllten Börsen. War ja auch nicht mehr viel drin. Nur bei Jo – da segelten dann die Hundertmarkscheine unter den Tisch! Und die ganzen Penner, die hinter uns saßen, johlten natürlich erstmal laut los. Die brauchten ja wirklich diese Übernachterscheine. Ja, sagte der Herr Wachtmeister, warum wir ihn denn anlügen würden?

Wir kriegten dann aber trotzdem so einen Übernachterschein. Die Penner sagten uns, sie wüßten eine prima Absteige. Da sind wir dann nicht mit hingegangen – das wird schon ein minderes Lokal gewesen sein, konnte ich mir gut vorstellen. Dann sind wir in die Hotel-Gaststätte „Zur Sonne" – oder „Zum Stern"? – irgendein Himmelskörper halt. Wir wußten ja vorher nicht, was das für eine Kneipe ist. Da war dann eine ganz dicke Herbergsmutter, die Wirtin, und die war richtig so ein mütterlicher Typ. Wir zeigten ihr dann unsere Übernachterscheine, aber das schien bei ihr nicht recht anstößig zu sein. Wir waren ja auch fix in Kluft. Und die Kuhköppe in der Gaststube, die winkten schon, wir sollten uns doch zu ihnen setzten. Da haben wir noch echt einen fidelen Abend gehabt. Das wurde auch noch ganz toll mit der dicken Wirtin. Wir haben sie auch gleich „Mutter“ genannt, wie das so bei uns üblich ist. Die Wirtin wird halt „Mutter“ genannt, und der „Vadder“ ist eben der Kneiper. Wir haben dann noch mit den Leuten in der Gaststube rumgemacht und haben'n bißchen einen geschallert. Das war wunderbar. Ich hab dann da noch ein bißchen mit der Stadträtin von Singen rumgeschäkert. Sie hat mir denn auch noch was ins Wanderbuch geschrieben, einen sehr schönen, sinnlosen Spruch: „Tausend Jahre Singen, 100 Jahre Maggi“.

Naja, wir hatten dann, wie gesagt, eine schöne Nacht und sind dann auch voll des süßen Weines und des herben Bieres in die Betten gesunken. Am anderen Morgen gab es dann ein wunderbares Frühstück. Also, ich kam ziemlich verkatert und mal wieder als letzter von oben runter. Und dann fragte ich die Mutter, ob sie nicht noch so ein bißchen Marmelade hätte? Da hat sie mir vier übervolle Töpfe mit Marmelade hingestellt, was echt das Übermaß war. Und ganz zum Schluß habe ich sie denn nochmal in den Arm genommen und sagte: „Na, Muttern – schon lang' nicht mehr so'n schönen Kerl in'n Armen gehabt, was?“ Die war richtig super als Herbergsmutter!

War wohl jetzt genug des herrlichen Gesellenlebens …

Wieso geht man auf Tippelei? Erstmal ist es natürlich ein innerer Drang, daß das während der Lehre Gelernte noch nicht alles gewesen sein kann.

Jeder macht das nicht und für jeden ist das auch nichts. Es ist eben nicht der einzig seligmachende Weg. Was hat es für mich gebracht? Für mich war es gut zu lernen, wie ich mich selbst an den Haaren aus der Scheiße ziehen konnte, wenn's sein mußte. Der eiskalte Wind pfeift um dich herum, und du kannst nicht nach Hause. Wer sowas nicht erlebt hat, der ist eben auch nicht unterwegs gewesen.

Ist auch wichtig, daß du dich mal in der Fremde herumschlägst – deshalb sind wir ja Fremdgeschriebene. Überall müssen wir lernen, uns in neue Gegebenheiten reinzufinden. Da hat man was davon.

Es ist auch schön zu erfahren, daß du von allen Ansprache hast, von dem netten Herren im Nadelstreifen, der dich mit ernster Stimme fragt: „Sind Sie ein Hamburger Zimmermann?“ – genauso wie von dem Wahnsinns-Punk mit seiner schrillen Frisur, der sagt: „Eh, Alter, auf was für 'nem Trip befindest du dich denn?“ Meinen aber beide das gleiche. Finde ich auch super: Solche Ansprache, die kriegst du einfach nicht, wenn du in deinem Heimatkaff sitzt. Da hast du deine gewisse Clique und mehr gibt es nicht.

Naja, und auf Tippelei ist es eben auch so, daß du, überspitzt ausgedrückt, am Morgen halt mit 'nem Penner unter der Brücke aufwachst unter 'ner dicken Zeitung – und am Abend, da bist du halt irgendwie und -wo beim Millionär eingeladen. Das kommt alles vor auf Wanderschaft. Sonst aber nicht. Oder zumindestens viel seltener.

Dreieinhalb Jahre war ich jetzt auf Tippelei. Ich hätte wohl noch länger gemacht, wenn ich nicht zum Zivildienst einberufen worden wäre. Aber es ist schon eine von den Altvorderen gut gewählte Zeit, drei Jahre und einen Tag unterwegs zu sein. Du kriegst während dieser Zeit alles mit, was du als Reisender überhaupt mitkriegen kannst, glaube ich. Und nach so ungefähr zweieinhalb Jahren, da fangen dann die Situationen an, sich zu wiederholen. Ob du nun nur in Deutschland gereist bist, oder im europäischen Raum oder eben nach Übersee. Die Entfernung spielt da eigentlich keine Rolle. Wichtig ist, daß und wie du tippelst, aber nicht wo.

Bei der Tippelei besteht aber eben auch die Gefahr, daß du hängenbleiben kannst auf dieser Tour. Du kannst es kein Leben lang machen. Es macht ja in gewisser Weise auch süchtig: Du kommst in ein wildfremdes Kaff rein und auf einmal hast du wieder soundsoviel Leute um dich herum, die alle gut finden, was du da machst. Und es früher am liebsten selber gemacht hätten. Und dann bist du nach ein paar Tagen wieder weg – 'was Neues sehen!

Anschieten und Abwinken

Bei allen Schächten gibt es zahlreiche Bräuche und Rituale, die zum Teil seit Jahrhunderten fast ausschließlich mündlich überliefert worden sind und sich trotz dieser langen Zeiträume kaum verändert haben.

Alle echten Zunftrituale werden dabei auf dem *Handwerkssaal* ausgeführt und unterliegen strikter Geheimhaltung. Zum *Handwerkssaal* kann – bei Bedarf – jeder Ort erklärt werden, an dem die Öffentlichkeit mit Sicherheit ausgeschlossen bleibt. Die Rituale unterscheiden sich von Schacht zu Schacht; auch die Mitglieder befreundeter Bruderschaften werden in sie nicht eingeweiht. Dem Wunsch der Gesellen entsprechend, werden in diesem Buch keine Interna oder Mutmaßungen und Gerüchte über zünftige Rituale publiziert.

Auch Gesellen, die im Streit bei einem Schacht *ausgebunden* haben oder ausgeschlossen worden sind, haben uns gegenüber niemals ein schachtinternes Ritual verraten.

Nur an einer Stelle wird eine Ausnahme gemacht: Eine regionale Bruderschaft hatte – wohl aus Gründen der Eigenwerbung – einem Kamerateam erlaubt, bei einer *Erwanderung* zu filmen. Durch die Ausstrahlung der Aufnahmen im öffentlich-rechtlichen Fernsehen wurde allgemein bekannt, auf welche Art und Weise ein neu *Erwanderter* seinen Ohrring erhält. Die meisten Gesellen halten heute diesen Initiations-Ritus selbst für einen eher fröhlich-geselligen Akt, den man keineswegs geheimhalten muß.

Anders als mit den Ritualen steht es mit den *geselligen* Bräuchen, die eher in den Bereich der Folklore gehören. Diese finden nicht auf dem *Handwerkssaal,* der ernsten Themen vorbehalten ist, statt. Sie werden vor allem auf der *Bude* oder in der *Herberge* zelebriert und unterliegen keiner Geheimhaltungspflicht.
Einige von ihnen finden sich in Kurzfassung auf den folgenden Seiten:

Hänger – Das Ohr des frisch *erwanderten* Junggesellen wird mittels eines Latthammers und eines stabilen Nagels in die Lage versetzt, den *Hänger* des Schachtes aufnehmen und würdig tragen zu können. Von dem Holzklotz oder -balken, der dabei als Unterlage dient, wird der *Junggeselle* oft erst dann befreit, wenn er ein entsprechendes *Löse-Geld* – zu zahlen in der Bierfaß-Währung – gelobt hat. Dieses Ritual ist nicht bei allen Schächten gleich. Außerdem ist das Tragen des Ohrringes generell freiwillig.

Gänsemarsch – In einem *Gänsemarsch* begleiten die Gesellen vielfach einen frisch *Erwanderten* aus seiner Heimatstadt auf den ersten Kilometern der Walz; bei einigen Schächten wird die Fahne der Bruderschaft vorweg getragen. Dabei trägt

„der ‚Leithammel' eine Flasche Köm am Charlottenburger über der Schulter. Während des Marsches wird kräftig geschallert und die Marschpausen [werden] mit einem Schluck aus der Kömbuddel erleichtert." (Lau, S. 16)

Klatsch und Abwinker werden besonders bei Richtfesten und ähnlichen Gelegenheiten aufgeführt. Die Gesellen sitzen sich gegenüber und klatschen in festgelegter Reihenfolge in die eigenen oder die Hände des Gegenübers, während gemeinsam *geschallert* wird. Es gibt den *Zweier-, Dreier-, Vierer-* (usw.) und den *Rundklatsch.* Auch der *Abwinker* ist ein solcher *(Zweier-) Klatsch*-Gesang: beim jeweils letzten Takt jeder Liedzeile winken beide Gesellen mit den Händen nach außen hin ab.

Faßschmoren heißt das gemeinsame Trinken eines oder mehrerer Fässer Bier, zu denen beispielsweise ein Geselle einlädt, der sein *Bergfest* feiert, weil er die Hälfte seiner Wanderzeit absolviert hat. Auch ein solches Fest geht nach strengen Vorschriften vor sich. Theo Gantner (S. 36ff.) berichtet (mit Erlaubnis der *Rechtschaffenen Fremden*) über Regeln und Verstöße: „Wie streng das Trink-Reglement gehandhabt wurde, zeigte sich dann, wenn jeweils ein Geselle für kurze Zeit den Saal verlassen wollte. Jeder mußte sich in diesem Falle beim Faßgesellen zeremoniell abmelden und bei diesem ebenso wieder seinen Zutritt erbitten. Wer hinaus wollte, knüpfte seine Jacke zu, trat von der Mitte her zum Faß, berührte mit der linken Hand den Hutrand und sagte über das Faß hinweg zum Faßgesellen: ‚Mit Gunst und Erlaubnis! Bitte um einen kleinen Abtritt vom Faß.' Ebenso mit der linken Hand am Hutrand erteilte der Faßgeselle seine Erlaubnis: ‚Mit Gunst! Zwei Minuten.' Die Rückmeldung geschah in gleicher Weise. Der Ankommende mußte sich erneut mit zugeknüpfter Jacke zum Faß begeben und Zutritt erbitten: ‚Mit Gunst und Verlaub! Wieder Zutritt zum Faß nehmen.' ‚Mit Gunst', antwortete ihm der Faßgeselle. Darauf durfte der Geselle seine Jacke wieder öffnen und zu seinem Platz zurückkehren.

Durch dieses ständige Ab- und Anmelden war der Faßgeselle beinahe dauernd beschäftigt und hatte kaum Zeit, selber auch ab und zu ein Glas zu trinken. Die Sprechformeln wurden genau eingehalten. Damit die beiden sich im Lärm der Gespräche richtig verstehen konnten, mußten sie oft über das Faß hinweg die Köpfe zusammenstecken. Der Faßgeselle mußte die Wegtretenden und die gewährte Zeit, zwei oder fünf Minuten, im Kopf behalten. Nur so konnte er im Übertretungsfall eine Bierstrafe verhängen."

Plattengeselle – Schläft ein Geselle beim Faßschmoren oder einer anderen (Trink-)Veranstaltung am Tisch ein – was bei den gelegentlich exzessiven Gelagen gar nicht einmal selten geschieht – so wird ihm im allgemeinen noch am Tische der Kopf geschoren. Dabei benutzen die zünftigen Barbiere keinesfalls eine Rasierklinge und Rasierseife, sondern ein gewöhnliches, scharfes Fahrtenmesser. Am nächsten Morgen wird die ‚Platte' dann mittels geeigneterer Werkzeuge zu einer spiegelnden Glatze vervollkommnet. Es kommt vor, daß sich dann mehrere Trinkkumpanen des Vorabends aus Solidarität mit dem Gestraften aus freien Stücken ebenfalls zu ‚Plattengesellen' frisieren lassen.

Trudeln – „Das Trudeln war früher eine Gesellenstrafe, wird jedoch heute zum vergnüglichen Spaß aufgeführt. Zum Trudeln gehört ein stabiler Trudeltisch, eine zwölfkantige Trudel, ein Trudelbur, ein Anschieter, vier Trudelknechte und einige Gesellen sowie nach Möglichkeit noch die Herbergsschwester. Der Anschieter wirft einem Gesellen irgendeine Verfehlung vor, die vom Trudelbur mit einer Lage Trudeln ‚bestraft' wird. Ist er ‚geständig', so wird er von den Trudelknechten rücklings auf die Trudel bugsiert und bei einem Lied auf der sich drehenden Trudel im Takt hin und her geschoben. Bei besonders harten ‚Vergehen' bekommt er noch die Herbergsschwester als Auflage, die sein Kreuz mit ihrem Gewicht zusätzlich auf die Trudel drückt. Vergnüglich wird es allerdings für ihn, wenn einmal kantholz gemacht wird und er in die Oberlage kommt." (Lau, S. 16)

Dieser Vorgang wird durch stark hamburgisch dialektal gefärbte, genau festgelegte Wechselreden von *Trudelbur, Anschieter* und dem zu strafenden Gesellen eingeleitet und beendet. Am Ende zum Beispiel erteilt der *rechtschaffene Trudelbur* die Absolution: „Mit Gift un Donnerwetter, nu het de krummpucklige Timmergesell Kuddel Dutt wedder eene reine West an un mag sick fix op sien Mors setten." (nach Gantner, S. 100)

Einheimischmelden – Bei allen Schächten wird das *Einheimischmelden*, das offizielle Ende der Walz, mit einem rauschenden Fest erleichtert. Die Art und Weise, wie dieses Ereignis zelebriert wird, ist von Schacht zu Schacht verschieden. Bei den *Rolandbrüdern* geht es zum Beispiel so zu:

„Beim Einheimischmelden erhält der nun niedergelassene Rolandbruder sein Erwanderungsband, auf dem seine persönlichen Daten und die seiner Reisezeit als fremder Rolandbruder eingestickt sind. Namens und im Auftrag der ehrbaren Gesellschaft erhält nun der einheimische Rolandbruder aus den Händen des ehrbaren Altgesellen einen wertvollen Stammseidel überreicht, der ihn mit jedem Schluck, den er daraus trinkt, an seine Reisezeit als fremder Rolandbruder erinnern soll. Desweiteren wird ihm eine Zunftpfeife aus edlem Holz übergeben. Sie soll dem einheimischen Rolandbruder auch späterhin auf fernen Wegen eine Zierde sein und auch sein Stolz." (Richter, S. 62)

Die Teilnahme an einer *Einheimischmeldung* gilt für jeden Gesellen, der sich in irgend zumutbarer Entfernung vom Ort aufhält, als Ehrenpflicht.

Gesellentreffen – Die aktiv reisenden Mitglieder der Schächte und viele Einheimische treffen sich regelmäßig (ein- bis zweimal jährlich), um gemeinsam zu *scheniegeln,* zu feiern, neue *Erwanderungen* durchzuführen usw. Diese Treffen (besonders auch die Gesamttreffen der C.C.E.G) dienen dabei auch zahlreichen interessierten, noch nicht *erwanderten* Gesellen und Auszubildenden dazu, die Schächte kennenzulernen.

Reisen bei einem Schachttreffen Gesellen anderer Verbände zu, so werden sie in der Regel *zünftig ausgeschenkt;* das heißt, daß feste wie flüssige Kost und Logis für die Dauer ihres Aufenthaltes frei sind.

Bei den Treffen geht es meist für die Dauer mehrerer Tage hoch her, und die Umsatzkurven örtlicher Brauereien pflegen bei solchen Anlässen nicht unbeträchtlich in die Höhe zu steigen: Bier ist *das* klassische Gesellengetränk. Bei einem Schachttreffen im Jahr 1988 war es den Gesellen und ihren zahlreichen Gästen – zu denen auch wir gehörten – trotz aller Bemühungen nicht gelungen, die übervolle Kasse zu leeren: am Schluß blieb noch ein erklecklicher Betrag übrig. Der Festausschuß beschloß, die überzählige Summe einem wohltätigen Zweck zuzuführen und spendete es den – – – ‚Anonymen Alkoholikern'.

Von zünftigem Schnack und Koschemerloschn

„Das Leben ist ein Jammertal –
Doch nicht für mich, denn ich mach' schmal!"

Gesellenschnack

Ein reisender Geselle arbeitet nicht beim Meister – er *scheniegelt* beim *Krauter*. Ein Geselle wünscht dem anderen keine gute Reise, sondern eine *fixe Tippelei*. Er wird um ein Essen in einem Gasthaus weder bitten noch betteln – *er spricht in der Beiz vor*. Er hat keinen Schlips, sondern eine *Ehrbarkeit*. Auf der Walz trägt man weder Hemd noch Anzug, Bündel, Ohrring oder Wanderstab – sondern *Staude, Kluft, Charlie, Hänger* und *Stenz*.

Die jeweils zuerst genannten Begriffe sind für die *Kuhköppe*, für alle diejenigen mithin, die nie *auf Tippelei* gewesen sind. Der *zünftige Schnack* des reisenden Gesellen hat andere Worte für viele Dinge seines alltäglichen Lebens.

Aber auch jeder *Kuhkopp* weiß, was – zum Beispiel – mit folgenden Redewendungen gemeint ist: haarige Sachen, Hals- und Beinbruch, Penne schwänzen, Schlamassel; er kennt Begriffe wie: blechen, Bulle, Kaff oder Kuhkaff, Kies, Knast, Moneten, Schickse, Stromer, Zaster. Und so weiter. Auch *Kuhköppe* wissen, wo der Bartel den Most herholt – oder?

Verfolgt man in einem sprachgeschichtlichen Lexikon beispielsweise den Ursprung des merkwürdigen Wunsches ‚Hals- und Beinbruch', den man besonders gern ausgerechnet den hochgradig knochenbruchgefährdeten Wintersportlern entbietet, so stößt man bald darauf, daß diese Redewendung aus dem Jiddischen stammt. Ihr liegen zwei fremdsprachige Worte zugrunde, die in die deutsche Sprache verändert übernommen wurden; ursprünglich lautete dieser Wunsch: *hazloche broche* – zu übersetzen mit: ‚Glück-Segen'! Der Sinn dieses Ausspruches hat sich also durchaus erhalten, und der Kontext, in dem er benutzt wird, ist ebenfalls der Richtige. Aber die Worte selbst haben sich so grotesk verändert, daß sie scheinbar das Gegenteil dessen besagen, was sie bedeuten sollen.

Geht man auf ähnliche Weise der Ankündigung ‚Dem werd' ich zeigen, wo der Bartel den Most herholt!' nach, so entdeckt man die hebräischen Wörter *barsel* und *mooss* als Wurzel. Übersetzt man diese Wendung korrekt, so heißt sie überraschenderweise: ‚Dem werd' ich zeigen, wo man mit dem Brecheisen das Geld herholt'.

Die ‚Penne', eine Institution, die viele Schüler (oder: ‚Pennäler') gerne meiden, muß ein reisender Geselle sich oft genug mühsam jeden Abend aufs Neue suchen. Denn hinter ‚Penne' steckt das ebenfalls hebräische Wort *pinah* – das bedeutet nichts anderes als ‚Ecke' – und zwar diejenige Ecke des Zimmers, in der das Bett steht.

Auf diese Art würden sich alle Begriffe entschlüsseln lassen, die in den ersten beiden Absätzen dieses Kapitels aufgezählt worden sind. Denn weder die Worte *Penne* oder *Zaster* (von romani *saster* für ‚Eisen'), noch *Kaff* (von jiddisch *k'far*, ‚Dorf') oder Schlamassel (jiddisch *sch'lo masal:* ‚Das, was nicht Glück ist') gehören ursprünglich in die deutsche Umgangssprache, in die sie heute so selbstverständlich integriert sind: sie alle stammen aus dem sogenannten Rotwelschen, der uralten geheimen Sondersprache der Gauner und Vagabunden. Dieser Wortschatz hat unsere Alltagssprache so nachhaltig durchdrungen, daß die allermeisten Menschen täglich rotwelsche Wörter gebrauchen – ohne auch nur zu ahnen, daß diese Begriffe früher nur dem gesellschaftlichen Bodensatz vertraut gewesen sind.

Daß die oben aufgegriffenen Beispiele vielfach der jiddischen oder hebräischen Sprache entstammen, darf nun nicht Anlaß geben, Jiddisch und Rotwelsch oder gar Juden und Gauner miteinander zu identifizieren. Die zahlreichen Wurzeln des Rotwelschen in der jiddischen Sprache haben glaubensunabhängige, ausschließlich sprachgeschichtliche Gründe, die noch erläutert werden sollen. Im Rotwelsch sind auch diese Worte so stark verfremdet, daß selbst „ein guter Kenner der hebräischen und jiddischen Sprache diese selben Ausdrücke im Rotwelsch nicht ohne weiteres versteht." (Landmann, S. 415) Doch dazu später.

Schon der Name dieses Sonderwortschatzes, Rotwelsch, muß erläutert werden: einen *Rott* nannte man im Mittelalter den berufsmäßigen, umherziehenden Bettler (vielleicht spielt dieser Name auf die Gewohnheit vieler Bettler an, mit Hilfe von roter Farbe Geschwüre oder Verwundungen am Körper vorzutäuschen); mit *welsch* oder *wälisch* bezeichnete man die romanischen Sprachen und generell jede Redeweise, die man nicht verstand. Das Wort Rotwelsch läßt sich also übersetzen mit: ‚unverständliches Bettler-Gerede'. Der älteste bekannte Beleg für dieses Wort stammt aus dem 13. Jahrhundert.

Die Erläuterung des Wortes führt direkt ein in die Geschichte dieser Sprache: sie wurde von vagabundierenden Bettlern regelrecht ‚erfunden'; der Normalbürger konnte – und sollte – sie nicht verstehen. In unserer Alltags-Sprache haben viele Worte davon überlebt, die in der Regel wie deutsche Begriffe klingen und von denen wir gar nicht mehr wissen, daß wir sie eigentlich übersetzen müßten, um sie genau zu verstehen. Gelegentlich fällt bei ihrem Gebrauch auf, daß sie im verwendeten Kontext gänzlich unpassend oder albern erscheinen, wie zum Beispiel der Unfallswunsch, den man dem Skifahrer zuruft: eine sprachlich ‚haarige Sache', wie es scheint.

Nun mag man sich fragen, warum wir komplizierte oder gefährliche Situationen denn ausgerechnet ‚haarig' zu nennen pflegen – und die Antwort zeigt, daß die Redewendung gar nichts mit dem Haarwuchs des Menschen zu tun hat. Auch ‚haarig' stammt aus dem ‚unverständlichen Gerede der Bettler'; die Wortwurzel ist das jiddische Verb *hargenen*, das ‚töten' heißt: eine ‚haarige Sache' war ursprünglich: eine ‚lebensgefährliche' Sache. Und wenn wir jemand zeigen wollen, ‚was eine Harke ist', dann benutzen wir eine alte Morddrohung des Rotwelschen; ‚Harke' hat die gleiche Wortwurzel wie ‚haarig' – ‚ich werde dich töten', meinte ein Bettler, der so drohte.

Wie aus dem jiddischen *hargenen* das deutsche ‚haarig' wurde, kann man sich ungefähr so vorstellen: Würde man bei einem Fremden hören, wie er von einer *hargenen Sache* erzählt, so würde man den zweiten Teil der Redewendung unschwer als deutsches Wort identifizieren und verstehen. Anders mit dem ersten Wort: *hargenen* gibt es in der deutschen Sprache nicht. Aber es gibt eine ungefähre lautliche Entsprechung, nämlich ‚haarig'. Der Verständniswunsch läßt uns Worte aber auch dann erkennen, wenn ihre Lautung ein wenig variiert wird. Unser Sprachbewußtsein ist trainiert, ständig vereinfachend zu übersetzen und zu übertragen. Spricht man also in normaler Geschwindigkeit von einer *hargenen* statt einer ‚haarigen' Sache, so wird der Kommunikationspartner das so aufnehmen und verarbeiten, wie er es aufzunehmen gewohnt ist: entweder wird er die Abweichung gar nicht bemerken, oder aber für einen leichten, unwesentlichen Versprecher halten. Verstehen wird er: ‚haarig'.

So läßt sich erklären, wie solche Redewendungen in unsere Umgangssprache geraten sind; ebenso sind die Motive ihrer Schöpfer leicht nachvollziehbar. Sie konnten einem Kameraden, der die gleiche Sprache beherrschte, von einer sehr bedrohlichen Situation erzählen, ohne daß ein unbefugter Zuhörer es verstehen konnte. Wer von der Wortherkunft nichts weiß, glaubt zu verstehen, was er tatsächlich nicht verstehen kann. Wem eine ‚Harke' angekündigt wurde, der schüttelte wohl nur den Kopf über diese vermeintlich wenig gefährliche, sehr merkwürdige Drohung. Nur der Eingeweihte wußte, was gemeint war.

Über die genaue Entstehung solcher Wendungen aber können wir heute meist nur spekulieren. Wir wissen nämlich nicht, ob *hargenen* bewußt zu dem deutschen Wort variiert wurde, oder ob schon damals ein Mißhören zu dem neuen Lautstand führte.

Das Rotwelsch ist wahrscheinlich ca. 700 Jahre alt; und es ist eine der einfallsreichsten Sprachschöpfungen, die es je gegeben hat. Es war nie nur ‚unverständliches Gerede' von Bettlern, wie die behelfsmäßige Übersetzung des Wortes nahelegt; Rotwelsch sprachen nicht nur die Bettler, sondern auch Gauner, Huren, fahrende Händler, Zigeuner und reisende Gesellen. Kurzum fast alle, die von ‚Berufs wegen' auf der Straße unterwegs waren.

Bereits im 18. Jahrhundert begann das Rotwelsch massiv in die Umgangssprache einzudringen: Fahrende Studenten, Handwerker, Händler – viele, die nach einer Reisezeit seßhaft wurden, brachten diesen Wortschatz von der Straße in die Häuser. Noch heute stammt vor allem die Fäkal- und Vulgärsprache zu großen Teilen aus dem Rotwelsch. Um zu zeigen, wie viele Vokabeln dieser Sondersprache Allgemeingut geworden sind, hier einige Beispiele aus dem Wortfeld ‚Geld': Begriffe wie *Heu, Kies, Kohlen, Kröten, Lappen, Marie, Mäuse, Moos, Mücken, Pinke, Schotter* – von denen wohl jeder Leser die meisten kennt – benutzten früher nur die Gauner.

Die abenteuerliche Sprachgeschichte des Rotwelschen führt uns zu einem Exkurs auf die Landstraßen vergangener Tage.

Zur Sozialgeschichte der Landstraße

Vor den Zeiten moderner Transportmittel traf sich auf den Verkehrswegen ein bunt gemischtes Völkchen: Händler, Zigeuner, Gaukler, Musikanten, Kesselflicker, Scherenschleifer, Bettler, Soldaten, Huren, Gauner – und auch reisende Gesellen. Sie alle waren in der Regel zu Fuß unterwegs; oft schlossen sie sich zu sehr gemischten Gruppen zusammen, um die Wanderungen angenehmer und sicherer zu gestalten.

Und viele von ihnen fürchteten oder mieden aus den unterschiedlichsten Gründen die Obrigkeit, besonders die Polizei. Nicht nur die Verbrecher (im heutigen Sinne des Wortes) unter ihnen hatten den Arm des Gesetzes zu fürchten, denn auch Vagabundieren und Betteln galt damals als Straftat. In den Städten wachten die sogenannten *Bettelvögte* über das Vagabundenwesen und die Armen. Sie waren polizeiliche Amtsträger und verfügten über drastische Methoden, um unerwünschte Personen ihre Macht spüren zu lassen. Die *Bettelvögte* standen den berüchtigten Arbeitshäusern (rotwelsch: *linke Winde*) vor, die ab 1604 in allen Städten errichtet wurden. In den Arbeitshäusern wurde Zwangsarbeit verrichtet. Auspeitschen, Einzelhaft, Nahrungsentzug waren bevorzugte Mittel, um die Insassen zu hoher Leistung anzutreiben. Stand hinter den ersten Gründungen von Arbeitshäusern (zum Beispiel in Bremen 1604, Lübeck 1605, Hamburg 1614) offenbar noch der Gedanke, Bettler und Umherstreunende tatsächlich zu resozialisieren und vor allem zu einem gottesfürchtigen Leben zu erziehen, so trat an dessen Stelle bald ein ausschließliches Wirtschaftsinteresse der Städte und Fürsten. Als Beleg dafür zitiert Angelika Kopečný in ihrer Geschichte der Vagabunden (S. 117) die Gründungsurkunde des Spandauer Arbeitshauses von 1686: „zur Beförderung der Wollen- und Seyden-Manufacturen auch zugleich zur Verbesserung der bishero ermangelnden Spinnereyen in Unsern Churlanden [wurde] ein Zuchthauß in der Stadt Spandow" erbaut. Angelika Kopečný berichtet weiter: „Noch sichtbarer ist das Profitinteresse im Falle des ‚Zucht- und Arbeitshauses sowie Kriminalinstituts' des berühmten ‚Malefizschenks', des Grafen Schenk zu Castell, das er in Oberdischingen im Jahre 1788 gründete. Vom Gesetz her nicht befugt, auf eigene Faust Gefängnisse zu bauen, läßt er trotzdem sein Arbeitshaus errichten. Sodann sammelt er aus den umliegenden Kleinstaaten Vaganten, die ihm von den kleinen Landesfürsten gerne gegen ein kleines Entgelt überlassen werden. Der ‚Malefizschenk' strengt, natürlich mit Erfolg, gegen seine Gefangenen immer wieder Verfahren an, um ihre billige Arbeitskraft so lange wie möglich ausbeuten zu können." (Kopečný, S. 117 f.)

Die *Bettelvögte* waren nicht wählerisch, wenn es eine *linke Winde* zu füllen galt. Auch zahlreiche ehrbare Handwerker wanderten ins Arbeitshaus, wenn sie des Vagabundierens und Müßigganges überführt waren. Solche Anstalten gab es in Deutschland noch in den ersten Jahrzehnten des 20. Jahrhunderts: das System hatte sich bewährt, und es sicherte langfristig hohe Profite. Die *linke Winde* fürchteten alle, die auf der Straße unterwegs waren und von der Obrigkeit bei Mangel an Arbeitskräften des Herumstrolchens und der Bettelei angeklagt werden konnten; und das war, bei genug bösem Willen, fast jedem Fahrenden nachzuweisen. Natürlich waren hochqualifizierte, junge Handwerker besonders gern gesehene ‚Gäste' der Arbeitshäuser. Bei den reisenden Gesellen scheint die Furcht vor dem Arbeitshaus fast traumatische Züge angenommen zu haben: noch heute, Jahrzehnte nach der Schließung der letzten einschlägigen Institution, ist der Begriff *linke Winde* in seiner ursprünglichen Bedeutung bei ihnen trotz seiner Überflüssigkeit allgemein bekannt.

Gemeinsame Feindbilder förderten die Solidarität unter den Fahrenden: Gemeinsam fürchtete man nicht nur die Polizei, sondern auch die Landjäger, Paßkontrollen, Stadtwächter, Soldatenwerber, und auch wilde Tiere wie Wölfe und Bären. Und gemeinsam konnte man sich am besten gegen jeden *Schlamassel* schützen. Man benutzte also zusammen sichere Wege, lagerte in Gruppen und stieg in den gleichen Herbergen ab. Zu den traditionellen Anlaufpunkten zählten auch die Bedürftigen gegenüber oft sehr freigiebigen jüdischen Gemeinden, die besonders an Knotenpunkten von Handel und Verkehr häufig zu finden waren. In ihren Herbergen, Garküchen, Spitälern usw. fanden alle Aufnahme, Nahrung und Pflege, die derer bedurften. Das ist sicher auch einer der Gründe, warum das Jiddische so starken Eingang in die Wandersprache fand.

Eine gemeinsame Verständigungsbasis der Fahrenden war dringend notwendig, denn es herrschte ein wahrhaft babylonisches Sprachengewirr auf den Wanderwegen: Viele Händler redeten jiddisch, die Zigeuner romani; zahlreiche Musiker kamen aus Italien, Theatergruppen vor allem aus England, Korbflechter aus Böhmen, Kesselflicker aus Rußland usw. Die Berufsgruppe der Geldwechsler entstammte traditionell der Lombardei – ihre merkwürdige, stark dialektal eingefärbte Redeweise bezeichnete man damals als *Kauderwelsch* (rotwelsch *kaudern* heißt soviel wie ‚tauschen', also *Kauderwelsch:* ‚unverständliches Gerede der Tauscher').

Als Mitglied jener bunten Gesellschaft der Straßen schnappte man aus jeder Sprache den einen oder anderen Brocken auf, eignete ihn sich an, gab ihn weiter. Das alles ergab den idealen Nährboden für das Wachstum einer Geheimsprache, die die Sprachenverwirrung zu ihrem Prinzip erhob: das Rotwelsch.

Die Gauner beförderten diese Sprachform am intensivsten, denn sie waren am stärksten darauf angewiesen, daß kein Fremder wußte, wovon sie reden. Sie lernten fremde Worte von den Zigeunern, von Jiddisch sprechenden Händlern und von Südeuropäern, veränderten absichtlich und unabsichtlich die fremdsprachlichen Begriffe, die sie nur vom Hören-Sagen kannten; sie deutschten sie ein oder kombinierten sie mit Worten anderer Sprachen. Grammatik und Wortstellung dieser Kunstsprache folgten dabei den jeweils heimischen, nationalen Gepflogenheiten, und nur die einzelnen Worte wurden ersetzt. Um eine gemeinsame Geheimsprache zu verbreiten, bedienten sich Räuber-Hauptmänner erstaunlicher Mittel: „Sie schufen sogar – man darf den Ausdruck wagen – die ersten ‚Sprachakademien' Mitteleuropas: von Zeit zu Zeit kamen nämlich Abgeordnete der einzelnen Räuberbanden zu einem Kongreß zusammen, bei welchem unter anderm der Wortschatz der Geheimsprache verglichen, revidiert und erweitert wurde. Die Abgesandten brachten die letzten sprachlichen Neuigkeiten zu ihren Gruppen mit nach Hause." (Landmann, S. 417) Der Räuber Hanns-Georg Schwartzmüller berichtete 1743 davon: „Sie lernten, veränderten und verbesserten bey solchen Zusammenkünften ihre Platten- oder Spitzbuben-Sprache. Sie hätten es bis dahin zu bringen getrachtet, daß kein teutsch-lautendes Wort mehr unter ihrer Sprache seyn mögte." (nach Kopečný, S. 142)

Wie und wann genau das Rotwelsch entstand, wird sich nie feststellen lassen. Schon im 14. Jahrhundert war es zum Gemeingut der Vaganten geworden, im 16. und 17. Jahrhundert stand es auf seinem Höhepunkt. Die Fahrenden boten zwar ein äußerlich buntes Bild, sie setzten sich aber doch nicht nur aus vereinzelten Individuen, sondern vor allem aus Gruppen zusammen. Es waren nämlich nicht nur die Handwerker, die in Bruderschaften organisiert waren. Das Bedürfnis sozial Schwacher, sich mit Gleichgesinnten zusammenzuschließen, war sehr ausgeprägt. Zunächst taten sich die ‚unehrlichen' Handwerker wie Abdecker, Gerber oder Barbiere zu losen Verbänden zusammen; bald taten es ihnen die Musikanten, Gaukler, ja selbst die Huren gleich. Auch die Bettler organisierten sich: die „Chroniken erwähnen um 1480 in Frankfurt eine Bruderschaft der Blinden und Lahmen, in Straßburg 1435 eine der Blinden, in Zülpich um 1454 eine Bruderschaft der Bettler, Krüppel und Armen." (Kopečný, S. 152 f.) Dazu gab es zahlreiche kopfstarke, straff-militärisch organisierte Räuberbanden, die oftmals ganze Landstriche konrollierten.

Die meisten dieser Zusammenschlüsse hatten nur relativ wenig mit den Bruderschaften der ehrlichen Handwerker gemeinsam; sie waren im Gegensatz zu den Gesellenbruderschaften locker gefügte Verbände von meist nur regionaler Bedeutung. Aber sie kommunizierten miteinander und schufen auf den Landstraßen ein Netzwerk von Verbindungen und Herbergen. Die reisenden Gesellen, die beim Wandern dem Kontakt mit diesen Gruppen gar nicht aus dem Wege gehen konnten, bedienten sich selbstverständlich vielfach der Vorteile, die ein solches Netz bot. Denn *Kunden* verhielten sich untereinander ungewöhnlich solidarisch; trafen sie sich auf der Straße, so gaben sie sich Tips über die Reisewege, über empfehlenswerte Herbergen und teilten vielfach das Essen miteinander. Das Beherrschen des *Kundenschall,* des Rotwelschen, galt als Ausweis der Zugehörigkeit zu dieser Gruppe; wer *kochum* war, konnte daraus zahlreiche Vorteile ziehen. Auch die Gesellen rasteten bei Gelegenheit in den *koschemer Bayes* – solchen Herbergen, die von einheimischen *Kunden* betrieben wurden (*koschem* von hebräisch *chacham* gleich ‚weise'; *Bayes* ist die Entsprechung zur *Beiz,* dem Gasthaus der reisenden Gesellen). Und wenn sie mit den *Kunden* reden wollten, dann mußten auch sie sich der Sprache bedienen, die alle Vaganten verstanden. Als ein Ausweis *Kundiger* untereinander galt zum Beispiel die Begrüßungsformel: „Ken, Kunde, ken, Mathilde" (hebräisch *ken* bedeutet ‚ja', *Mathilde* rotwelsch für ‚Landstraße', Verballhornung des hebräischen *medina,* Landschaft).

Aber die *Kunden* wurden an ihrer Sprache nicht nur von Ihresgleichen, sondern auch von der Obrigkeit erkannt. Noch zur letzten Jahrhundertwende konstatierte ein Kriminologe: „Selbstverständlich kennt nicht jeder Verbrecher, auch nicht jeder Gewohnheitsverbrecher die Gaunersprache, aber wer sich der Gaunersprache bedient, ist zuverlässig ein Gauner." (nach Wolf 1982, S. 71) Davon konnte natürlich in Wirklichkeit keine Rede sein. Viele Fahrende der Landstraßen beherrschten diese Geheimsprache und waren doch grundehrliche Leute; der *Kundenschall* war vor allem ein gemeinsames Kommunikationsmittel derjenigen, die sich als Nicht-Seßhafte am Rande der sozialen Ordnung bewegten.

Wir haben an anderer Stelle bereits ausführlich davon berichtet, wie ein *Kundiger* den Niedergang des gesellschaftlichen Ansehens der Gesellen in der Mitte des 19. Jahrhunderts beklagte und einen jungen Handwerker in das Rotwelsche einweiht. Auch aus den folgenden Jahrzehnten gibt es Hinweise auf ähnlichen Unterricht. So erzählt der freireisende Bäckergeselle Robert Thomas zum Beispiel aus dem Jahr 1890: „Als ich Reichenbach verlassen hatte und nach Greiz steuerte, traf ich mit einem alten ‚Kunden' zusammen, der mich ansprach und sofort sah, daß ich ‚von Muttern' kam. Er machte mich ‚kochum', das heißt, er weihte mich in die Geheimnisse des Wanderlebens ein." (Thomas, S. 23) Bald beherrschte der Geselle die *Koschemerloschn* (hebräisch heißt *lachon* ‚Sprache'; *Koschemerloschn* also ungefähr: ‚Sprache der Weisen'). Wie jeder, der den *Kundenschall* zu benutzen wußte, gab er ihn nun seinerseits an Neulinge der Landstraße weiter.

In den unterschiedlichen Gruppen der Fahrenden prägte sich das Rotwelsch unterschiedlich aus: Ein Gauner brauchte vielfach andere Worte als ein Händler oder ein reisender Geselle. Aber alle Gruppen griffen auf das gleiche Sprachmaterial zurück und bildeten ihre Worte nach identischen Mustern, so daß eine sehr enge Verwandtschaft zwischen der Walzsprache eines Gesellen und dem *Kundenschall* eines Bettlers oder Gauners bestand.

Besonders im späten 19. Jahrhundert, als den reisenden Gesellen die Bindung an die Zunft und der Rückhalt eigener Bruderschaften fehlte, bedeutete ihr gesellschaftlicher Niedergang gleichzeitig verstärkte Kontakte mit den Vagabunden und ‚Unehrlichen'. Dementsprechend stand die rotwelsche Sprachfähigkeit der Gesellen damals auf einem Höhepunkt, während die Bedeutung des alten Ritualgespräches mehr und mehr verschwand.

Rotwelsch, von den Eingeweihten oft auch *Jenisch* genannt, ist bis auf wenige Ausnahmen keine von ihren Benutzern schriftlich fixierte Sprache gewesen. Zwar gab es offenbar einmal einen sammellustigen Räuber-Hauptmann, der „ein Wörter-Buch davon geschrieben, welches fünf Finger dick sey" (nach Kopečný, S. 142), aber das ist nicht erhalten geblieben. Auch berichteten einzelne Vaganten, daß sie sich als Neulinge auf der Straße das Erlernen des Rotwelschen erleichterten, indem sie kleine Wortverzeichnisse anlegten. Aber das Gros *jenischer* Quellen verdanken wir heute nicht den *Kunden* selbst, sondern vielmehr der Polizei. Denn natürlich war die Obrigkeit stets daran interessiert, den *Kundenschall* zu verstehen. Schon im Mittelalter bediente sich der Arm des Gesetzes in solchen Fällen konspirativer Methoden: Agenten wurden in die Reihen der Vaganten eingeschleust und schrieben später auf, was sie dort gelernt hatten. Bei Gefangenen wußte die Obrigkeit sehr genau, wie mit der Folter Zungen gelöst werden. Außerdem gab es Überläufer, die das *Jenische* kannten und verrieten. Besonders unter den *Bettelvögten* waren viele ehemalige Vaganten, die mit ihrem Wissen um die geheimen Netze unter Umständen schnell Karriere im Ordnungsdienst machen konnten. So gibt es polizeiliche Aufzeichnungen des Rotwelschen schon fast ebenso lange, wie diese Sprache selbst existiert. In der Regel wurden diesbezügliche Sammlungen allerdings nicht gedruckt, sondern nur in wenigen Abschriften verbreitet. Sie waren zumeist in lateinischer Sprache verfaßt. Die älteste umfangreichere, gedruckte Quelle heißt „Liber vagatorum" (‚Buch der Vaganten'); sie ist trotz des lateinischen Titels in deutscher Sprache verfaßt und 1510 ohne Verfasserangabe erschienen. Achtzehn Jahre später wurde davon zu Wittenberg eine neue Ausgabe gedruckt. Nun hieß das Werk mit vollem Titel: „Von der falschen Betler bueberey, Mit einer Vorrede Martini Luther. Und hinden an ein Rotwelsch Vocabularius, daraus man die wörter, so yn diesem büchlin gebraucht, verstehen kan." Luther schreibt in seinem Vorwort: „Ich habs aber fur gut angesehen, das solch büchlin nicht alleine am tage bliebe, sondern auch fast uberall gemein werde, damit man doch sehe und greiffe, wie der teuffel so gewaltig ynn der welt regiere, obs helffen wolte, daß man klug würde, und sich fur yhm ein mal fursehen wolte". (Luther, S. 638) Kurz gefaßt heißt das in etwa: Der Bürger muß die Sprache der Gauner kennen, damit er sich vor ihnen schützen kann.

Kleinere rotwelsche Wörterverzeichnisse waren zuvor schon im späten 14. Jahrhundert in Breslau, 1450 in Basel und 1488 in Zürich entstanden.

Die erste wirklich umfassende Sammlung aber stellte erst in der Mitte des 19. Jahrhunderts der Kriminologe und Lübecker Polizeipräsident Benedict Avé-Lallement zusammen, der eigens das Hebräische, Jiddische, Romani und sogar die Geheimwissenschaft der Kabbala studierte, um das Rotwelsch möglichst genau übersetzen zu können. Durch seine gute Kenntnis des *Kundenschalls* und seine zahlreichen Kontakte zu Vaganten und Gaunern machte er sich allerdings bei der eigenen Behörde so verdächtig, daß er alsbald aus dem Polizeidienst entfernt wurde. Zu Lebzeiten – und auch späterhin – wurde sein Werk kaum zur Kenntnis genommen.

Zünftiger Kundenschall

Die voranstehenden Berichte und Erzählungen der Wandernden selbst haben gezeigt, daß es heute nur relativ wenige Auffälligkeiten in ihrer Sprache gibt. Es sind immer dieselben, Alltäglichkeiten der Walz betreffenden rotwelschen Worte, die dort fallen; deren Bedeutung läßt sich jeweils aus dem Kontext relativ mühelos erschließen. Das war nicht immer so: Man kann davon ausgehen, daß ein reisender Geselle bis weit ins 19. Jahrhundert hinein in der Lage war, ganze Gespräche so zu führen, daß ein *Kuhkopp* kaum ein einziges Wort verstanden hätte. 1974 rekonstruierte ein Rotwelsch-Forscher mittels sämtlicher verfügbarer Quellen folgenden Text, der „Auf der Walz" heißt: „Was für ein zuckrer Zefir für eine Walz! Wähnen Sie mitkrauten? Wir tarren zueckst die Strahle füri. No baum wir zu einem fichtigen und aaligen Spraußtroll. Stech der Schmeiß, daß uns lau Draußenplotz aufstößt. Was für Schaure kappt ihr mit? Stiftlingsläufer, einen rostbekasperten Stenz, einen Berliner, einen Flutfang, Dachl und Dach. Hammen wir, daß das Zecherl ma moll schäft. Mackert wer den Plattenspieß?" Zu deutsch entpuppt sich der Text als relativ banaler Plausch über einen Spaziergang: „Was für ein schöner Morgen für unsre Wanderung! Wollen Sie sich uns anschließen? Wir müssen zuerst die Landstraße entlang. Dann kommen wir zu einem bequemen Waldweg. Hoffentlich überrascht uns kein Wettersturz. Was wird Ihre Ausrüstung sein? Feste Nagelschuhe, ein eisenbeschlagener Stock, ein Rucksack, ein Regenmantel, Schirm und Hut. Hoffentlich ist der Gasthof nicht überbelegt. Kennt jemand den Wirt?" (Puchner 1974, S. 28 f.)

Das ist sicher nicht ganz ernst gemeint, und mit einer gehörigen Portion Spaß am Fabulieren verfaßt; aber es zeigt doch ziemlich eindrucksvoll, wie unverständlich ein Reisender früherer Zeiten reden konnte, wenn er wollte.

War ein reisender Handwerks-Geselle übrigens zwar der *Koschemerloschn* mächtig, aber trotzdem ehrbar, so nannten ihn die gaunerischen *Kunden* einen *Speckjäger*. Die Gesellen wurden von den Gaunern also mit dem gleichen Schimpfnamen belegt, den sie selbst heute auf nicht zu einem (oder nicht zum richtigen) Schacht gehörende Reisende anwenden.

Längere, historisch authentische Rotwelsch-Texte sind nur sehr selten überliefert worden. Im Jahre 1812 wurde das folgende Lied aufgezeichnet. (Pfister, Bd. 2, S. 386 f.) Es gibt einen Eindruck davon, wie ein Vagabunden-Jahr auf der Straße abgelaufen sein mag:

Wir schallen nun ein neues Lied;
Gott sey die Ehr' gegeben.
Das ganze koschemer Geblüt,
Soll jetzt und ewig leben!

Schranzt, Mahlen! schranzt, was toffer ist,
Als kochemer Vergnügen,
Man schwächt, man schalet, man blattfüßt',
Thut bei den Schicksen liegen.

Wir leben jetzt, zur Sommerzeit,
Wie's kochem jetzt gebühret,
Im Jahre und auf grüner Heid'
Sind herrles wir logieret.

Steht's uns in der Märtin nicht an,
So hergen wir nach Andern,
Man schmußt: in dieser ist's getan:
Wir wollen weiter wandern.

Kommt man dorthin ganz unbekannt,
So muß man sich befragen,
's gibt immer Jent in jedem Land,
Die uns den Emmes sagen.

Man fragt zuerst, ob's schofel ist
Mit Fiker und Husaren.
Bekneißt dann leicht zu jeder Frist,
Wo man sich müsse wahren.

So lebt man dann in toffer Ruh' –
Mögt's immer nur so dauern!
Geht's aber auf den Winter zu,
So muß man zu den Bauern.

Da muß man ganz beduchen seyn,
Und muß den Kaffer schmieren,
Denn macht man Stuß im Bayes drein,
So muß man sich verlieren.

Doch sag' ich jetzt und zum Beschluß:
Dann hat man keine Freude!
Wenn man bei Ruochen scheften muß –
Denn das sind bowre Leute!

Das heißt ungefähr: *Wir singen nun ein neues Lied; Gott sey die Ehr' gegeben. Das ganze eingeweihte Geblüt, Soll jetzt und ewig leben! Erzählt Kameraden! erzählt, was schöner ist, Als vertrautes Vergnügen, Man trinkt, man ißt, man tanzt, Tut bei den Mädchen liegen. Wir leben jetzt, zur Sommerzeit, Wie's Vagabunden jetzt gebühret, Im Wald und auf grüner Heid' Sind wir frei untergebracht. Sind wir in der Gegend nicht geduldet, So gehen wir nach einer Andern, man sagt: in dieser ist's getan: Wir wollen weiter wandern. Kommt man dorthin ganz unbekannt, So muß man sich befragen, 's gibt immer Menschen in jedem Land, Die uns die Wahrheit sagen. Man fragt zuerst, ob's übel ist, Mit Landjägern und Husaren. Weiß dann leicht zu jeder Frist, wo man sich vorsehen müsse. So lebt man dann in schöner Ruh' –Mög's immer nur so dauern! Geht's aber auf den Winter zu, So muß man zu den Bauern. Da muß man ganz verschwiegen sein, Und muß den Dörfler täuschen, Denn macht man Dummheiten in der Herberge, So muß man sich verdrücken. Doch sag' ich jetzt und zum Beschluß: Dann hat man keine Freude! Wenn man bei Bauern schuften muß – Denn das sind arme Leute!*

Von den Sorgen der Kleinkriminellen erzählt das folgende *Makel-Schal* (Kleiderdiebstahls-Lied), das ebenfalls vom Heidelberger Stadtdirektor Pfister 1812 (Bd. 2, S. 384) aufgezeichnet worden ist:

Nun, Mahlen! Mahlen Hosper wohlan!
Ganz schohger hercht die Ratt' heran,
    wir wollen auf ein Makel gehen,
    mit Dampf und Nähres thut Euch versehen,
Kiss' und Chlamones nehmt zu Hand,
dann schofle Schilde sind mir bekannt.

Dolet Scheh haben wir, das ist nicht weit;
doch loget zu, ihr toffe Leut!
    kein Jahr ist da, nur flach Elfeld
    kein kochem Bayes, das uns erhält;
dann rojnt der Jamm, bald ist er da; –
Ein Schärfenspieler ist auch lau nah.

Das Kochemer Hayes ist betrübt;
man wird von keine Jent geliebt.
    So mancher latgent nur aus Noth,
    und stuttert so sein Thränenbrod,
ohne daß das Ganfen ihn gefällt; –
die Armuth thut viel auf der Welt.

Und bestiebt man auch en Ohlem Sohren,
so plagen einem auch kohdere Mohren

die Gojen und Alles rufen: Schmayes!
Man muß ins Jahr, darf nicht ins Bayes; –
drum, Britzge! Schall ich zum Beschluß:
weh' dem der kochem leben muß!

Das heißt: *Nun, Kameraden! Kameraden, auf wohlan! Ganz schwarz schleicht die Nacht heran, wir wollen auf einen Kleiderdiebstahl gehen, verseht Euch mit Schwefelfaden-Lichtern und Laternen, Beutel und Dietrich nehmt zur Hand, denn schlechtgesicherte Türen sind mir bekannt. Die vierte Stunde haben wir, das ist nicht weit; doch hört zu, ihr guten Leut! kein Wald ist da, nur flaches Feld, keine sichere Herberge, die uns erhält; dann sieht uns der Tag, bald ist er da; – Ein Hehler ist auch nicht nah. Das eingeweihte Volk ist betrübt; man wird von keinem Menschen geliebt. So mancher stiehlt nur aus Not, und sucht sich so sein Tränenbrot, ohne daß das Gaunern ihm gefällt; – die Armuth tut viel auf der Welt. Und bekommt man auch eine Menge Beute, so plagen einen auch große Sorgen – die Weiber und alle rufen: O weh! Man muß in den Wald, darf nicht in die Herberge; – drum, Brüder! Sing' ich zum Beschluß: weh' dem der als Vagabund leben muß!*

Fahrendes Volk, das das Rotwelsch zum Überleben braucht, gibt es schon lange nicht mehr. Mit den wenigen noch existierenden *Berbern* (den echten Landstreichern, die kaum etwas mit den Stadtstreichern unserer Metropolen gemeinsam haben) haben die Gesellen heute nur ganz selten Kontakt, wohl fast nie einen Austausch. Einer von ihnen berichtete uns, daß er vielfach den Kontakt mit den *Berbern,* die wahrscheinlich den *Kundenschall* zum Teil noch recht gut beherrschen, gesucht habe: „Die sind sehr freundlich zu uns – aber verraten kein einziges Wort!"

Die Gesellen bemühen sich heute wieder, möglichst viel Wissen um die alte Geheimsprache zu konservieren. Ein am Rotwelsch interessierter Geselle, mit dem wir 1983 sprachen, beherrschte immerhin noch 58 verschiedene Worte des *Kundenschall* aktiv. Doch ganz offensichtlich geht der Kenntnisstand der Gesellen besonders in den letzten Jahren zurück. Spricht man mit ihnen über das Rotwelsch, so kennen sie in aller Regel die immer gleichen, relativ wenigen Begriffe. Im passiven Wortschatz mag zwar noch das eine oder andere Wort enthalten sein; gemessen am aktiven Sprachgebrauch aber sind Gesellen heute keine *Kunden* mehr. In ihrer Umgangssprache finden sich mittlerweile mehr *jenische* Begriffe als in ihrer Walzsprache. Das hat sicher vor allem damit zu tun, daß das Rotwelsch für sie eine fast vollkommen fremde Sprache ist, von deren Geschichte sie nur wenig wissen. Denn neben wenigen populärwissenschaftlichen Rotwelschgeschichten gibt es nur einige linguistische, ausschließlich für Sprachwissenschaftler konzipierte Untersuchungen. Die großen, längst vergriffenen Rotwelsch- und Walzsprachen-Lexika vergangener Jahre, wie die von Siegmund Wolf (erschienen 1956), Friedrich Kluge (1901) und Benedict Avé-Lallemant (1858 – 1862), sind fast nur in Bibliotheken zugänglich.

So verfügen die Bruderschaften kaum über schriftliches Material zur Walzsprache. Die langfristige mündliche Überlieferung, die das früher ersetzt hat, ließ sich in diesem Jahrhundert nicht aufrecht erhalten – durch die beiden Kriege und die Krise der Wanderschaft in den sechziger und siebziger Jahren hat es auch bei den älteren Bruderschaften zu wenig personelle Kontinuität gegeben.

Der Niedergang der rotwelschen Sprachfähigkeit seit Beginn dieses Jahrhunderts steht allerdings womöglich auch in enger Beziehung zum neuen Entstehen und Erstarken der Gesellenbruderschaften. Denn mit dem wieder steigenden gesellschaftlichen Ansehen und Selbstbewußtsein der Gesellen schwand deren Bedürfnis, mit als minderwertig empfundenen Vagabunden und *Kunden* gemeinsame (Sprach-)Sache zu machen. Im gleichen Maß, wie das Ritualgespräch in den folgenden Jahrzehnten wieder an Bedeutung zunahm, verschwand das Rotwelsche langsam aus dem Wortschatz der Gesellen.

Erst in den letzten Jahren ist wieder ein langsames Ansteigen des Interesses für diesen Wortschatz zu beobachten. Besonders im Kreise von *Axt&Kelle* bemühen sich einige Gesellinnen und Gesellen, möglichst viele Ausdrücke aus der Walzsprache aufzuschnappen und zu benutzen. Es fehlt ihnen allerdings an kompetenten *Kunden,* die hier zu helfen in der Lage wären. Und die kleinen Rotwelsch-Wörterverzeichnisse, die die Schächte ihren Gesellen heute wieder mit auf die Walz zu geben pflegen, können den Rückgang der Sprachkenntnisse kaum aufhalten, vor allem, weil sie zuwenig Erklärungen vermitteln, aber auch, weil sie zum Teil nicht umfangreich genug sind: Das Kapitel „Begriffe aus der Sprache der Gesellen und Kunden“ in einer *Fleppe* der *Freien Vogtländer* beispielsweise umfaßt gerade noch 22 rotwelsche Worte. Nur um weniges gründlicher ist die *Wanderfleppe* der *freireisenden Räuberschaft.* Die *Rolandbrüder* geben das mit ca. 120 Begriffen opulenteste, allerdings ebenfalls unkommentierte Glossar heraus.

Es ist für jedermann schwierig, sich solche Worte zu merken und richtig zu gebrauchen, von denen man lediglich die vordergründige Bedeutung kennt – aber nicht weiß, was sie wirklich heißen. Diese Diskrepanz führt gelegentlich zu sehr weiten Bedeutungsverschiebungen. In der *Fleppe* eines Schachtes wird beispielsweise das rotwelsche *Mehlhose* als Synonym für ‚Bäcker‘ angegeben, ohne daß die Sprachgeschichte des Wortes erklärt würde. Viele Gesellen benutzen das Wort auch in diesem Sinne. Und kaum ein Bäcker wäre wohl ernsthaft beleidigt, wenn er den scheinbar gutmütigen Spottnamen auf sich selbst hörte. Beide, Geselle und

Bäcker, ahnen freilich nicht, wie hinterhältig ein *Kunde* seine Sprache zu gebrauchen wußte – denn *Mehl* hat hier nur denkbar wenig mit dem Grundstoff der Brotproduktion zu tun. Das rotwelsche Wort läßt sich vielmehr mit ‚Hosenscheißer' übersetzen. Die sprachgeschichtliche Wurzel dieses Mehles ist das Romani. *Mel* heißt dort soviel wie Schmutz, Kot. Der Geselle, der das weiß, wird dieses Wort – je nachdem – mit viel mehr Spaß oder Zurückhaltung gebrauchen, als derjenige, für den *Mehlhose* nur eine Hänselei ohne tiefere Bedeutung ist.

Diese Form geheimsprachlicher Worte – wie sie etwa bei der *Mehlhose*, der *haarigen Sache* oder auch der rotwelschen *Harke* zugrunde liegt – ist eine fast ideale Sprachverschlüsselung: im Deutschen geläufigen Worten wird eine vollkommen fremde Bedeutung unterlegt, so daß ein un-*kundiger* Zuhörer noch nicht einmal bemerken kann, daß hier eine Sondersprache benutzt wird.

Die Geschichte des Rotwelsch reicht weit zurück – und sie ist an sprachlicher „Verwegenheit, Kühnheit und Eigentümlichkeit" (Landmann, S. 414) kaum zu übertreffen. Diese geheime Kommunikationsform ist ein interessanter Teil des kulturellen Erbes, das die fremdgeschriebenen Gesellen von heute als Nach-Fahren der ehmals Reisenden angetreten haben.

Im folgenden Kapitel wird versucht, einige der wichtigsten sprachgeschichtlichen und -schöpferischen Strukturen zu beschreiben, mit deren Hilfe die *Kunden* ihren Wortschatz konstruierten.

Zur Wortbildung des Rotwelschen

Bisher ist schon deutlich geworden, daß das Rotwelsche einen relativ großen Anteil seiner Worte aus dem Jiddischen übernommen hat. Die Gründe dafür sind so vielschichtig, daß ihre Darlegung eigentlich einen umfassenden – und hier nicht zu leistenden – Exkurs zur Geschichte der Juden in Europa seit dem Mittelalter forderte. Auch das Jiddische ist eine Sprachform mit einer denkbar komplexen Geschichte. Seine Wurzel ist das biblische Hebräisch, und viele Worte lauten im Jiddischen wie im Hebräischen gleich. So wird bei den folgenden Beispielen vielfach die hebräische Abstammung eines Wortes vermerkt. Die Juden verstehen das Jiddisch heute vielfach als die Sprache der Verfolgten, der Gettos, der Opfer; denn es nahm Elemente verschiedener Sprachen – besonders des Polnischen und Deutschen – in sich auf und entfernte sich mehr und mehr von dem zu den ältesten lebenden Kultursprachen zählenden Hebräisch des Alten Testamentes. Das umhergehetzte Volk hatte es schwer, seine sprachliche Identität zu wahren. Es ist kaum verwunderlich, daß auf den Landstraßen die Sprache desjenigen Volkes dominierte, das durch Jahrhunderte hindurch von Land zu Land getrieben und nirgendwo geduldet wurde.

Wenige Bemerkungen sollen wenigstens andeuten, welch komplexe sozialgeschichtliche Aspekte das Jiddische zur Mutter-Sprache des *Jenischen* werden ließ.

Die mitteleuropäischen Gesetzgebungen zwangen die Juden vielfach zur Mobilität. Juden durften nicht jeden beliebigen Beruf ergreifen. Es war ihnen in den meisten Staaten nicht nur verboten, Land zu besitzen, sondern sie durften überhaupt nur an bestimmten Orten siedeln: Gettos gab es schon im Mittelalter. Den Juden traditionell offenstehende Gewerbezweige waren vor allem der Handel, aber auch Geldverleih und -wechsel. Über Jahrhunderte war eine große Zahl der Kaufleute jüdischer Abstammung, und Kaufleute besaßen oft engen Kontakt zum ‚Fahrenden Volk', da sie selbst viel auf den Landstraßen unterwegs waren. Die Jiddistin Salcia Landmann stellt fest: „Die Juden wurden im Laufe des Mittelalters immer schärfer und erbarmungsloser unterdrückt, verfolgt, schließlich hingemordet. Die meisten nahmen das Martyrium fromm und widerspruchslos auf sich. Soweit es ihnen gelang, flohen sie in andere Länder. Ein kleiner Teil der Juden aber reagierte auf den mörderischen Druck von seiten der Gesellschaft mit Rebellion gegen ihre Gesetze, die für den Juden zunehmend nicht mehr Schutz, sondern nur noch Druck und Gefahr bedeuteten. Die Juden hatten keinen Grund, eine Gesellschaftsordnung zu bejahen, welche aus ihnen Schlachtvieh machte. Und so kam es, daß nach scharfen Verfolgungswellen kleinere Gruppen von Juden ihrerseits der Gesellschaft den Kampf ansagten und sich zu ganz oder doch teilweise jüdischen Räuberbanden zusammenschlossen." Trotz jahrhundertelanger Isolation und gesellschaftlicher Benachteiligung besaßen die Juden vielfach einen erheblichen Bildungsvorteil, denn im Gegensatz zu den Christen konnten sie „in der Regel lesen und schreiben, und sie hatten als Kinder eine recht solide religiöse Ausbildung genossen." (Landmann, S. 430) Manche von ihnen beherrschten sogar die mystisch-religiöse Wissenschaft der Kabbala, die sich besonders nach der Vertreibung der Juden aus Spanien im Jahre 1492 in ganz Europa ausbreitete. Eine zunehmend wichtige Rolle spielte in der Kabbala eine Art Buchstaben-Magie. Im hebräischen Alphabet sind die Buchstaben gleichzeitig Zahlenwerte. Der erste Buchstabe – *aleph* – bedeutet gleichzeitig die Zahl 1, *beth* (b) ist die 2, *gimel* (g) die 3 (usw.). Mit Hilfe dieser Wissenschaft suchte man vor allem den Sinn der Heiligen Schrift zu ergründen. Man bediente sich dabei vorwiegend dreier Methoden: Die einfachste kabbalistische Verfahrensweise, die *Temura,* besteht darin, daß die Buchstaben eines Wortes nach bestimmten Regeln vertauscht werden, so daß ein neues Wort entsteht. Die *Gematria* spielt mit den Zahlwerten der Buchstaben eines Wortes. In der dritten Methode, *Notarikon,* werden die Anfangs- und Endbuchstaben einer Reihe von Wörtern zu einem neuen Wort zusammengesetzt oder alle

Buchstaben eines Wortes werden als Anfangsbuchstaben eigener Worte gelesen. Hier nur ein Beispiel für die zweite, einfachere Variante des *Notarikon:* das hebräische Wort für ‚Mensch' besteht gleichzeitig aus den Anfangsbuchstaben von Adam, David und Messias. Das läßt die Auslegung zu, daß die Seele des ersten Menschen zunächst in den jüdischen König und dann in den Messias gewandert ist.

Diese kabbalistischen Prinzipien erwiesen sich als eine hervorragende Methode, Worte zu verschlüsseln. Und sie finden sich im Rotwelschen tatsächlich vielfach wieder. Am einfachsten sind dabei *temuratische* Vertauschungen: aus dem deutschen Wort ‚Kappe' wurde mit dieser Methode das rotwelsche *Appek*; ‚Brücke' wurde zu *Ückbre* verfremdet, usw. Komplizierter sind *notarikonische* Verfahrensweisen. Im Rotwelschen wird zum Beispiel ein ‚Polizist' *Pejzaddik* (oder, deutscher Aussprache angeglichen: *Pechzaddik*) genannt. Das ist ein Spiel mit den Buchstaben p und z. Der Anfangsbuchstabe von ‚Polizist' ist das hebräische *pej*, das z aus der Wortmitte entspricht dem *zadde*. Doch wird der Gesetzeshüter eben nicht *pejzadde*, sondern *pejzaddik* genannt, denn *zaddik* ist gleichzeitig das hebräische Wort für: der Gerechte. So ergibt das rotwelsche Wort nicht nur einen geheimsprachlichen Begriff, sondern gleichzeitig auch einen schönen Scherz für den Gauner, der genug vom Hebräischen versteht.

Doch solche relativ komplizierten und Lesefähigkeit voraussetzenden Wortbildungsmechanismen sind im Rotwelschen nicht die Regel. Gebildete Juden waren langfristig eine kleine Minderheit in der gemischten Landstraßengesellschaft, deren Geheimsprache unbedingt zwei Kriterien zu erfüllen hatte: Sie mußte zwar dem Nichteingeweihten unverständlich, aber trotzdem leicht erlernbar sein.

So bedienten sich die *Kunden* in der Regel simplerer Mechanismen, um ihren Sonderwortschatz zu vergrößern. Am einfachsten war die Methode, Worte, deren Aussprache das zuließ, aus anderen Sprachen wörtlich zu übernehmen. Das Romani-Wort *maro,* das ‚Brot' heißt, wurde zum Beispiel wörtlich und mit der gleichen Bedeutung ins *Jenische* aufgenommen. Gleiches geschah mit dem jiddischen Verb *acheln:* es bedeutet in beiden Sprachen: essen.

In den meisten Fällen allerdings war die wörtliche Übernahme fremdsprachiger Wörter nicht möglich, weil sie sich in Aussprache und Schreibweise zu stark von deutschen Sprachgewohnheiten unterschieden. Auch des Lesens und Schreibens *Kundige* kannten meist nur die Aussprache fremder Worte, aber nicht deren Schreibweise, denn sie hörten sie zwar oft gesprochen, sahen sie aber so gut wie nie geschrieben (und wären beispielsweise auch nicht in der Lage gewesen, etwa einen hebräischen Text zu lesen). So wurden Aussprache und Schreibweise den deutschen Gepflogenheiten in der Form angeglichen, wie es oben schon anhand des Romani-Wortes *mel* geschildert wurde, das zum rotwelschen *Mehl* wurde. Nicht immer wurde, wie in diesem Fall, dabei eine fremde Bedeutung einem bekannten deutschen Wort unterlegt; sehr oft wurde die Lautung einfach der deutschen Sprache angepaßt. So geht etwa das rotwelsche *Schockelmei* (Kaffee) auf das hebräische *schocher majim* (schwarzes Wasser) zurück. Beim Romani-Wort *latscha,* das eigentlich ‚Brühe' bedeutet, wurde der im Deutschen ungewohnte Endvokal a ersetzt: Rotwelsch hieß das Wort *Latsche.* Aber damit wurde nun keineswegs etwa ‚Brühe' oder ‚Suppe' bezeichnet – sondern ‚Milchkaffee'. Das geht ganz offensichtlich auch auf das italienische Wort *latte* zurück, das Milch heißt.

Die Kombination eines ursprünglich jiddischen und eines deutschen Wortes führte zum rotwelschen *Löwensehnsucht,* das mit ‚Weißwurst' zu übersetzen ist. Mit *Sehnsucht* bezeichneten die Vagabunden generell alle für sie schwer zu erlangenden Fleisch- und Wurstwaren. Der *jenische Löwe* aber hat mit dem König der Tiere nichts als den Lautstand gemein: ihm liegt die Variation des hebräischen Wortes *lowon* zugrunde – und das heißt schlicht: Weiß.

Ähnliches gilt für unseren altvertrauten *Kohldampf:* ‚Dampf' ist im Rotwelsch Synonym für ‚Hunger' (offenbar als Gegenbildung zum niederdeutschen ‚dämpfen' für ‚schwelgen, schlemmen'); ‚Kohl' basiert auf dem hebräischen *kol* (Stimme). Übersetzt man den *Kohldampf* ins Deutsche, so führt das zur geradezu poetischen ‚Stimme des Hungers'.

Solche Kombinationen zweier Sprachen liegen auch vielen Redewendungen zugrunde. Sogar der beliebte Ausspruch ‚Du hast ja 'nen Vogel!' geht auf diesen Mechanismus zurück – die älteren Belege lauten hier *Du heißt ein w'ukal!.* Das aus dem Hebräischen stammende Wort *w'ukal* bedeutet: krumm, verdreht, im weiteren Sinne: verrückt.

Neben dem Hebräisch-Jiddischen stammen die meisten rotwelschen Begriffe aus der deutschen Sprache. Viele von ihnen lassen sich am treffendsten als ironisierende Metaphern beschreiben. Den Hering zum Beispiel nannte man *Schneiderkarpfen,* denn die oftmals armen Schneider konnten sich nicht den teuren Karpfen, das Festessen der Wohlhabenden, sondern nur den früher spottbilligen gesalzenen Hering leisten.

Das Steckbriefverzeichnis der Polizei bezeichnete man als *Adelskalender,* den Vagabunden als *Kirschenpflücker* oder *Gänserupfer,* Polizisten als *Pickelfritzen* (weil die deutschen Polizisten Pickelhauben trugen und ‚Fritz' einer der häufigsten deutschen Namen war), Frauen oft unfein als *Matratzen* oder, schöner, als *Kuß-Muß.* Hungern beschrieb man als *Luftsuppe* oder *Windbouletten essen.* Beinahe unerschöpflich waren die Möglichkeiten, auf diese Weise neue Begriffe zu bilden. Meist auf der assoziativen Ebene wurden Dinge nach Form oder Eigenschaft benannt. Besonders beliebt waren dabei Verknüpfungen mit der Endsilbe -ling: *Rundling* nannte man die Kartoffel, *Ringling* oder *Langling* – je nach Form – die Wurst, *Weißling* das Ei, *Trittling* den Schuh. Diese Endsilbe ließ sich leicht auch mit fremdsprachlichem Material verknüpfen, und so wurde aus dem französischen ‚pomme' (Apfel) tatsächlich ein rotwelscher *Pommerling*.

Auch die Kombination von fremdsprachigen Wörtern und deutschen Vorsilben war fruchtbar: Aus dem hebräischen *massor* (ausliefern) wurde im *Jenischen* das bekannte *vermasseln*, aus *knass* (hebräisch für: Geldstrafe) wurde *verknacken*.

Von sehr vielen rotwelschen oder walzsprachlichen Begriffen wissen wir heute allerdings nicht, wie sie entstanden sind oder auf welche Sprache sie zurückgehen. Für den *Krauter* (Handwerksmeister) beispielsweise bieten die bekannten Lexika keine befriedigende Worterklärung. Die Gesellen selbst glauben, daß die traditionell langweilige Winterkost, die sie in schlechten Zeiten von *Dallaskrautern* (von hebräisch *dalluth*, Armut) bekamen, zu diesem Wort führte. Andererseits heißt *krauten* im Rotwelschen nicht mehr als ‚wandern' (Herkunft unbekannt), und so mag ein *Krauter* tatsächlich einfach ein ehmals ‚Gewanderter' sein, der mit der Walz eine Voraussetzung für den Meisterstand erfüllt hatte. So bleibt eine rotwelsche Sprachgeschichte vielfach auf Vermutungen angewiesen und riskiert allemal Irrtümer bei den Ableitungen.

Der um die Jahrhundertwende – sehr wahrscheinlich als *Rechtschaffener Fremde* – gereiste Fritz Ulrich schrieb 1916: „Die Handwerksburschensprache wählt ihre Ausdrücke, ohne nach der Herkunft zu fragen. Ein Teil davon entstammt zweifellos der Judensprache, ein anderer läßt sich auf englische Wurzeln zurückführen, etliche sind willkürlich umgewandelte Fremdwörter französischen oder anderen Ursprungs, und ein Teil ist überhaupt nicht zu enträtseln. Seit dem Ausgange des Mittelalters haben die Handwerksburschen ihre besondren Ausdrücke; woher sie kommen, wer sie aufgebracht, warum man sich solche Ausdrücke schuf, das weiß man nicht; zehn, fünfzehn Generationen von Handwerksburschen haben sich ihrer bedient, haben neue hinzugefügt, alte geändert, aber die Handwerksburschensprache selbst ist geblieben, und sie wird bleiben" (Ulrich, S. 16).

Wie eine heutige Bestandsaufnahme der Walzsprache zeigt, hat er in der Substanz Recht behalten. Zwar ist der rotwelsche Wortschatz der Gesellen zur Zeit noch rückläufig, aber das Interesse mancher Reisender an dieser Sondersprache läßt hoffen, daß der *zünftige Kundenschall* zumindest vorläufig nicht aussterben wird.

Von den Zinken

„Haste alles notiert? Schön! Nun spitz' die Löffel, wat ich dir von den ‚Zinken' sagen werde!
Wenn du in ein ‚Kaff' kommst und willst durch ‚Talfen' [Betteln] deinen ‚Kohldampf' vertreiben, dann findste ‚dufte Winde' [gute Häuser] und auch solche, wo nichts zu holen ist. Du brauchst dat aber meistens nicht selbst ‚auszubaldowern', dat heißt auskundschaften, dat haben schon ‚Kunden' getan, die vor dir dat ‚Kaff' ‚abgetalft' haben. Gib nur auf die Haustüren Obacht, die ‚Zinken' findste unten links in der Ecke stehen. Siehste solches Zeichen , also eine Gabel, kriegste warmes Futter; ist der Zinken durchgestrichen, so , dann bekommste wohl wat für deine Zähne, aber nur ein Stück Brot. Wo ein O steht, bekommste einen ‚Poscher', einen lumpigen Pfennig, siehste mehrere Ringe OOO, rücken die ‚Kaffern' einen Fünfer heraus, wat gerade für einen ‚Surof' [Branntwein] langt. Findste einen ‚Zinken', der so aussieht , also ein Kirchturm, da gehste hinein, da wohnt ein ‚Gallach' [Geistlicher], einer von den Schwarzröcken. Die rücken immer wat heraus und meist nicht zu knapp. Haste keine ‚Pinke' mehr, dat du die ‚Penne' nicht bezahlen kannst, siehste zu, ob du einen solchen ‚Zinken' findest . Dort läßt dich der ‚Kaffer' in seinem Heu ‚pennen'. Ein solches Zeichen , eine Peitsche, sagt aber, dat du dich vor dem Hofköter in acht zu nehmen hast. Ein † bedeutet, dat du in dem Haus ‚Talfen' kannst, auch wennste eine Pickelhaube im Fenster liegen siehst; die legen die ‚Kaffern' manchmal dahin, um uns bange zu machen. Siehste aber drei †††, dann, hol' mich der Henker, machste einen weiten Bogen, so schnell wie deine Beine laufen können. Da wohnt er, der ‚Teckel' [Polizist], der drauf lauert, uns ‚verschütt' gehen zu lassen [einzusperren], als ob man ‚gezottelt' [gestohlen] hätte.
Jetzt weißte also schon wat Bescheid. Mach' dein Kontor [hier: Notizbuch] zu, für den spendierten ‚Surof' hab' ich genug gequasselt. Willste noch mehr wissen, bestellste zuerst noch 'ne Flasche." (Buchloh, S. 29)

Das ‚Du' dieses Textes ist der reisende Buchbindergeselle Adolf Buchloh, der in den siebziger Jahren des 18. Jahrhunderts *auf Tippelei* gewesen ist. Und der ihm da berichtet, ist ein erfahrener *Kunde,* der diesen *Chausseehasen* (Neuling auf der Landstraße) gegen flüssige Bezahlung *kochum* gemacht hat. Sein Bericht ist so vollständig, daß wir ihm nur wenig hinzuzufügen haben:

Seit dem Mittelalter ergänzen diese *Zinken* (eigentlich: Stempel) das Rotwelsch der Vaganten als geheime Zeichen-Sprache. Solche Zeichen, mit Kreide, einem Stein oder dem Messer flüchtig an die linke Seite der Türschwelle geritzt, hinterließen die Vaganten allerorten, um den Kameraden das *Fechten* zu erleichtern.

Es gibt noch erheblich mehr solcher Zeichen, wie der alte *Kunde* sie dem Gesellen beibrachte (eine weitere Auswahl anschließend); und sie sind in allen zivilisierten Ländern, in denen es Bettler gibt, seit Jahrhunderten die gleichen.

Manchen Gesellen sind die *Zinken* noch heute geläufig, und besonders die Türschwellen von *Beizen* werden gelegentlich mit einer solchen Botschaft gezeichnet. Erst in neuerer Zeit tauchten zwei spezielle *Walzzinken* auf: ein stilisierter *Stenz*  bedeutet, daß zünftige Gesellen hier freigiebig ausgeschenkt werden, ein durchgestrichener Stenz  weist darauf hin, daß *Schmalmachen* in dieser *mießen Winde* (schlechtes Gasthaus) unerwünscht ist. Der letztere *Zinken* bedeutet allerdings keineswegs, daß dieser Gastwirt nun Ruhe vor den Gesellen hätte: im Gegenteil wird jeder vorbeikommende *kundig* Walzende, der ihn entdeckt, den *Plattenspieß* nach Kräften zu ärgern versuchen …

Aber nicht nur Gesellen bedienen sich heute noch der *Zinken:* auch erfahrene Hausierer, Zeitschriftendrücker-Kolonnen, Bettler usw. wenden gelegentlich diese unauffälligen Geheimbotschaften an. Soviel hier nur, damit man – wie weiland der Doktor Luther schrieb – „doch sehe und greiffe, wie der teuffel so gewaltig ynn der welt regiere, obs helffen wolte, daß man klug würde, und sich fur yhm ein mal fursehen wolte“.

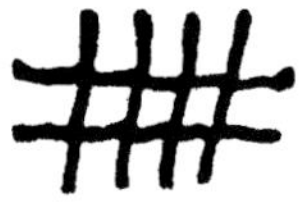

Achtung, Gefahr

fromm tun

man bekommt nichts

bissiger Hund

hier erhält man Essen

Besitzer ist brutal

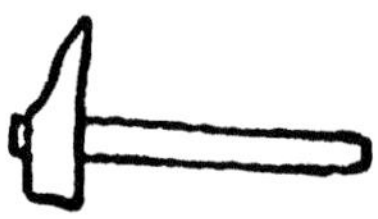

man bekommt etwas,
muß aber dafür arbeiten

im Hause sind drei Kinder,
zwei Frauen und ein Mann

Frau allein mit 2 weibl. Angestellten

man kann zudringlich werden

hier kann Gewalt ausgeübt werden

3. Stock links ist lohnend

Wohnung eines Polizisten

es sind nur Frauen im Haus

die Leute lassen sich einschüchtern

(nach Puchner 1974, S. 201)

Kochume Fleppe – Kleines Glossar der Walzsprache

Zur Einführung in die Benutzung: Auf den folgenden Seiten haben wir ein kleines Wörterbuch der Walzsprache zusammengestellt, das einerseits auf den alten gedruckten Quellen, andererseits auf dem aktiven, aktuellen Sprachgebrauch der Gesellen beruht. Diese Auswahl kann die einschlägigen Rotwelsch-Lexika in keiner Hinsicht ersetzen (ihre Titel finden sich im Quellenverzeichnis bei den Namen Avé-Lallemant, Kluge und Wolf; hinsichtlich des Jiddischen siehe besonders unter Bischoff und Landmann), sondern nur um einige aktuelle Begriffe ergänzen.

Wir haben dieses Glossar nicht über die Walzsprache hinaus auf das Rotwelsche ausgedehnt. Es wäre ganz unsinnig, die großen, oft mehrbändigen Lexika hier aufgrund einer subjektiven Auswahl auf wenige Seiten zusammenkürzen zu wollen. Stattdessen versuchen wir, die Walzsprache der letzten Jahrzehnte aufgrund allen uns zugänglichen Materials zu dokumentieren.

Etymologien und Vermerke zur Sprachgeschichte führen wir in diesem Glossar nur dann an, wenn sie zur Erhellung der Bedeutung eines Begriffs beitragen. Für die Ableitungen aus dem Hebräischen und Jiddischen benutzen wir – wie in den Kapiteln über die Sprachgeschichte des Rotwelschen – die lateinische Umschrift des hebräischen Alphabetes. Bei den Übersetzungen und Schreibungen half uns Professor Emil Adler, dem wir für seine Bemühungen zu großem Dank verpflichtet sind.

Im Anschluß an das Glossar Walzsprache – Deutsch findet sich ein umgekehrtes, nicht kommentiertes Verzeichnis, das all jenen helfen soll, die die Reisegesellen-Bezeichnung für einen deutschen Begriff suchen oder erlernen wollen.

Walzsprache – Deutsch

abklopfen (auch: abkloppen): eine Ortschaft oder Straße abfechten, schmal machen
abpriemen: abreisen
abpudeln: aus der Zunft ausschließen
Abwinker: zünftiger Klatsch, s. S. 166
Achelei (auch: Achelfahrt, Achelputz): Essen, Mahlzeit, s. acheln
acheln (auch: achielen oder achlen): Essen; von hebr. achal, essen
Äffchen: frisch erwanderter oder gut gekleideter Geselle
alf, alef: eins; jidd. aleph, eins; erster Buchstabe des hebräischen Alphabetes
anschieben: Beginn der Arbeit
Anschieter: Ankläger beim *Trudeln*, s. S. 167
anschmoren: Humpen oder Stiefel trinken
Apfel, Appel: Narr; von hebr. hewel, Eitelkeit (im biblischen Sinne)
Äppel, in die Ä. hauen: schiefgehen; von hebr. hewel, Eitelkeit (im biblischen Sinne)
Asche: Geld
auf'n Kübel kommen: herunterkommen
aufrasseln: zeremonieller Zeptergebrauch des Altgesellen
ausruppsen: Ehrbarkeit abnehmen
ausschenken: freihalten, bewirten
Axti: Mitglied von *Axt&Kelle*
Baiss: Haus; jiddisch bajis, Haus, aus dem hebräischen bajith. Geht auf das beth, den zweiten Buchstaben des hebräischen Alphabetes zurück: dieser sieht in der Quadratschrift wie ein Haus aus
Ballert: Wald
Bankarbeit leisten, B. machen: auf der Holzbank schlafen
Barach: Krätze
baumkantig: aggressiv, unangenehm
Beinlinge: Strümpfe
beiß: zwei; jidd. beth, zwei; zweiter Buchstabe des hebr. Alphabetes
Beiz (auch: Baiss): Gasthaus, s. Baiss
bemurmeln: bezahlen
Berber: echter Landstreicher, der die Städte meidet
Berg- und Talverduft gut: gut, brauchbar, erfahren
Berg- und Talversetzer: Gelegenheitsarbeiter
Berliner: Wanderbündel; Verballhornung von lat. pellina, Fell; ursprünglich: Felleisen, aus Ledersack und Stahlrahmen bestehender Rucksack
beschaskert: betrunken
beschickert: betrunken, s. schickor
beschmort: betrunken
beschwabbelt: betrunken
betippert: betrunken
Bettelvogt: ursprünglich Vorsteher eines Arbeitshauses, das Vagabundenwesen überwachender Ordnungshüter; heute: Polizist in Zivil
Bettelzinken: Stempel einer Gewerkschaft o. ä., die dem Gesellen das Geschenk gewährt hat, s. Zinken
Bienen: Läuse, besonders Kopfläuse; von hebr. bina, Verstand – der Verstand sitzt im, die Läuse auf dem Kopf
Bier: erstaunlicherweise ohne Synonym in der Walzsprache. Ein von uns dazu befragter Geselle: „Dafür gibt's halt kein besseres Wort!"
Blauer: *Rolandbruder*
Bleier: Groschen
Bönhase: Schwarzarbeiter, im alten Rotwelsch: Schneidergeselle
boomkantig: s. baumkantig
brennen, die Steine b.: beim *Fechten* wird die Polizei gerufen

brummen: zustimmen; etwa: *Schnack brummt,* wohl gesprochen
Burgemorum: Bürgermeister
Charlottenburger: meist: Charlie. s. Berliner. Charlottenburg ist ein Stadtteil von Berlin
Chausseegrabentapezierer: Bettler
dal: arm, s. *dallas*
dalfen: betteln
dallas: arm, heruntergekommen, unfähig; von hebr. dalluth, Armut
Dallaskrauter (auch: Dalleskrauter): Armer oder schlechter Handwerksmeister; hebr. dalluth, Armut
Dassel: Kopf
Deetz: Kopf; franz. tête, Kopf
Docht, auf den D. bringen: verwüsten, zerstören
Docht, auf den D. kommen: herunterkommen, verwahrlosen
Draht: Geld; ursprünglich *Rat,* Abkürzung für Reichs-Taler unter Ergänzung des Hilfsvokales a
Dreckschwalbe: Maurer, spielt darauf an, daß die Schwalbe ihr Nest aus Kot baut
drescher: gut, brauchbar
Dröschertext, den D. singen: verprügeln
Ehrbarkeit: farbiger Schlips oder eine Anstecknadel als Kennzeichen der einzelnen Schächte
einflaggen: *Ehrbarkeit* einbinden
einheimisch werden: die Walz beenden
einkluften (auch: einpuppen): Kluft zum erstenmal anziehen
einpuppen: s. *einkluften*
Eisbär: reicher Geselle
eisbären: viel Geld horten, auf Vorrat betteln
Elefant: Mitglied des *Begegnungsschachtes*
Erft: *Ehrbarkeit*
erwandert werden : In den Schacht aufgenommen werden
fackeln (auch: febern): schreiben; von lat. vibrare, schwingen
Faßgeselle: ausschenkender Geselle bei Festen
faßschmoren: von einem Gesellen gestiftetes Bierfaß gemeinsam austrinken, s. S. 166
febern: s. fackeln
fechten: betteln
Feldhühner: Kartoffeln
femern: kochen
Fettigkeit: Wurst, Schinken, Fleisch
Feuriger: Eisenbahn
Fidelburger: Zigarre; nach Fidél Castro
Finne: Flasche
fix: hauptsächlich in Formeln wie: f*ix bedankt,* herzlichen Dank oder *fixe Tippelei,* gute Reise; auch allgemein für: gut
Flachs: Markstück
fladern: brandstiften, Variation auf flakkern, lodern, flammen
fladern: waschen
Flammer: Schmied
fleddern: die *Ehrbarkeit* oder den Ohrring abreißen, auch: sich prügeln
Fleischmann: Polizist; nach einem legendären Polizisten dieses Namens, der zahlreiche Räuber verhaften konnte
Fleppe: Ausweispapier, Buch; von engl. flap, Schlag, Klaps; ein Buch aufschlagen
Flosserstenz: Regenschirm
Flossert: Fisch, auch: Regen
fremd machen: die Arbeit aufgeben, fortwandern
fremdschreiben, sich f.: auf die zünftige Walz gehen
Freundschaft: als Anrede für: mein Freund, mein Lieber
Fußlappen: Weißkohl
Fußlatscher: Polizist zu Fuß
Gallach: Pfarrer; hebr. gallach, Pfarrer
gimel: drei; dritter Buchstabe des hebräischen Alphabetes
Grüßler: zureisender Geselle
Grützkasten: Krankenhaus

Gummihammer kriegen: abgewiesen werden, besonders beim zünftigen *Vorsprechen*
Hallas: Lärm, Geschrei
Hamburger Zimmerer: im Volksmund: Oberbegriff für alle reisenden Gesellen; Hamburg ist ein traditionelles Zentrum der Reisenden, bei Gesellen selbst nicht in Gebrauch
Handburger: selbstgedrehte Zigarette
Handwerkssaal: Ort der rituellen Zunftzusammenkünfte
Hanf: Brot
Hänger: zünftiger Ohrring
Harzgänger: Geselle, der der Zunft untreu wird und heimlich *ausbindet*
hei: fünf; jidd. hei, fünf; fünfter Buchstabe des hebr. Alphabetes
Heidegeschwader: Bettler, Landstreicher
Heixe bestieben: Prügel bekommen
Heixe: Prügel
Heringsbändiger: Kaufmann
Himmelsfechter: Handwerksbursche
Hinterkünftig: im Hinterhaus wohnen, aber auch: abgelegene Straßen
Hobeloffizier: Tischler
holzen: sich mit den Stenzen prügeln
Hornickel: Kuh, Stier
Hustenburger: Zigarette
Jacke aufknöpfen: reist ein Geselle mit aufgeknöpfter Jacke auf einer Bude oder Herberge eines anderen Schachtes zu, so kündigt er damit Streit an. Aber auch: es sich gemütlich machen beim Platznehmen am Gesellentisch nach Aufforderung
Jagdreise: Prügelei
Jemmchen: Jahr; von hebr. jom, Tag
jenisch: schlau, klug, gewitzt
jod: zehn; zehnter Buchstabe des hebräischen Alphabetes:
Jumbo: Mitglied des *Begegnungsschachtes*
Kaff: Dorf; hebr. k'far, Dorf
Kaffer: Bauer, s. *Kaff*
Kafferinchen: Bäuerin, s. *Kaff*
Kailoff (auch: Kalb, Kalf): Hund; aramäisch kalba, Hund
Kamerud: nur bei *Axt&Kelle* gebräuchliche Neubildung für Kamerad, die den militaristischen Beiklang vermeiden soll.
Kapat: Speck
Katzenkopp: Schlosser, Schmied; böhmisch kuyce, Schmied und kor, Metall
Katzoff: Schlachter; von hebr. kazzab, Schlachter
Keif machen: Schulden auf der Herberge; von hebr. choiw, Geldschuld
Kellie: Mitglied von *Axt&Kelle*
ken: ja; hebr. ken, ja
ken, kuberosam Bohnpfann amen: Abschiedsgruß (temuratisch)
ken, Kunde, ken Mathilde: Landfahrer-Bergrüßungsformel; hebr. ken, ja und Verballhornung von hebr. medina, Gegend
Kennschütz: Bäcker
ket: acht; von jidd. chet, acht; achter Buchstabe des hebräischen Alphabetes
Kies: Geld; hebr. kiß, Geldbeutel
Kiesgeselle: Geselle mit viel Geld in der Tasche (finanzielle Vorsorge ist verpönt)
Kirschenpflücker: Bettler
Kittchen: Gefängnis; von hebr. chet, Sünde
Klatschen: geselliges Singen mit Händeklatschen, s. S. 166
Klinken putzen: betteln
Klopp: gewöhnliches, unzünftiges Fechten
Kluft: Kleidung, von hebr. killuph, schälen
Klufthumpen: beim Kauf einer neuen Kluft eine Runde spendieren
Kluftjude: Hersteller von Gesellenkluft
Knacker: Kinnbart
Knacker: Schlafplatz auf einer Holzbank
Knallscheit: Gewehr
kneisten: den *Charlottenburger* auspakken
kneisten: sehen

Knüppelbur: Altgeselle
Knupper: Flasche
kochem (auch: koschem, kochum): schlau, *kundig;* deutsche Aussprache von hebr. chacham, klug
kochem machen: einweihen, unterweisen
kochemern: Rotwelsch reden, s. kochem
Kohl vormachen: Schwindel; von hebr. kol, Stimme
Kohldampf: Kohl von hebr. kol, Stimme, rotwelsch Dampf, Hunger – also: Stimme des Hungers
Kommando: Abstecher; *Kommando schieben*: Abstecher zum *Fechten* machen
kommode machen: bequem machen; Hut abnehmen und Jackett ausziehen, besonders beim Essen und Trinken
Kopfschuster: Hutmacher
koschem: s. *kochem*
Koschemerloschn: Sprache der Weisen; deutsche Aussprache von hebr. chacham, klug und laschon, Sprache
köß (auch: kess): schlau, gewitzt
krauten: rotwelsch für wandern
Krauter: Handwerksmeister; vielleicht von rotwelsch krauten, wandern; *Krauter* also: ein Gewanderter
Kreuzspanne: Weste
Krone: Frau
Kübelgeselle: verarmter Geselle
Kuckuck: Stempel in den Reisepapieren, der den Erhalt eines *Geschenks* belegt; ein von der Obrigkeit ins Nest der Papiere gelegtes Ei in Gestalt eines runden Stempels, das dem Besitzer Schaden bringt
Kuhkaff: ursprünglich ein Dorf, in dem es keine *Kunden*, keine Herbergen oder einheimische Gesellen gibt, sondern nur *Kuhköppe*
Kuhkopp: jeder, der nie auf Tippelei war
Kukuruz: Mais (türkisch)
Kunde: ein der Geheimsprache *kundiger* Bettler, Landstreicher, früher vor allem reisender Geselle
Kundschaft: Arbeitsnachweis, Zeugnis
Kunst: Handwerk
Landjäger: Zivilpolizist
Langschäfter: Stiefel
langschäftig ausschenken: verprügeln
Latte anballern: Schulden machen, anschreiben lassen
Latte: Schulden
Läuseharke: Kamm
Legum: Brot; hebr. lechem, Brot
Lehm: Brot; s. Legum
Lehmer: Bäcker; s. Legum
Licht- und Dichtmacher: Glaser
link: falsch, schlecht: das, was nicht ‚recht' ist
linke Fleppen: gefälschte Papiere
linke Winde: Arbeitshaus, schlechtes Haus
linker Zinken: gefälschter Stempel
Linkmichel: schlechter Kamerad, auch: Neuling
Lorchen: Brötchen; Eindeutschung von hebr. lechem, Brot
Loschn (auch: Loschen): Sprache; s. Koschemerloschn
Löwenlehm: Weißbrot; hebr. lowon, weiß und lechem, Brot
Löwensehnsucht: Weißwürste; hebr. lowon, weiß und rotwelsch Sehnsucht, Wurst
Luppert: Uhr
Maschores: Aufseher
Masematten: lichtscheue, illegale Geschäfte
Matiene: Wanderschaft; aus hebr. medina, Gegend, Land
Mehlhose: Bäcker, in wörtlicher Übersetzung: Hosenscheißer; von romani mel, Schmutz, Kot
Melone: Kopfbedeckung im allgemeinen
Mit Gift und Donnerwetter: zünftiger Redebeginn bei Festen
Mit Gunst und Verlaub (auch: Erlaubnis oder Verlaubnis): traditioneller Beginn jedes Gesellenschnacks
Mops: *Rolandbruder*

Mudder: Herbergsmutter, Wirtin
Mutter Grün: im Freien, auch: Sommer
nachbienen: die Kleider nach Ungeziefer durchsuchen, s. Biene
Naturforscher: Lumpensammler, Trödler
Nordlicht: Schnaps
Obermann: Hut
Oluff: Schnaps
Pachulke: ungeschlachter, plumper Kerl, Hausknecht, Bediensteter; böhmisch pacholek, Knecht
Padde: Geldbeutel
Pech: Geld
Pechhengst: Schuster
peckane sein: vorhanden sein
Penne: Herberge, Unterkunft, Bett; von hebr. pinah, Ecke – die Ecke, in der das Bett steht
Penneboos: Herbergsvater; rotwelsch Penne, Bett und hebr. baal boos, Herr des Hauses
peukern: sterben
Pflanzer: Schuhmacher
Pickelei: schlechtes Essen
Pinke: Geld; jidd. pinkus, von hebr. Buchung
Pißpottbruder: *Fremder Freiheitsbruder*
Platte reißen (auch: platt machen): Unterkunft suchen, auch: im Freien auf dem Boden schlafen
Platte: Unterkunft
Plattfuß: Gans, Ente
Putz: Polizist; abkürzend wie etwa Matz aus Matthias
Räuchling: Zigarre
Rauscher: Schlafplatz im Heu
Regierungsrat: Schneider
Reichskäfer: Laus
Religion: Handwerk, Gewerbe, Beruf
Rolle: Mühle
Roller: Müller
Rollmops: *Rolandbruder*
Rosenkranz beten: im Zuchthaus sein: rotwelsch Rosenkranz, Fußfessel, Handschelle
Rosenkranz: Fußfessel, Handschelle
Roter: *Freiheitsbruder*
Rotz, im R. sein: heruntergekommen
Rümpfling: Senf, alemannisch Rumpf, Steiß, After. Im Rotwelschen bedeutet Rümpfling: Kot
Rumtreiber: Böttcher; weil dieser beim Befestigen der Faßreifen rings um das Faß geht
Rundchen: Kartoffel
Rundling: Kartoffel
Rutel: Reiseroute
Saft: Schnaps
Sänftling: Bett, Federbett
Sausebrand: Vollrausch
Schacht: zünftige Gesellenvereinigung
schachteln: essen
Schallerfleppe: Liederbuch
schallern: singen
schärfen: hehlen; hebr. ßaro'f, brennen – gestohlene Ware ist ‚heiß', ‚brennt'
Schein: Tag
Scheinfleppe: Tageskarte im Restaurant
scheinheimisch: einheimisch, aber gelegentlich noch auf Tippelei
Scheinlinge: Augen
scheniegeln (auch: scharniegeln, schaniegeln, schiniegeln): arbeiten; böhmisch činec, Arbeitender oder jidd. schinagole, Schubkarren.
schickern: trinken, s. schickor
schickor: betrunken; hebr. schikkor, betrunken
Schicksenpenne: Bordell
Schieberling: Kuchen
Schiebung: faule Ausrede
Schien: Aufseher
schietendick: betrunken, auch allgemeiner für: gewaltig, sehr groß
Schietlappen: *Rechtschaffener Fremder*
Schimmling: Hering
Schinder: Arzt
Schlamassel: Ärger, Probleme; jidd., von hebr. sch'lo masal, das, was nicht gut ist

Schlipsgeselle: Mitglied der *Rechtschaffenen,* des *Roland-, Freiheits-* oder *Freien Begegnungsschachtes.*
Schlummerpech: Übernachtungsgeld
schmachten: Hunger, Durst haben
Schmachtriemen: Gürtel
Schmal machen: betteln, auch: zünftig um Wegzehrung oder Geld vorsprechen; hebr. sma'li, links; die linke Hand ist die empfangende, die rechte die gebende
Schmeichelwinde: Kirche
Schmiege: Gesicht, Gesichtsausdruck
Schmiere stehen: aufpassen; von hebr. schmira, aufpassen
Schmorbacke: Alkoholiker
schmoren: trinken; bei manchen Gesellen: essen
schmusen: sprechen; von jidd. schmiesen, reden
Schnack: Redeweise der Gesellen
Schnack rutschmieten: Rede halten
schnasseln: trinken; bei manchen Gesellen: essen
Schneeschipper im Sommer: Gelegenheitsarbeiter
Schneidling: Messer
Schockelmei: Kaffee, von hebr. schocher majim, schwarzes Wasser
Schränken: ein-, aufbrechen, auch: aufschließen
Schränker: Einbrecher
schucken: bezahlen
Schucker: Polizist
schumm sein: beschwipst
Schuß geben: kündigen
Schuß kriegen: gekündigt werden
schwabbeln: trinken
Schwäche: Wirtshaus; hebr. schapho'ch, gießen
schwächen: trinken; hebr. schapho'ch, gießen
schwarz gehen: ohne Wanderpapiere reisen
Schwarzer: *Rechtschaffener Fremder*
Schwarzfahrer: Vagabund ohne Ausweispapiere
Schwarzkünstler: Schornsteinfeger
Schwenker: *Fremder Freiheitsbruder*
Schwester: Tochter des Herbergswirtes, s. *Mudder, Vadder*
Schwimmling: Fisch, speziell: Hering
Sehnsucht: Fleisch, Schinken, Wurst
sei: sieben; jidd. sojin, sieben; siebter Buchstabe des hebräischen Alphabetes
Siegellack: *Rechtschaffener Fremder*
Sonnenschmied: Klempner
Soruff: Branntwein, aus dem hebräischen soroph, er hat gebrannt
spannen: erblicken, aufpassen
speckig werden: aus der Zunft ausbinden
Speckjäger: ursprünglich *Kundenschall* für: Reisende Handwerker, jetzt: nicht in einer Zunft organisierter Geselle auf Walz
Spieß: Fünfpfennigstück
Spinner: *Freier Vogtländer*
Spint: Zylinder
Spitzkopf: Polizist; ursprünglich wegen der Helmspitze der Pickelhaube
Sponkluft: gute, ordentliche Gesellenkleidung
Sponkrauter: guter Handwerksmeister
Spülgeselle: turnusmäßig wechselnder Gläserwäscher bei Festen
Staude: zur Kluft gehörendes Hemd
Staudenfalter: Laus
Stecken: geben, mitteilen
Stenz: Wanderstock; von niederdeutsch stemmen, sich aufstützen
Stichler: Schneider
Stinkerlinge: dicke Socken
stoßen: betteln
Straßburger: aus dem Tabak aufgesammelter Kippen gedrehte Zigarette; aufgelesener Zigarrenstummel
Strehle: Straße; von Strahl, gerade Linie
Streiflinge: Strümpfe
Surof: s. Soruff

Süß-Lehmer: Konditor, s. *Lehm, Lehmer*
talfen: betteln
tapern: gehen
Tappen: Stempel; als Verb: ein falsches Gewerbe angeben
Teckel (auch: Deckel): Polizist
Teewinde: Krankenhaus
tet: neun; neunter Buchstabe des hebräischen Alphabetes
Theater: Marktplatz
Tierrach: Landstrich
tilgern: große Strecke zu Fuß zurücklegen; Zusammenziehung von Tippeln und Pilgern
Tille: unverheiratete Frau
Tippelei: zu Fuß gehen, zünftige Wanderschaft
tippeln: zu Fuß gehen, zünftige Wanderschaft
Tippelschickse: früher: Landstreicherin, liederliches Frauenzimmer, Prostituierte, heute auch pejorativ für: Reisende Gesellin
tofelmanisch: wahnsinnig; im alten Rotwelsch: katholisch. Verballhornung von jidd. tofejl, töricht und hebr. amuna, Glaube
toff: gut; hebr. tob, gut
tolles: vier; jidd. dollet, vier; vierter Buchstabe des hebräischen Alphabetes
trips (auch: träß): drei; lat. tres, drei
Trittchen: Schuhe
Trittlinge: Schuhe
Trudelbur: Funktionsträger beim *Trudeln,* s. S. 167
trudeln: s. S. 167
Türklinkenputzer: Bettler
Turmspitzenvergolder: Bettler
umschauen: bei Meistern nach Arbeit fragen
unterkünftig: zu ebener Erde
Unvernunft: Wurst
Vadder: Herbergsvater, Wirt
Vater Weiß: Winter
Vaterhaus aufsuchen: Herberge aufsuchen
Vaterunsergeselle, V.-macher: Lehrer
veräppeln: s. Apfel
verkitzen: erbetteltes Zeug verkaufen
vermammten: verraten
vermaßern: verraten, verpetzen; hebr. maß'or, verpetzen
verschärfen: Diebesgut verkaufen
Verschönerungsrat: Friseur
verschütt gehen: eingesperrt sein; hebr. schith, setzen; hier im Sinne von festsetzen
Viceboos: Kellner, Aufwärter; lat. vice, Stellvertreter; und hebr. baal boos, Hausherr
Vogtländisch scheniegeln: Schwarzarbeit machen (s. S. 50) – hat nur das Wort mit den Freien *Vogtländern* gemein
vorsprechen: mit zünftigem *Schnack* um Arbeit nachsuchen
Wallmusch: zur Kluft gehörendes Jackett; hebr. malbusch, Kleid
Walz: Wanderschaft, Landstreicherei
wau: sechs; von jidd. wow, sechs; sechster Buchstabe des hebr. Alphabetes
Weißling: Ei
Weitchen (auch: Weitling): Kluft-Hose mit ausgestellten Beinen
Willkomm: Gefäß für den zünftigen Begrüßungstrunk
Windbock: Windmühle
Winde: Haus
windig: unsicher
windige Post: unsichere Gegend
Wolkenschieber: heute: Bettler, Landstreicher, Handwerksbursche; im älteren Rotwelsch aber auch: Barbier, derjenige, der die ‚Wolken' der Rasierseife über die Wangen ‚schiebt'
Ziegler: Maurer
Zinken: Stempel im allgemeinen, besonders auch: Bettlerzeichen an der linken Seite der Türschwelle; lat. signum, franz. signe, Zeichen
Zitronenschleifer: Gelegenheitsarbeiter, aber auch: Goldschmied

Zosch: Prost
Zosse, Zößchen: Pferd; hebr. sus, Pferd; susim, Pferde
zotteln: stehlen
Zungenschlag haben: große Beredtheit besitzen

Deutsch – Walzsprache

abgelegen: hinterkünftig
abgewiesen werden: Gummihammer kriegen
abreisen: abpriemen, fremd machen
Abschiedsgruß: ken, kuberosam Bohnpfann amen
acht: ket
agressiv: baumkantig
Alkoholiker: Schmorbacke
anschreiben lassen: Latte anballern
anzünden: fladern
Arbeit, bei Meistern nach A. fragen: umschauen, Umschau halten, vorsprechen
arbeiten: sche-, scha-, schar- oder schiniegeln
Arbeit, die A. beginnen: anschieben; die A. aufgeben: fremd machen
Arbeitsnachweis: Kundschaft
Ärger: Schlamassel
arm: dal, dallas
Arzt: Schinder
aufbrechen: schränken
Aufseher: Maschores, Schien
Augen: Scheinlinge
Ausrede, faule: Schiebung
Ausweispapiere: Fleppen; ohne A. reisen: schwarzfahren
Bäcker: Kennschütz, Lehmer, Mehlhose
Bauer: Kaffer
Bäuerin: Kafferinchen
Begrüßungsformel: ken, Kunde, ken Mathilde
bequem machen: kommode machen
beredsam sein: Zungenschlag haben
betrunken: beschaskert, beschickert, beschmort, beschwabbelt, betippert, schietendick, schickor, schumm sein (beschwipst)
Bett: Penne
betteln: abklopfen, dalfen, fechten, Klinken putzen, schmal machen, stoßen, Kommando schieben
Betteln, unzünftiges: Klopp
Bettler: Chausseegrabentapezierer, Heidegeschwader, Kirschenpflücker, Kunde, Türklinkenputzer, Turmspitzenvergolder, Wolkenschieber
bezahlen: bemurmeln, schucken
Bierfaß trinken: Faßschmoren
Bordell: Schicksenpenne
Böttcher: Rumtreiber
brandstiften: fladern
Branntwein: Soruff
brauchbar: Berg- und Talverduft gut, drescher
Brot: Hanf, Legum, Lehm
Brötchen: Lorchen
Buch: Fleppe
Bürgermeister: Burgemorum
büßen: schucken
Dorf oder Stadt ohne Gesellen oder G.-herberge: Kuhkaff
drei: gimel, träß, trips
Ebene, zu e. Erde: unterkünftig
Ehrbarkeit: Erft; E. abnehmen: ausruppsen; E. einbinden: einflaggen; E. (oder Ohrring) abreißen: fleddern

Ei: Weißling
eingesperrt sein: verschütt gehen
Einheimische, die gelegentlich noch auf Tippelei gehen: Scheinheimische
eins: alf, alef
Einverstanden!: brummt!
einweihen: kochem machen, koscher m., kundig m.
Eisenbahn: Feuriger
Ente: Plattfuß
erblicken: spannen
essen: acheln, achlen, achielen, schachteln, schmoren, schnasseln
Essen, Mahlzeit: Achelei; schlechtes E.: Pickelei
falsch: link
Federbett: Sänftling
Fisch: Flossert, Schwimmling
Flasche: Finne, Knupper
Fleisch: Fettigkeit, Sehnsucht, Unvernunft
fortwandern: fremd machen
Frau: Krone
Frau, unverheiratete: Tille
Freien, im F.: Mutter Grün; im F. übernachten: platt machen, Platte reißen
freihalten: ausschenken
Freund, Mein Freund (als Anrede): Freundschaft
Friseur: Verschönerungsrat, Wolkenschieber
fünf: hei
Fünfpfennigstück: Spieß
Fuß, zu F. gehen: tippeln; zu F. große Strecken laufen: tilgern
Gans: Plattfuß
Gasthaus: Beiz, Schwäche
geben: stecken
Gefängnis, ins G. kommen: verschütt gehen
Gegend, unsichere: windige Post
Geistlicher: Gallach
Geld: Asche, Draht, Kies, Pech, Penunze, Pinke
Geld horten: eisbären
Geldbeutel: Padde
Gelegenheitsarbeiter: Berg- und Talversetzer, Schneeschipper im Sommer, Zitronenschleifer
Geschäfte, illegale: Masematten
Geschrei: Hallas
Geselle: Kunde, Himmelsfechter, Wolkenschieber; G. mit viel Geld: Eisbär, Kiesgeselle; G., der dem Schacht untreu wird: Harzgänger; frisch erwanderter G.: Äffchen; verarmter G.: Kübelgeselle; zureisender G.: Grüßler
Gesicht: Schmiege
Gewehr: Knallscheit
gewitzt: kundig, köß, kess
Glaser: Licht- und Dichtmacher
Goldschmied: Zitronenschleifer
Groschen: Bleier
Gürtel: Schmachtriemen
gut: drescher, fix, toff, Berg- und Talverduft gut
Gut!: brummt!
Handschelle: Rosenkranz
Handwerk: Kunst, Religion
Handwerk, ein falsches H. angeben: tappen
Haus: Winde, Baiss
hehlen: schärfen, verschärfen
Hemd: Staude
Herberge: Penne; H. aufsuchen: Vaterhaus aufsuchen; Herbergsmutter: Mudder; Herbergstochter: Schwester; Herbergsvater: Penneboos, Vadder
Hering: Schimmling
heruntergekommen: dallas, im Rotz
herunterkommen: auf den Docht kommen, auf den Kübel kommen
Hilfsarbeiter: Pachulke
Hinterhaus: Hinterkunft; im H. wohnen: hinterkünftig
Holzbank, auf der H. schlafen: Bankarbeit leisten
Hose: Weitchen, Weitling
Humpen trinken: anschmoren
Hund: Kailoff
Hut: Melone, Obermann

Singer, H. F.: Der Blaue Montag. Eine kulturgeschichtliche und soziale Studie. Mainz 1917.

Stärkle, Joseph Anton: Tagebuch und Reisememoiren 1852-54. Rapperswil 1921. In: Wolfram Fischer: Quellen zur Geschichte des deutschen Handwerks. Selbstzeugnisse seit der Reformationszeit. Göttingen 1957, S. 136-144.

Stürmer, Michael: Herbst des alten Handwerks. Meister, Gesellen und Obrigkeit im 18. Jahrhundert. München 1986.

Thomas, Robert: Unter Kunden, Komödianten und wilden Tieren. Lebenserinnerungen. Leipzig 1905.

Ulrich, Fritz: Als deutscher Maurer durch das Morgenland. Hamburg, 2. Auflage 1956 [zuerst 1916].

Voigt, Johann Friedrich: Leben, Abenteuer und Reisen Johann Friedrich Voigts weiland Bürgers, Lohgerbers und Stadtwachtmeisters zu Eisenberg von ihm selbst beschrieben und neu herausgegeben von Martin Pfeifer. Altenberg 1897.

Wehrhahn, Karl: Mit Gunst! Sitten, Bräuche und Feste des deutschen Handwerks. Berlin/ Leipzig, o.J. [1910].

Weiß, Christoph: Auf der Walz vor 100 Jahren. München 1928.

Wissell, Rudolf: Des alten Handwerks Recht und Gewohnheit. Hg. von der Arbeitsgemeinschaft für Deutsche Handwerkskultur durch Konrad Hahm, Berlin 1929 (Band I u. II) [Wissell Ia u. IIa] Außerdem verwendet wurde die 2. erw. u. bearb. Ausgabe hg. v. E. Schraepler, Berlin 1971 (Band I) [Wissell Ib].

Wolf, Siegmund A.: Großes Wörterbuch der Zigeunersprache. Mannheim 1960.

Wolf, Siegmund A.: Rotwelsch, die Sprache sozialer Randgruppen. In: Obst 16, 1980. S. 71-82.

Wolf, Siegmund A.: Wörterbuch des Rotwelschen. Deutsche Gaunersprache. Mannheim 1956.

Zur Zitierweise: Auslassungen sind in den Zitaten nicht gekennzeichnet. An manchen Stellen wurde behutsam modernisiert, um Verständlichkeit zu gewährleisten. Die für die Darstellung herangezogenen Hilfsmittel (Lexika usw.) sind im Text nicht im Einzelnen nachgewiesen.

Hutmacher: Kopfschuster
ja: ken
Jackett: Wallmusch
Jahr: Jemmchen
Kaffee: Schockelmei
Kartoffel: Feldhuhn, Rundchen, Rundling
Kaufmann: Heringsbändiger
Kellner: Viceboos
Kinnbart: Knacker
Kirche: Schmeichelwinde
Kleidung: Kluft; die K. zum erstenmal anziehen: einkluften, einpuppen; gepflegte K.: Sponkluft; Hersteller von K.: Kluftjude
Klempner: Sonnenschmied
Knecht: Pachulke
kochen: femern
Konditor: Süß-Lehmer
Krankenhaus: Grützkasten, Teewinde
Krätze: Barach
Kuchen: Schieberling
Kuh: Hornickel
kündigen: Schuß geben
Kündigung, gekündigt werden: Schuß kriegen
Landstreicher: Berber
Landstreicherin: Tippelschickse
Landstrich: Tierrach
Lärm: Hallas
Laus: Biene, Reichskäfer, deutscher R., Staudenfalter
Lehrer: Vaterunsergeselle
Liederbuch: Schallerfleppe
Lumpensammler: Naturforscher
Mais: Kukuruz
Markstück: Flachs
Marktplatz: Theater
Maurer: Dreckschwalbe, Ziegler
Meister: Krauter; armer oder schlechter M.: Dallaskrauter; guter M.: Sponkrauter
Messer: Schneidling
Mühle: Rolle
Müller: Roller
Narr: Apfel, Appel
neun: tet
Ohrring: Hänger
Papiere: Fleppen; gefälschte P.: linke Fleppen
Pfarrer: Gallach
Pferd: Zosse, Zößchen
Polier: Schien
Polizist: Fleischmann, Putz, Schucker, Spitzkopf, Teckel; P. in Zivil: Bettelvogt, Landjäger
Probleme: Schlamassel
Prost: Zosch
Prostituierte: Schickse
Prügel: Heixe; P. bekommen: Heixe bestieben, Jagdreise bekommen; sich mit den Stenzen prügeln: holzen
Reden: schmusen
Regen: Flossert
Regenschirm: Flosserstenz
Reisender, unzünftig: Speckjäger
Reiseroute: Rutel
Rotwelsch: Jenisch, Kochemerloschn, Kundenschall
Rotwelsch reden: kochemern
Schacht, aus dem S. ausbinden: speckig werden; aus dem S. ausschließen: abpudeln, auskungeln; in den S. aufgenommen werden: erwandert werden; zu den Schächten, s. S. 203 f.
schiefgehen: in die Äppel hauen
Schinken: Fettigkeit, Sehnsucht
Schlachter: Katzoff
Schlafplatz: Platte; S. auf einer Holzbank: Knacker; S. im Heu: Rauscher
schlau: jenisch, kundig
schlecht: link
Schlips oder Anstecknadel als Schachtkennzeichen: Ehrbarkeit
Schlosser: Katzenkopp
Schmied: Flammer, Katzenkopp
Schnaps: Nordlicht, Oluff, Saft, Soruff, Surof
Schneider: Regierungsrat, Stichler
Schornsteinfeger: Schwarzkünstler
schreiben: fackeln, febern
Schreiner: Hobeloffizier

Schuhe: Trittchen, Trittlinge
Schulden: Keif, Latte; S. machen: Keif machen, Latte anballern
Schuster: Pechhengst, Pflanzer
Schwarzarbeit machen: vogtländisch scheniegeln
Schwarzarbeiter: Bönhase
Schwindel: Kohl
sechs: wau
sehen: kneisten, spannen
Senf: Rümpfling
sieben: sei
singen: schallern
Socken: Stinkerlinge
Sommer: Mutter Grün
Speck: Kapat
Sprache: Loschen
sprechen: schmusen, schnacken
stehlen: zotteln
Stempel: Tappen, Zinken; S. einer Gewerkschaft o. ä. über ein erteiltes Geschenk: Bettelzinken, Kuckuck; gefälschter S.: linker Zinken
sterben: peukern
Stiefel: Langschäfter
Stiefel trinken: anschmoren
Stier: Hornickel
Straße: Strehle
Strümpfe: Beinlinge, Streiflinge
Tag: Schein
Tageskarte im Restaurant: Scheinfleppe
Tischler: Hobeloffizier
trinken: schickern, schmoren, schnasseln, schwabbeln, schwächen
Trödler: Naturforscher
Übernachtungsgeld: Schlummerpech
Uhr: Luppert
unangenehm: baumkantig
unfähig: dallas
Ungeziefer, Kleidung nach U. durchsuchen: nachbienen
unsicher: windig
Unterkunft: Penne, Platte; U. suchen: Platte reißen
Unwichtiges: Äppel
verprügeln: Dröschertext singen, fleddern, langschäftig ausschenken
verraten: vermaßern, vermammten
verwüsten: auf den Docht bringen
vier: tolles
Vollrausch: Sausebrand
vorhanden sein: peckane sein
Vorrat, auf V. betteln: eisbären
wahnsinnig: tofelmanisch
Wald: Ballert
Walz beenden: einheimisch melden, einheimisch werden
Walzsprache: Kundenschall, Kochemerloschn; Beherrscher der W.: Kunde
Wanderbündel: Berliner, Charlie, Charlottenburger; W. auspacken: kneisten
wandern: krauten
Wanderpapiere, ohne W. reisen: schwarz gehen, schwarzfahren
Wanderschaft: Matiene, Tippelei; sich auf zünftige W. begeben: fremdschreiben; jeder, der nicht auf W. war: Kuhkopp
Wanderstab: Stenz
waschen: fladern
Weißbrot: Löwenlehm
Weißkohl: Fußlappen
Weißwürste: Löwensehnsüchte
Weste: Kreuzspanne
Windmühle: Windbock
Winter: Vater Weiß
Wurst: Fettigkeit, Sehnsucht, Unvernunft
zehn: jod
Zeichen, Z. an Türschwellen: Zinken
zerstören: auf den Docht bringen
Zeugnis: Kundschaft
Zigarette: Hustenburger; selbstgedrehte Z.: Handburger; aus aufgesammelten Kippen gedrehte Z.: Straßburger
Zigarre: Fidelburger, Räuchling
Zimmermann: Hobeloffizier
Zuchthaus, im Z. sein: Rosenkranz beten
Zunge: Loschen
zwei: beiss
Zylinder: Spint

Vom Siegellack bis zum Jumbo – Kurzvorstellungen der Schächte

Rechtschaffene Fremde Gesellen: Der Schacht konstituierte sich im Jahre 1891 und ist somit die älteste deutsche Bruderschaft. Sie unterteilt sich in zwei Verbände, nämlich in die *Vereinigung der rechtschaffenen fremden Zimmer- und Schieferdeckergesellen* und in diejenige der *rechtschaffenen fremden Maurer- und Steinhauergesellen.* Das Zeichen des Schachtes ist die schwarze *Ehrbarkeit.* Die Wanderzeit beträgt drei Jahre und einen Tag. Die *Rechtschaffenen* sind Mitbegründer des europäischen Dachverbandes C.C.E.G. Beinamen: *Schwarze, Siegellacks, Schietlappen.*

Kontaktadresse: Nils-Peter Linderoth (für die Zimmer- und Schieferdeckergesellen) oder: Wilhelm Kühn (für die Maurer- und Steinhauergesellen), beide über: Gesellenwohnheim Unzerstraße 18, 2000 Hamburg 50, Tel.: 040 – 38 23 18

Rolandschacht: Die *Rolandbrüder* spalteten sich bereits 1891 von den *Rechtschaffenen* ab. Sie *erwandern* nahezu alle Bauhandwerke. Das Zeichen dieses Schachtes ist die blaue *Ehrbarkeit.* Die Wanderzeit beträgt drei Jahre und einen Tag. Der Schacht ist Mitglied im europäischen Dachverband C.C.E.G. Beinamen: *Blaue, Rollmöpse, Möpse.*

Kontaktadresse: Zentralverwaltung des Rolandschachtes, Ehrbarer Zentralleiter Richard Richter, Hirschgasse 10, 7211 Villingendorf

Fremder Freiheitsschacht: Begründet am 1. Mai 1910 in Bern von einem Kreise ehemaliger Freireisender. Der Schacht erwandert Maurer, Zimmerer, Dach- und Schieferdecker, Betonbauer, Schreiner, Tischler und Steinmetze mit Gesellenbrief. Alle neuen Mitglieder müssen gewerkschaftlich organisiert sein. Das Zeichen des Schachtes ist die rote *Ehrbarkeit.* Die Wanderzeit beträgt drei Jahre und einen Tag. Der *Freiheitsschacht* ist Mitglied im europäischen Dachverband C.C.E.G. Beinamen: *Rote, Pißpottbrüder, Schwenker.*

Kontaktadresse: Ernst-Martin Reimers, einheimischer Freiheitsbruder, Am Baum 20, 5800 Hagen 1

Freie Vogtländer Deutschlands: Das Gründungsjahr ist heute nicht mehr exakt feststellbar; die endgültige Konstitution dieses Schachtes in der heutigen Form fand wahrscheinlich 1910 statt. Die *Vogtländer* erwandern Zimmerer, Maurer, Betonbauer, Dachdecker, Steinmetze und Bautischler. Das Zeichen dieses Schachtes ist ein goldenes Wappenemblem mit den Insignien aller Berufe der reisenden Gesellen und den Buchstaben F V D, das als *Ehrbarkeit* getragen wird. Die Wanderzeit beträgt zwei Jahre. Der Schacht ist Mitglied im europäischen Dachverband C.C.E.G. Beinamen: *Spinner, Vogtis.*

Kontaktadressen: Günther Back, Riedstraße 10, 7141 Murr, Tel.: 0 71 44 – 2 95 40 und Dieter Theurich, B.-Rehkopf-Straße 16, 3004 Isernhagen 1, Tel.: 05 11 – 61 25 20

Axt&Kelle: Gegründet 1979 von einigen Gesellen, die vormals bei den *Rechtschaffenen, Rolandbrüdern* und *Vogtländern eingebunden* hatten. *Axt&Kelle* erwandert Bauhandwerker männlichen wie weiblichen Geschlechtes. Die Mitglieder tragen keine *Ehrbarkeit*, sondern einen Ohrring mit den Insignien des Schachtes. Die Wanderzeit beträgt zwei Jahre und einen Tag. Der Schacht ist nicht in der C.C.E.G. organisiert und reist mit einem eigenen Wanderbuch. Beinamen: *Speckjäger, Kellies, Axtis.*

Kontaktadresse: Der Schacht hat uns gebeten, keine Kontaktadresse zu publizieren: „Wer unbedingt zu uns will, wird uns schon finden."

Freier Begegnungsschacht: Wurde begründet 1986 von zwei ehemaligen *Rolandbrüdern.* Der *Begegnungsschacht* erwandert männliche wie weibliche Handwerker aller Gewerke, die einen Gesellenbrief und ein begründetes Interesse an der Walz vorweisen können. Der *Begegnungsschacht* reist mit einer grauen *Ehrbarkeit.* Die Wanderzeit beträgt drei Jahre und einen Tag. Der Schacht ist nicht in der C.C.E.G. organisiert und reist mit einem eigenen Wanderbuch. Beinamen: *Graue, Speckjumbos, Elefanten, Jumbos.*

Kontaktadresse konnte nicht ermittelt werden.

Reisende Gesellen und Schächte gibt es auch in Frankreich, Belgien, der Schweiz, den Benelux-Ländern und Skandinavien. Die weitaus meisten dieser Bruderschaften sind in der europäischen Dachorgansiation C.C.E.G. (Confederation Compagnonnages Europeéns Gesellenzünfte) repräsentiert, die auch einen beratenden Status im Europa-Rat besitzt. In der DDR war die aktive Tippelei bis Ende 1989 verboten. Zahlreiche einheimische Gesellen waren dennoch in Bruderschaften verbunden und einige Schächte verfügten sogar über Herbergen in der DDR. Schon im Januar 1990 nutzten dann die ersten Gesellen die neue Reisefreiheit und begaben sich dort auf die Walz.

Literatur

Avé-Lallement, Friedrich Christian Benedict: Das deutsche Gaunerthum in seiner social-politischen, literarischen und linguistischen Ausbildung zu seinem heutigen Bestande. 4. Teile. Leipzig 1858-1862.

Back, Karl-Heinz: Gesellschaft Freier Vogtländer Deutschlands. Nienburg a. d. Weser 1985.

Bade, Klaus J.: Altes Handwerk, Wanderzwang und Gute Policey: Gesellenwanderung zwischen Zunftökonomie und Gewerbereform. In: Vierteljahrsschrift für Sozial- und Wirtschaftsgeschichte 69, 1982, S. 1-37.

Bechstedt, Christian Wilhelm: Meine Handwerksburschenzeit 1805-1810. Hg. von Charlotte Francke-Roesing. Köln 1925. In: Wolfram Fischer: Quellen zur Geschichte des deutschen Handwerks. Selbstzeugnisse seit der Reformationszeit. Göttingen 1957, S. 111-122.

Bischoff, Erich: Wörterbuch der wichtigsten Geheim- und Berufssprachen. Leipzig 1916.

Borst, Otto: Alltagsleben im Mittelalter. Mit zeitgenössischen Abbildungen. Frankfurt a. Main 1983.

Buchloh, Adolf: Auf der Walz bis zum Montblanc und Vesuv. Erlebnisse eines wandernden Handwerksburschen von ihm selbst beschrieben. Elberfeld 1916.

Butzbach, Johannes: Chronika eines fahrenden Schülers oder Wanderbüchlein [1494-1498]. In: Wolfram Fischer: Quellen zur Geschichte des deutschen Handwerks. Selbstzeugnisse seit der Reformationszeit. Göttingen 1957, S. 25-29.

Dewald, Johann Eberhard: Biedermeier auf Walze. Aufzeichnungen und Briefe des Handwerksburschen Johann Eberhard Dewald 1836-1838. Hg. von Georg Maria Hofmann. Berlin 1936.

Dietz, Johann: Meister Johann Dietz, des Großen Kurfürsten Feldscher und Königlicher Hofbarbier [Lebensbeschreibung 1665-1738]. Hg. von Ernst Consentius, Ebenhausen (1915). In: Wolfram Fischer: Quellen zur Geschichte des deutschen Handwerks. Selbstzeugnisse seit der Reformationszeit. Göttingen 1957, S. 65-78.

Ennen, Edith: Die europäische Stadt des Mittelalters. Göttingen 1975.

Fischer-Fabian, S.: Der Jüngste Tag. Die Deutschen im späten Mittelalter. München 1985.

Freytag, Gustav: Bilder aus der deutschen Vergangenheit. Band 1: Hoch- und Spätmittelalter. Band 2: Reformationszeit und Dreißigjähriger Krieg. Hg. von Heinrich Pleticha, Hamburg 1978 (hier besonders Bd. 1, Kap. 7, S. 221-270: Auf den Strassen einer Stadt. Nach 1300).

Gantner, Theo: Mit Gunst und Erlaubnis! Drei Jahre und ein Tag. Wandergesellen des Bauhandwerks im 20. Jahrhundert (Begleitpublikation einer Ausstellung des schweizerischen Museums für Volkskunde 1985/87). Basel 1987.

Goedecke, Willi: Erinnerungen eines Altgesellen. Erzählungen und Dichtungen aus dem Kreise der Freiheitsbrüder. Masch., vervielfältigt, o. O., o. J. [nicht über den Buchhandel oder Bibliotheken zu beziehen].

Grimm, Jacob und Wilhelm: Deutsches Wörterbuch. 33 Bde. München 1984 [zuerst 1854-1984].

Henn, Horst u. Theurich, Dieter: Lieder einheimischer und reisender Bauhandwerker. Gesellschaft Freier Vogtländer Deutschlands. Hannover 1979.

Henß, Adam: Aus dem Tagebuch eines reisenden Handwerkers. [1795-1805] Bearbeitet, eingeleitet und erläutert von Karl Esselborn. Friedberg 1929.

Keil, Wilhelm: Erlebnisse eines Sozialdemokraten. Bd. 1, Stuttgart 1947. In: Wolfram Fischer: Quellen zur Geschichte des deutschen Handwerks. Selbstzeugnisse seit der Reformationszeit. Göttingen 1957. S. 165-172.

Kluge, Friedrich: Rotwelsch. Quellen und Wortschatz der Gaunersprache und verwandter Geheimsprachen. Bd. 1. Rotwelsches Quellenbuch. Straßburg 1901.

Kopečný, Angelika: Fahrende und Vagabunden. Ihre Geschichte, Überlebenskünste, Zeichen und Straßen. Berlin 1980.

Krebs, Werner: Alte Handwerksbräuche mit besonderer Berücksichtigung der Schweiz. Basel 1933.

Landmann, Salcia: Jiddisch. Das Abenteuer einer Sprache. Frankfurt am Main 1986.

Lau, Hans: Hinaus in die Fremde. Drei Jahre und ein Tag, in der ältesten Zunft, den rechtschaffenen fremden Gesellen. Informationsbroschüre für Bauhandwerker über die zünftige Walz. Hamburg 1986.

Luther, Martin: Von der falschen Betler bueberey, Mit einer Vorrede Martini Luther. Und hinden an ein Rotwelsch Vocabularius, daraus man die wörter, so yn diesem büchlin gebraucht, verstehen kan In: D. Martin Luther's Werke. Kritische Gesamtausgabe. 26. Band. Weimar 1909 [zuerst Wittenberg 1528].

Mattig, Günther: Rund ist die Welt, drum Brüder laßt uns reisen. Fremder Freiheitsschacht. Örsdorf o. J. [1986].

Paeplow, Fritz: Zur Geschichte der deutschen Bauarbeiterbewegung. Berlin o. J.

Pfister, Ludwig: Aktenmäßige Geschichte der Räuberbanden an den beiden Ufern des Mains, im Spessart und im Odenwalde. 2 Bde. Heidelberg 1812.

Puchner, Günter: Kundenschall. Das Gekasper der Kirschenpflücker im Winter. München 1974.

Puchner, Günter: Sprechen Sie Rotwelsch? 2448 Wörter und Redewendungen der deutschen Gaunersprache. 2. Auflage, München 1975.

Reininghaus, Wilfried: Die Entstehung der Gesellengilden im Spätmittelalter. Wiesbaden 1981 (Vierteljahrschrift für Sozial- und Wirtschaftsgeschichte, Beiheft Nr. 71).

Richter, Richard: Der Rolandschacht. Die Zunft der reisenden Bauhandwerker. Villingendorf 1982.

Riedel, Benjamin: Gut Gesell' und du mußt wandern. Aus dem Reisetagebuch des wandernden Leinewebergesellen Benjamin Riedel (1803-1816). Bearbeitet und herausgegeben von Friedrich Zollhöfer, Goslar 1938.

Saal, C.Th.B.: Wanderbuch für junge Handwerker oder populäre Belehrungen. Weimar 1842.

Schade, Oskar (Hg.): Deutsche Handwerkslieder. Leipzig 1865.

Schade, Oskar: Vom deutschen Handwerksleben in Brauch, Spruch und Lied. Hannover 1856.

Schäfer, Hermann: Gründung des fremden Freiheitsschachtes [in Goedecke: Erinnerungen].

Schanz, Georg: Zur Geschichte der deutschen Gesellen-Vereine. Leipzig 1877.

Scholl, Carl: Lebenserinnerungen eines alten Handwerkers aus Memel. Herausgegeben und mit Handzeichnungen begleitet von Marie und Johannes Rehsener. Stuttgart/Gotha 1922.